哲學概論

杜保瑞　陳榮華　著

五南圖書出版公司 印行

作者序一

　　哲學，不論它發生在中國或西方，都應該是人類普遍共同的資產，應該要有互相的理解及溝通，發生在中國文化傳統的哲學素材，應該有與西方傳統的素材良好的溝通方式。本書之寫作，即著眼於中西哲學固然可以各自表述，但也應該有一個共同的表述架構，以使哲學作為人類思辨活動的共同資產。本書構想之初，即由陳榮華教授提出應以倫理學、形上學、知識論的哲學基本問題的架構來作表達，並且應有中國哲學和西方哲學共同的素材作為內容，遂以專長區分，由陳榮華教授撰寫西方哲學，而由筆者負責中國哲學。以倫理學、形上學、知識論的架構來討論西方哲學是理所當然的事，雖然亦有反對意見，但作為哲學概論的討論架構是不會有錯的。然而以之討論中國哲學時，則當然會有架構不準確的困難，不過，並不是沒有眾多前輩學者嘗試過這個架構，當然更有一些中國哲學工作者不滿意這個傳統哲學基本問題的架構，而乾脆改以概念範疇為討論中國哲學的架構，但是這樣的進路也有其建樹不見林的缺點。

　　筆者在過去十餘年間已經以「本體論、宇宙論、工夫論、境界論」配合「存有論」為討論中國哲學的解釋架構，對於以「形上學、知識論、倫理學」的架構談論中國哲學的作法並未嘗試，但是，筆者也不反對這仍是一個可以使用的架構，畢竟它是最能直接與西方哲學溝通的途徑，在筆者原來的四方架構中，就形上學問題而言，「本體論」及「宇宙論」配合「存有論」本來就是形上學的課題，於是筆者便以這三個問題在中國哲學的特殊意義作為中國哲學脈絡下的形上學的討論章節。就倫理學問題而言，也可以說儒釋道三教哲學系統整套地就是倫理學，於是筆者便提出三教的工夫理論以為討論中國哲學的倫理學的章節，並適予修養論、修煉論及修行論的區分。

　　至於知識論的課題，向來有學者以「格物致知說」或道佛的「心性論」意旨的材料為中國哲學的知識論的課題，但是筆者以為，中國哲學的知識論問題意識除了先秦名家及墨家的邏輯符合此義以外，格物致知及心

性論課題都是工夫論問題，並不是知識論課題，若真要追究中國哲學的知識論問題，這就必須是一個當代中國哲學的新課題，一切對於中國哲學的特質以及解釋架構的研討的議題正是中國哲學的知識論課題，就當代中國哲學的討論而言，這一部分的議題也不乏成果，馮友蘭先生的主觀客觀唯心唯物的解釋架構是一個成果，牟宗三先生的道德形上學的圓教論的解釋架構也是一個研究成果，勞思光先生的心性論中心的解釋架構也是一個成果，就這些成果的介紹並進行反思即是中國哲學的知識論的內涵。然而，筆者考慮與其作介紹不如作創造，於是就以筆者近年來對於當代中國哲學研究方法、方法論解釋架構及真理觀的討論成果為基礎，即以「實踐哲學的解釋架構」為標題提出中國哲學的知識論哲學，此即是筆者的四方架構配合存有論的中國哲學解釋架構，而這也正是對於牟宗三先生及勞思光先生的中國哲學解釋架構的改良系統。此外，筆者又以一般在西方哲學討論知識成立的可能性的若干問題，將之放在實踐哲學的特質內進行理論的反省，而提出實踐哲學的客觀性、適用性、檢證性與選擇性的標題來討論。於是形成了討論中國哲學的形上學、知識論、倫理學的標題。就筆者原來的解釋架構而言，只有境界哲學沒能有效地呈現，不過，境界哲學確實是中國哲學特質中與西方哲學討論距離最遙遠的課題，事實上，即便是當代的中國哲學工作者亦不能準確有效並系統性地討論中國哲學的境界哲學，境界哲學作為中國哲學的基本哲學問題的提出實際上是筆者的強力構作，它在當代中國哲學學術界尚未形成討論的重點，於是筆者也就暫時不在本書中強力構作，畢竟本書作為哲學基礎教學材料，仍然應該以介紹具有普遍共識的素材為重點。所以也可以說筆者是把自己的解釋架構套入傳統哲學基本問題的三方架構來談這本書的。

就此而言，對於本書在中國哲學部分的學習與閱讀，筆者建議讀者可以從知識論的「實踐哲學的解釋架構」一章先閱讀起，以便見出筆者討論中國哲學問題的架構綱領，因為「實踐哲學的解釋架構」正是筆者的核心觀念體系，然後便可以隨意地閱讀知識論、形上學或倫理學的任何一個章節。

本書在中國哲學的哲學概論部分之討論，事實上呈現了濃厚的個人意見，它是筆者過去十多年來勤力撰寫儒釋道三教以及當代中國哲學學術論

文的一個綱領性小結，原以為以筆者過去分量眾多的專題論文為基礎，這不會是一件太難的工作，沒想到下筆之後，才發覺以如此精實的架構來談論這麼龐大的議題是非常地困難的。再加上與交稿時間賽跑的壓力，本書能如期交稿，也算得上是一次實踐的成果。

　　最後，取材與分量仍是所有有限字數的學術著作最難以圓滿解決的問題，在十萬字的篇幅中將中國哲學作一概論式的討論，確實是相當困難的，特別是還要兼顧創造性與完備性。就此而言，討論材料的選擇是很費斟酌的，特別是限制於筆者的學力，一定有該談而未談的理論，這正是筆者的局限之處。但是，任何工作都必須要有完成的時候，文稿既已完成，便謹以此書的現在面貌，呈現給學者專家及讀者大眾，敬祈指正，以待改進。

杜保瑞

作者序二

　　沒有一所完整的大學沒有哲學的課程，也沒有一個完整的人從未接受哲學的薰陶。哲學之所以珍貴，是由於它促使我們反省宇宙人生的至理，讓我們能分別真假對錯、是非善惡。即使有人享盡榮華，若他對浩瀚的宇宙一無所知，也不理解人生的意義，他僅是一具沒有靈魂的行屍走肉而已。人若不知何者是真、何者是假、何者是善、何者是惡，活著又有何意義！

　　古今中外的哲人，不願淪為只會追求物欲的禽獸，立志從物質中超越出來，把心智投向遙遠的宇宙，反思其中的哲理；也從遙遠的宇宙返回自身，尋求人生的至理。古希臘哲學之父泰利斯（Thales），專注於哲思中而掉入井裡；中國的聖人孔子「發憤忘食，樂以忘憂，不知老之將至」。他們擺脫物質的約束，窮盡畢生精力，只是為了得到真理。他們把真理傳授給人，由此建立了他們的哲學。數千年來，無論是贊成或反對他們的，都不能不受他們的影響。並且，從希臘哲學建立了西方文化，從中國哲學建立了東方文明。哲學的影響，無遠弗屆。

　　兩千多年來，西方和東方在哲學發展上，都有自己的特色。在外觀而言，它們有顯著的差異。然而，只要它們是哲學，則必有其共通點。從哲學的本質而言，哲學的思辨一定要求合理（rational），以得到真理為目的。沒有哲學家承認他的主張是武斷的、不真的；哲學探討宇宙人生的終極關懷（ultimate concern），沒有哲學家承認他的主張是膚淺的、無關重要的。無論西方和東方哲學，都是在合理的思辨中，追求宇宙人生的終極真理。於是，我們可以根據這個共通點，介紹東西方的哲學家在這方面的成就。

　　哲學反思宇宙人生的終極真理。針對這個定義，我們可以提出四個問題：

㈠哲學的反思是什麼？

　　這是哲學思考本身的問題，也是一般所說的邏輯。本書在第一部分作

出簡單的介紹。基本上，中國哲學對這方面較少著墨，所以本書較著重西方哲學的主張。

㈡人生的眞理是什麼？如何才是一個有意義的、善的生命？

這是倫理學問題。西方倫理學的主張非常多，本書只介紹三個主要學派。然而，中國倫理學不僅重視理論，也強調實踐，因此，為了能銜接中國倫理學，本書在西方倫理學裡，增加一章人格成長理論。中國哲學的主流是儒家、道家和佛家的主張，在倫理學方面，本書以這三家的理論為主幹。

㈢宇宙是什麼？它由什麼構成？它是如何運動的？

這是形上學問題。古希臘之能擺脫神話，建立哲學，基本上是由於它以嚴謹的思辨來反省宇宙的構成原素。至今，雖然哲學發展出多種不同的形態，但宇宙問題依然是哲學的主要核心。本書只介紹現代哲學的形上學主張——心靈與物質的爭論，這是當今我們最為熟悉的，因此較易理解。西方哲學在科學主義的影響下，認為宇宙是自然的、價值中立的，但中國哲學沒有接受科學主義的洗禮，它認為宇宙充滿各種不同的意義。無論儒、道、佛三家，都從各自的觀點來詮釋宇宙，由此產生與西方哲學截然不同的形態。本書對它們分別作出不同的介紹。

㈣什麼是眞理？什麼才可稱為知識或眞理？如何才能得到知識或眞理？

這是知識論問題。西方哲學自始即被定義為愛智之學，所謂智慧，就是獲得真理的能力。在西方，哲學就是追求真理的學問，所以知識論占有非常重要的地位。然而，西方知識論主要是討論：一個認知性的心靈，如何得到1.外在事物的知識，和2.別人心靈的知識。但在中國哲學，心靈不一定是認知性的。在討論知識問題時，它強調實踐的重要性。這種主張也連帶影響知識的客觀性和驗證問題。本書分別以三章以陳述中國哲學知識論的主張。

本書根據以上四個問題，分成四個部分：邏輯、倫理學、形上學和知識論。

本書的寫作是對東西方哲學的基本課題和概念作一個簡單的說明，也

是為了讓大學生能通過簡易的文字，獲得基本的哲學知識，讓他們從各自的專業限制內超越出來，領悟更廣大和更有價值的視野，自由翔翔於真理的領域內，由此建立一個有意義的人生。然而，當代學術的發展已經非常專精，學者難以同時掌握東西方哲學的精髓。因此在本書中，東方哲學由杜保瑞教授執筆，西方哲學由本人書寫。我們根據東西方哲學的共通點：哲學是對宇宙人生的終極關懷作出合理的反思，說明東西方的哲人對這個課題的主張。本書希望能顯出東西方哲學的獨特性，也能顯出它們的共通性。我們相信哲學的發展是多元的，但多元仍是統一的。

陳榮華

目　次

導言：哲學思考簡介

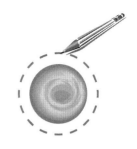

大家都知道，人是萬物之靈，但為什麼他是萬物之靈呢？大家或許也知道，這是由於他會思考，而其它事物不會。但什麼是思考？大家或許可以說，每個人在他的生活中，都必須想辦法解決他的困難，想辦法克服各種挑戰，在他「想辦法」時，那就是思考。小孩子在玩耍時碰到困難，他要想辦法解決；學生做功課碰到困難時，要想辦法解決；大人在做工作時碰到困難，也要想辦法解決。當人碰到前所未有的困難時，他能想出新的辦法去解決它。並且，人更能把自己的想法用語言說出來，經過與別人的討論，互相檢討修正，最後建立一個知識體系。但當動物碰到困難時，牠們僅能根據本能衝動去克服，牠們對新的困難無法應付，更不能用語言說出自己的想法和建立知識體系。

的確，以上證明人的特性是他能夠思考，但是，人有思考不一定表示他有哲學思考。一個絕頂聰明，能夠想出好辦法去解決困難的人，不一定有哲學思考；一個滿腹理論、能言善道、擁有很多知識的人，或許只是學問豐富，但不一定具有哲學思考的能力。那麼，要具備那些條件，才能稱之為有哲學思考呢？換言之，哲學思考是什麼？

亞里士多德（Aristotle）在兩千多年前曾說，哲學起於驚訝（wonder），這句話是對的，但不夠精確，因為不僅是哲學，而是任何學問和知識都是起源於驚訝。亞里士多德的老師柏拉圖（Plato）曾指出，哲學（philosophy）由希臘文的「愛」（philo）和「智慧」（sophia）組合而成，因此哲學是愛智之學，這是說，哲學是不斷追求知識，探討真理的學問。然而，這個說法依然無法清楚說明「哲學思考是什麼？」因為所有學問都是追求知識，探討真理的。亞里士多德和柏拉圖之所以如此說明哲學，是由於當時的哲學包括了所有的學問。他們所說的哲學，不是我們目前的哲學。

　　現在的哲學已經跟自然科學、社會學、政治學、文學、藝術、歷史等學問區分出來。它不再是無所不包的學問，而僅是所有學問中的一種學問，它具有自己獨特的性格。我們不能用自然科學的實驗方法來解答哲學問題，也不能用文學的寫作方式來建立哲學體系，而是要用哲學的思考方式來探討哲學問題，建立哲學的知識。

　　我們可從兩方面來說明哲學思考，首先是哲學思考的課題，然後是哲學思考本身的特性。

一、哲學的課題

　　哲學思考反省普遍性的課題，對它提出基礎的問題，這是說，它思考普遍性課題的基本原則。首先，就其普遍性而言，它不反省這個事物或那個事物，也不反省這類事物或那類事物，而是反省一切事物。再者，當它反省一切事物時，它不探討它們的次要性質，而是它們的基本原則。它對一棵樹沒有興趣，也對所有樹沒有興趣，更擴大一點，它對所有植物沒有興趣，但它對所有事物有興趣，因為相對於樹和植物而言，所有事物是更普遍的。同理的，它對一個人沒有興趣，對中國人或歐洲人沒有興趣，但對所有人才有興趣，因為相對而言，所有人是更普遍的。再者，無論它探討事物或人時，它不是探討事物或人的次要性質，例如他們的重量、速度、位置等，而是探討事物之所以是事物、人之所以是人的基本原則。例如事物之所以是事物，由於它占有空間性或在因果關係中（這樣的探討建立形上學）；人的基本原則是他的人性——由於他具有良知或具有理性（這樣的探討建立人性論）。

　　當哲學探討一切社會的基本原則時，它成為社會哲學；當它探討一切政治制度的基本原則時，它成為政治哲學；當它探討藝術品的基本原則時，它成為藝術哲學；當它探討歷史事件的基本原則時，它成為歷史哲學；當它探討語言的基本原則時，它是語言哲學；當它探討自然科學的基本原則時，它是科學哲學；當它探討所有道德行為的基本原則時，它是倫理學；當它探討所有知識的基本原則時，它是知識論；當它探討所有真理的基本原則時，它是真理理論；當它探討思考的基本原則時，它是邏輯學。

　　當我們在一個普遍的領域中，畫分出一個特殊領域，對它加以研究，則

這是特殊科學。例如在所有的社會中，我們畫分出台灣、中國、日本或各種不同時期的社會，對它們加以研究，則是社會學；在所有政治制度中畫分出民主、獨裁、資本主義、社會主義等而加以研究，則是政治學。各種特殊科學不研究它們領域的基本原則，而是預設它們。社會學不研究社會的基本原則，政治學不研究政治的基本原則，而是預設這些基本原則。我們可以說，哲學研究一切科學的基本原則，探討它們的基礎，所以哲學是一切學問的學問，也是最基礎的學問。

二、哲學思考的性格

人活在世界裡，當然是不停思考，否則他無法處理他的事情，但日常生活的思考顯然與哲學思考不同。簡略地說，哲學思考有以下四個性格：清晰性、批判性、體系性和評價性。

㈠清晰性

含混不清的語詞不僅造成人際間溝通的困難，更重要的是，它使我們無法對事物有清晰和深入的理解。顯然的，當我們表達一個課題時，若只能用一些模稜兩可的概念，無法清晰明白地說明它，這只表示我們對它的理解非常膚淺和模糊不清。

假若你和你的朋友都同意人的自由不能完全沒有限制，你的朋友問你：「自由要接受什麼限制呢？」而你的回答是：「做事不能亂來。」這個回答非常含混不清（因為它沒有說明什麼是「不能亂來」），它不僅沒有清楚向你的朋友說明自由的意義，更表示你對自由的限制一無所知。不過，假若當時的回答是：「人的自由必須接受法律的限制，而且不論在任何情況下，都不能傷害別人。」這個回答較為清晰，你的朋友因此明白你的主張，也同時證明你對自由有較清楚的理解。哲學思考當然是為了得到清晰和深入的理解，因此我們要盡量使用清晰的語詞。

㈡批判性

哲學思考不僅要得到清晰的理解，同時也要質疑各種哲學主張，作出合

理的批判。我們不僅質疑別人的主張，也要質疑自己的主張，能作出自我批判，這是說，一個良好的哲學思考者，永遠保持一個開放的態度，批判自己和別人的主張，不認為已經得到絕對的真理。即使我們已有充分的證據證明自己的主張，但這不表示它是不可被修正的。在兩千多年的哲學發展中，至今尚未出現一個永恆不變、無需修正的真理。哲學工作者不能故步自封，停留在一個既定的主張上，這不僅流於獨斷，更讓學術思想無法發展。因此，哲學家必須開放自己，接受各種主張，批判它們，突破知識的限制，建立一個更廣大的思考領域。

例如，哲學思考者不僅要清晰地說明自己對自由的主張，也要接受和理解各種自由的概念，並且，他還要超越它們，反省和批判它們。哲學思考不能獨斷地肯定或否定某種主張，它要客觀理解其它相關的主張，還要進而質疑它們，檢討它們的基本原則是否邏輯一致的或矛盾的、其帶來的後果是否合乎效益、或有沒有更好的哲學理論呢？哲學不是單純承認或反對某種主張，我們彷彿要跳出來，在一個超越的立場批判自己和別人，開放更多的可能性。只有在一個批判和開放的取向下，哲學思考才能永遠保持進步的空間，不致墜入獨斷的泥淖中。

(三)體系性

在思考一個課題時，不能是片段的和凌亂的，而必須在一個合理的秩序下，作出連貫的說明。片段的思考不夠詳盡深入，凌亂的說明無法令人理解。例如在反省人的自由時，我們不能第一句說：「自由是可貴的。」然後接著說：「不自由毋寧死。」第三句再說：「人的自由必須接受合理的限制。」僅停留在這些凌亂的片段上，我們無法對自由得到詳盡深入的理解。但假若我們說：「人與禽獸的差異是由於人可以作出自由的抉擇，所以自由是人之所以為人的高貴本質。失去這個本質，則人與禽獸無異，因此，人若得不到自由，便不值得繼續生存了。然而，絕對的自由會讓人為了自己的利益去傷害別人，而傷害別人是不道德的，因此人的自由必須接受合理的限制。」以這種連貫的方式說明自由，才能讓我們對自由有詳盡和深入的理解。當我們以連貫的方式去說明一個課題時，就是建立它的知識體系。愈是豐富而連貫的說明，愈能深入和詳盡呈現課題的意義。哲學思考不能是片段

的和凌亂的，而是要對它的課題建立一個連貫的知識體系。

㈣評價性

　　哲學的工作不僅是清晰的理解、批判和開放、建立知識體系，還要對各種哲學主張作出評價，這是說，我們要區分各種哲學主張的地位，決定它們的優劣。作為一個知識份子，不能僅單純理解各種主張，他要從一個更廣大的視野中，明白各種主張的關係，斷定它們的是非，這是說，我們要檢討各種哲學理論的優劣，區別它們在整個知識體系中的地位和價值。

　　例如在討論人的自由時，自古以來，各哲學家提出不同的主張。當今的哲學工作者要理解各種自由理論的意義，它們在倫理學和政治哲學中的重要性，再進而研究它們有沒有違反或維護倫理學的善（good）或政治哲學的正義（justice）。基本上，自由是一個正面價值的概念，是受人肯定的。然而，在深入的分析後，往往會發現有些自由理論僅是披上美麗語詞的外衣，實質上卻違反了善和正義。目前大多數的獨裁國家，都號稱它們的國家是民主自由的，它們往往都對自由有一種非常動人的說詞，可是它們的實質意義卻違反基本人權和基本自由。我們不僅要深入理解各種哲學理論，也要給予它們適當的評價，區分它們的優劣，以完成一個知識份子的責任。

　　總之，哲學思考是一種澈底而嚴肅的反省工作，它之所以是澈底的，由於它有最大的廣度和深度。最大的廣度是指，它的課題是最普遍的，它討論的範圍最為廣大；最大的深度是指，它探討的是它的課題之基本原則，其它的學問預設哲學探討的基本原則，是建立在哲學知識上的上層建築（supre-structure）：它之所以是嚴肅的，由於它要求清晰性，帶來清晰的知識；它要求批判性，避免獨斷，作出自我修正，開放和容納更多的真理；它要求建立體系，使我們的知識不致凌亂無章，而能連貫和深入課題的意義；它要求評價，能區別是非優劣，得以成為指導人生的目的。

第一章
論證（argument）與定義（definition）

在導言裡，我們曾指出哲學思考必須是批判的和清晰的，就其批判性而言，它要提出充分的理由來支持自己的主張或反駁別人的意見。一個沒有充分理由支持的言論，是沒有學術價值的。當我們提出理由來支持自己的言論時，那就是提出論證。有些論證是合理的，有些是不合理的，因此哲學工作者要明白論證，以保證思考的合理性；再者，就哲學思考之清晰性而言，它使用的語言或概念必須清楚明確，不能模稜兩可，否則產生思考和溝通的障礙，讓人無法得到深入和清楚的理解。於是，當碰到意義不清的概念時，便要用清晰的語言來釐清它的意義，這是定義的工作。本章的工作是要簡略說明論證與定義。

一、論證

我們都知道，在發表意見時，我們不能隨意而為、毫無根據，反而，我們要提出充分的理由來支持它，這樣才能證明它是真的。當我們以理由來支持一個意見為真時，那就是提出論證（argument）。

在日常生活裡，我們使用語言來發問、警告、承諾、談情說愛、打招呼或問候他人，這往往是表達自己的感情和要求，這種使用語言的方式與真假無關。但哲學基本上是追求真理的，因此當它使用語言時，要與真假有關。對於與真假相關的句子，我們稱為述句（statement）。例如「台灣在亞洲」、「獅子是哺乳類動物」、「這個課室中有五十個學生」和「三角形內角之和是180度」，這些句子是描述一些經驗事實或數學知識，它們有真假可言（即使是假的句子，也是述句）。但對於問候句：「你好嗎？」，咒罵

別人的句子：「你給我滾蛋！」，作出承諾：「我答應你的求婚！」等，它們不涉及真假，都不稱之為述句。

一組述句不一定構成一個論證，我們可以用它來描述客觀事實，例如報紙的新聞報導；也可以說明人的一生，例如傳記；或作出預測，例如電視的氣象預告。只有當我們以一組述句來證明另一個述句為真時，這才構成一個論證。例如「陳先生在市中心工作，他住在郊外，因此他每天都要經由高速公路進入市區」。在這三個述句裡，前兩個用以支持第三個為真，這是一個證明的過程，因此它是一個論證。

(一)前提（premise）與結論（conclusion）

論證是一個證明的過程，其中有些述句作為理由，以支持或證明另一個述句為真。前者稱為前提，後者稱為結論。那麼，當提出論證時，就是給出前提以證明結論為真。例如，「黃先生的身體一定非常健康，因為我知道他每天運動，而且他非常注意飲食。」在這個論證裡，第一句是結論，第二和第三句是用以支持其結論的理由，所以它們是前提。前提的數量不限多寡，即使是一個前提，也可以用來證明它的結論。正如在前面的例子中，我可以說：「黃先生的身體一定非常健康，因為我知道他每天運動。」雖然這僅有一個前提，但它仍是一個論證。再者，即使一個不能保證其結論為真的論證，依然是一個論證，這是說，無論合理或不合理的論證，都是論證。

在哲學討論裡，我們不能毫無理由地作出斷言。毫無理由地斷言一個事情，那是獨斷（arbitrary）。不過，即使我們給出前提，也不一定能證明其結論為真，因為理由可能是不充分的，也可能在推論過程中犯了邏輯的謬誤（fallacy）。為了區別論證能否提供真的知識，便有必要對論證進行評估。

(二)評估論證的步驟

在平常交談或哲學討論中，我們往往沒有清楚指出那些語句是前提，那個是結論，甚至還會加入一些不相干的語句。因此，要評估一個論證，首先的步驟是把論證清楚重建出來，因為只有這樣，我們才能清楚認出它的前提及結論。然後第二個步驟是要評估這個論證能否被證成（justified）。基本上，一個能被證成的論證，它的結論是非常可靠的，我們可以接受它為真。

1. 第一個步驟：重建論證

當人說出他的意見時，假若他是理性的，他當然不是無的放矢，而是根據理由。可是，他不一定用論證的方式來表達，而可能用不連貫的方式，說出一番頗為凌亂的話。那麼，若要評估他的論證，首先的工作便要把他的論證清楚重建出來。

重建論證的工作是要把它的前提及結論全部整理出來，這個工作包括三方面，(1)首先找出這個論證的結論。它是最容易被找到的，因為它是論證要證明的主張，是必須清楚說明出來的。然後(2)根據這個結論，在作者說出來的話中，找出與它相關的理由，這是作者為了這個論證而說出來的前提。至於與論證不相干的語言，可以全部刪除。然而，(3)我們尚要注意，在一些論證裡，或許還有一些作者視之為當然，卻沒有說出來的前提。要完整重建一個論證，必須把沒有說出來的前提補充回去。以下是一個常見的例子，

> E.g. A. 陳先生在美國出生，
> 　　　B. 所以他是美國人。

這個論證的前提是「陳先生在美國出生」，結論是「他是美國人」，但若只根據前提A，無論如何都不能推論出他是美國人。不過，為何我們總是承認它的結論？

其實，我們之所以承認它的結論，是因為這個論證尚有一個沒有說出來、但被我們承認的前提：「根據美國法律，在美國出生的都是美國人。」由於我們早已承認這個前提，所以在一般交談中，往往把它省略。但為了保持論證的完整性，我們有必要把它補充回去。

當我們找出所有前提和結論後，便按照前提與結論的次序把它重寫出來。這樣，重建論證的工作得以完成。

2. 第二個步驟：批判論證

接著的工作是要評估論證能否被證成，這是說，我們要檢討一個論證能否保證它的結論為真。哲學是追求真理的，只有能提供真理的論證，才是一個合理的論證。基本上，評估論證是一件非常複雜的工作，它涉及多種邏輯謬誤和邏輯定律，無法在短短的篇幅內說明。本章僅提供一個非常簡略的方

式,讓我們能批判論證的合理性。

對於一個論證,我們可以提出四個問題,假若它們的答案都是肯定的,則這個論證能被證成,它可以保證其結論為真。

問題(1):論證中的所有前提是否皆真?

我們要明白,論證是為了提供真的知識。在一個論證中,只要其中一個前提是假的,它當然無法保證其結論為真,因為前提是用以支持結論,而前提若為假,則由它支持的結論當然不能保證其為真。所以,一個能被證成的論證,其基本條件就是所有前提皆真。當第一個問題無法得到肯定的答案,這個論證是不能被接受的,我們無需繼續進行評估了。

其實這是一般用以批評別人的方式,我們常對別人說:「你提出的理由不能成立,所以你的主張也不能成立。」同理的,前提不能成立,則結論也不能成立。然而,即使一個論證的所有前提皆真,但仍不足以保證它的結論為真,因為只有在符合邏輯的推理過程中,才能推論出一個真的結論。因此,當一個論證的所有前提皆真時,我們還要檢討它的推理過程。

問題(2):一個論證的所有前提,能否證實其結論一定為真或非常可能為真(very probably true)?

這個問題其實分成兩點,第一點要求結論**一定**為真,另一點僅要求結論**非常可能**為真。換言之,假若有一個論證,它的前提已全部為真,我們要進而檢討這些前提能否(A)證實結論一定為真,或(B)證實結論非常可能為真?只要能符合其中一個條件,則這個問題的答案是肯定的。我們對這兩點各作說明。

A. 所有前提能證實結論一定為真

如果一個論證的所有前提皆真,而其推理過程符合邏輯定律,則可以證實其結論一定為真。相反的,假若所有前提皆真,但其推理過程違反邏輯定律,則其結論不一定為真,換言之,其結論可能是假的。然而,邏輯定律非常複雜,本章的篇幅無法說明它們,我們目前只能提出一個非常簡易的檢查論證方式。

在檢查一個論證時,我們想像一下,有沒有以下的情況:在所有前提皆真時,其結論是假的。如果有,則表示這個論證無法保證它的結論一定為真。但假若無論如何都無法想像出這個情況,則表示它只可能是這個結論,

不可能是別的。於是這指出，這個論證的所有前提能證實它的結論一定為真。我們用一個例子說明，

> E.g. A.假若一隻狗在晚上亂吠，牠是非常討厭的。
> 　　 B.我們的狗在晚上沒有亂吠，
> 　　 C.所以牠不是非常討厭的。

在這個論證裡，我們可以想像一下，以下的情況是否可能：所有前提皆真，而它的結論為假，亦即「我們的狗非常討厭」。我們可以想像，即使我們的狗在晚上沒有亂吠，但牠仍可能非常討厭，因為牠可能亂咬人或體味很臭等等，這些條件使牠成為非常討厭。因此，即使這個論證的前提皆真，但卻無法保證它的結論一定為真。

　　這個測驗論證的方式，根據的道理其實非常簡單。一個號稱能證實其結論一定為真的論證，當然其結論絕對不可能是假的。那麼，假若我們能想像出它的結論是假的，則表示它無法證實其結論一定為真。於是，在評估論證時，我們可以先承認它的所有前提皆真，然後把它的結論否定，再想像這是否可能，假若是可能的，則這個論證無法被證成。然而，這個測驗的方式僅能用於簡單的論證上，至於那些有很多前提，且推論過程非常複雜的論證，我們的想像力難以完成這個工作。

　　B. 所有前提能證實結論非常可能為真

　　如果一個論證能證實其結論一定為真，這當然是最理想的，可是，我們有很多知識往往難以得到絕對的保證，因為在經驗世界中，很多知識都僅是非常可能為真的。即使大學裡的很多科系，例如心理學、社會學、政治學、歷史學和其他經驗科學，都無法提供絕對的知識，因此，假若我們只承認一定為真的絕對知識，便要拒絕很多學科的知識了，這種態度似乎過於偏頗。並且，一旦我們接受非常可能為真的結論，便可以擴大我們的知識範圍。因此有些哲學家認為，只要論證能證實一個非常可能為真的結論，就是一個合理的論證。以下是一個這樣的例子。

> E.g. A.哲學家要求思考能符合邏輯，

> B.大多數要求思考能符合邏輯的人都採用清晰明確的概念，
>
> C.因此，大多數哲學家都採用清晰明確的概念。

根據這個論證的前提B所指的「**大多數**要求思考能符合邏輯的人」，我們可以想像它剛好不包括哲學家，或僅包括少部分的哲學家，那麼，即使它的前提皆真，依然無法證實其結論一定為真。可是，這樣的可能性非常低，因為我們知道，哲學家要求清晰性和批判性，所以他們會要求採用清晰明確的概念。並且，結論是指「**大多數**哲學家」，即使有少數哲學家沒有採用清晰明確的概念，這個結論依然為真，因此，我們可以認為，這個結論非常可能為真。

總結以上所說，如果一個論證能夠證實其結論一定為真或非常可能為真，它可以通過我們的第二個問題，但仍需接受第三個問題的考驗。

問題(3)：論證的前提有沒有避免被結論支持？

在思考的過程中，我們是希望根據前提來證實結論，而不是反過來先承認結論，再以它來證實自己的前提。前者是思考的基本要求，後者是本末倒置。在提出論證時，以結論來證實前提是違反邏輯的要求，我們稱之為循環論證（circular argument）之謬誤。因此，在一個健全的論證中，前提不能由結論所支持。以下是一個循環論證的例子，

> E.g. A.假若一個人能親身體驗上帝對他的慈悲，他一定是非常虔誠的，
>
> B.陳先生曾經親身體驗上帝對他的慈悲，
>
> C.因此他是非常虔誠的。
>
> D.然而，他對上帝的體驗不是幻覺，而是上帝給他的啓示，
>
> E.因為他從小就非常虔誠，上帝不會欺騙他的。

這個論證是要證明陳先生是非常虔誠的，它分成兩個階段。第一個階段提出A和B兩個前提，在C提出結論：「他（陳先生）是非常虔誠的」。可是，論

證作者似乎害怕有人質疑前提B，於是繼續在第二個階段提出D和E來證實B是可靠的。不過，在第二個階段裡，前提E卻是第一階段的結論C。在整個論證而言，作者是以結論來支持它的前提，因此犯了循環論證的謬誤。

當一個論證的前提被質疑時，正確的處理方式是找出別的理由去支持它，不是用論證的結論去支持它，這違反了推理的基本原則：前提支持結論，不能反過來由結論來支持前提。

當一個論證沒有觸犯循環論證的謬誤，我們還要繼續追問第四個問題。

問題(4)：論證的結論是不是作者想要證明的主張？

一個人提出論證，當然是為了證明他的主張，假若作者說他要證明A，但論證的結論卻不是A，這樣的論證當然是不合理的。這正如一篇離題的文章，即使寫得很好，仍是沒有學術價值的。

> E.g. A.我要告訴大家，不能因為一件事情是痛苦的，就認
>   為它是不好的，
>   B.運動有時是痛苦的，但它是好的，
>   C.打針吃藥也是痛苦的，但它也是好的，
>   D.所以，有些事情的確是痛苦的，但它可能是好的。

這個論證的作者要證實A：「對於一切事情，不能因為它是痛苦的，就認為它是不好的。」這個句子的意義是全稱的（**一切事情**）和肯定的（它**是**不好的），但結論D的意義卻是偏稱的（**有些事情**）和可能的（**可能是很好的**），這兩個句子的意義彼此不同，所以，即使這個論證的前提全部皆真，推論的過程符合邏輯，但由於它沒有證明作者的主張，因此它是一個不相關的論證，我們不能接受它。

當我們向一個論證提出以上四個問題，而它的答案都是肯定的，這表示它的推理過程符合邏輯和它的結論非常可靠，可以提供真的知識給我們。

然而，即使思考的過程是合理的，但哲學思考尚要我們使用清晰的概念。要釐清概念的意義，可以由定義來完成。

二、定義

　　日常生活的概念有兩個因素妨礙嚴格和清晰的思考，那是模糊性（vagueness）和歧義（ambiguity），前者是指概念本身的意義沒有清楚的界限，使我們難以明白它的明確範圍；後者是指概念擁有兩個以上的意義，使我們不知它是指那一個。對於這兩個因素，可以由定義加以刪除。

㈠模糊性

　　大部分的日常用語，其意義都是模糊的，我們難以明確知道它的界限，例如「勇敢」、「孝順」、「自由」、「民主」、「美麗」、「權利」、「愛護」、「聰明」、「正義」等。有時苟且偷生是勇敢，壯烈犧牲也是勇敢；奉養父母是孝順，大義滅親也是孝順。有些人宣稱他們「熱愛自由」、「追求民主」、「支持人權」、「維護正義」，可是一旦深入反省，根本無法明白他們所說的「自由」、「民主」、「人權」、「正義」是什麼。若要明白其中的意義，我們可以要求他們作出定義，這是說，使用較為清楚的語言來界定它們的意義。

　　然而，模糊的語詞不一定只有破壞性，沒有建設性，因為有時把一個語詞定義得過度清晰，會使它的意義範圍完全確定，失去開放性，無法容納更多的新意義，會導致它成為無用的語詞。例如法律上的「危險駕駛」是一個相當模糊的語詞，如果要澈底清楚界定它的意義，或許最好的方式是把危險駕駛的種種情況全部清楚描述出來（如在某種情況下，車速超過每小時90公里就是危險駕駛，或其它種種情況）。在法庭的審判裡，法官只要按照當時發生的事實，根據法律條文就可以作出審判，完全沒有模稜兩可的問題。但這種預先列舉全部個案的方式是難以實行的，而且即使可以實行，它卻完全封閉「危險駕駛」的意義，讓它無法容納一些新的情況。這樣，對於新的情況，法官無法作出判決，而它便成為無用的語詞了。因此，為了維護「危險駕駛」的可用性，讓它保持些許模糊性是較合理的。

　　模糊的語詞常常出現在政治和外交辭令上，有時政府官員因為不願意作出實質說明，往往會使用較模糊的文字來虛應。例如有人質被綁架，警察正要攻堅，但記者問警察要如何攻堅，警察當然不願意公開攻堅計畫，但

又不能不回答問題，他或許會說：「我們會採用最安全的方式來處理這個事件。」這個回答雖然非常模糊，但卻相當得體謹慎。因此，當人不願意作出清楚的說明時，模糊的語詞會讓人合乎禮儀和得體。

㈡歧義

歧義是指一個語詞擁有兩個以上的意義。基本上，大部分的語詞都是歧義的，例如「豬」可以指一種動物，也可以指愚笨的人或肥胖的人；「腳」可以在人身上，也可以在桌子上；「辣」可以是指味道或一個女子的熱情。只要翻開字典，就可以發現幾乎每個字都是歧義的。語詞的歧義往往導致推理的困難，例如

> E.g. A.黃牛喜歡吃青草，
>
> 　　　B.每次我到火車站，都看到一些黃牛在賣車票，
>
> 　　　C.所以，火車站裡的黃牛都喜歡吃青草。

對於這個論證，它的前提皆真，推理過程符合邏輯，是足以證實其結論為真的，但我們卻會直覺認為它是假的。它的謬誤出自「黃牛」一詞的歧義，前提A的「黃牛」是指某種吃青草的動物，但B和C裡的「黃牛」卻是指賣車票的人。由於它們分別指不同的事物，所以A和B、C毫不相關，故無法由A推論出C。在論證裡，我們必須刪除歧義的語詞，讓相同的語詞都有相同的意義。這種刪除歧義的方法，可以由定義完成。

㈢基本的定義方式

對於一個語詞或概念，可以用多種方式去界定它的意義，本章只介紹其中五種通常的定義。

1. 描述定義（descriptive definition）

對一個概念或語詞作出描述定義，是把它在一般使用時的標準意義精確陳述出來。這個工作是忠誠而真實地描述它原來的意義，即使它本來就是歧義的和模糊的，我們仍是如實地說明它。一本很好的字典其實就是語詞的描述定義，因為字典的編者不能對語詞加入個人的意見，只能把它在語言體系

中的所有意義作出忠誠的描述。

在描述語詞的定義時，若能忠誠地描述，則是一個對的定義；但假若有所偏差，則是一個錯的定義，所以字典有好與壞之別。我們不能因為覺得一個語詞擁有太多的歧義或太模糊的範圍，便根據自己的想法增減它的意義，所以，描述定義不是創造性的。它的好處是忠誠地呈現，壞處是無法刪除模糊性和歧義，它停留在語詞的一般意義上。所以憑藉字典中的意義，無法讓我們得到語詞的深入意義和明確的界限。

很多哲學家因為不滿描述定義不夠深入和不夠明確，所以終其一生的精力，根據自己的觀點來重新界定語詞的意義。例如孔子對「仁」，老莊對「道」，J. Rawls《正義論》（*A Theory of Justice*）對「正義」的說明，都是為了對一個語詞或概念作更深入和明確的定義。這樣的定義明顯超出了描述定義的範圍，而是更進一步以自己的觀點來界定語詞的意義。對於這樣的定義，由於它加入作者的設定，故可稱為設定定義（stipulative definition）。

2. 設定定義

描述定義僅是忠誠呈現（present）語詞本來的標準意義，但設定定義卻是規定（subscribe）語詞的意義。由於它規定意義，故它可以刪除語詞的模糊性和歧義。我可以規定「危險駕駛」的意義是超過合法車速的兩倍，這樣，我給它一個非常清楚的界限，刪除了它的模糊性。再者，我也可以從語詞的多個意義中，規定其中一個為它的意義，甚至也可以全部刪除，規定另一個新的意義給它，由此刪除語詞的歧義，例如在使用「黃牛」一詞時，可以規定它的意義是吃青草的那種動物，因此排除了它是指在火車站賣車票的人。

描述定義要對語詞本來的標準意義作忠誠描述，它有對錯的問題。可是，設定定義是規定語詞的意義，因此它沒有對錯問題。它是要創造語詞的意義，不是忠誠地呈現。當我設定「黃牛」只能指某種吃青草的動物時，沒有人可以說我是錯的，因為我的工作是創造一個意義給它，不是要說出它原來的標準意義。我甚至可以更偏激地規定一個奇怪的意義給它，要「黃牛」以後指黑色的狗。從今以後，每當我說「黃牛」時，它是指黑色的狗。

可是，當設定定義使語詞得到一個怪異和陌生的意義時，反而會使思考和人際的溝通產生更大的障礙，所以在定義時，最好能避免給出一個完全怪

異和陌生的意義。

3. 過重定義（loaded definition）

描述定義保留語詞的一般意義，無法刪除模糊性和歧義；設定定義由規定語詞的意義來刪除模糊性和歧義，使意義成為清晰明確，但有時卻會完全違反語詞的原來意義，反而使思考和溝通產生障礙。於是，設定定義有一個更嚴重的缺點，由於它規定意義，它有時會把語詞中非常重要的意義刪除，這會使人產生誤解。當設定定義把語詞的重要意義刪除時，這種定義稱為過重定義。我們稱之為「過重」，由於它正如一個過重的骰子，無法轉動，使我們只能看到面對我們的面相，無法看到其它面相，因此忽略它的某些意義。所以，在作設定定義時，一定要避免成為過重定義。

有些類族主義者為了證實他們的主張，便為「人類」作出一個設定定義：「人類的意義是指白種人」，這使得其它有色人種都不是人類。在這個設定定義下，他們再進一步宣稱，由於人類有人權，而人類是白種人，因此只有白種人才有人權，至於其它膚色的，由於他們不是人類，故不能擁有人權。對於這個論證，類族主義可以為他自己辯護說，這個論證建立在「人類」的設定定義上，而設定定義沒有對錯之別，基於這個前提，可以合理推論出：只有白種人才有人權。

不過，類族主義者對人類的設定定義是不合理的，因為在設定它時，它成為過重定義。對於「人類」一詞，它擁有多個重要的意義，因為它指理性的動物，而理性的動物包括白種人、黑種人、黃種人、紅種人等等膚色的人種，因此，在定義「人類」時，不能僅設定它指白種人，而導致其它重要意義的消失。這樣的定義是過重的，因為它只讓我們看到白種人，看不到其它的人種，故它是不合理的。

因此，要作出一個合理的定義，一方面要盡量是描述的，保留語詞在它的語言體系中的重要意義；另方面要適當地設定，刪除它的模糊性和歧義，清晰說明它的意義，又不致淪為過重定義。

4. 內涵定義（intensional definition）

語詞通常有它的內涵，這是說，它有一個概念內容（conceptual content）。當我們定義語詞時，可以用更簡單的文字把它的概念內容說出來。例如「岳母」有一個概念內容，它是指在一對夫妻中，女方母親是男方

的岳母，那麼，在定義岳母時，我們可以把它的內涵用簡單的文字寫出來：
「岳母是指在一對夫妻中，男方對女方母親之稱謂。」基本上，這種定義是
把語詞的同義詞說出來。

然而，對語詞作出內涵定義時，一定要指出它的獨特意義，這是說，
我們不是指出它與別的事物共同擁有的意義，而是要指出只有它才擁有的意
義，因為這樣才能把它與別的事物區別出來。例如岳母的內涵可以是一位生
育過女兒的母親，但這個內涵並非只有岳母才有，即使女兒尚未結婚的母親
也擁有相同的內涵。因此，為了凸顯岳母的獨特意義，便要強調她的女兒一
定已經結婚，所以我們要把岳母定義為：已經結婚的女方母親。再者，已經
結婚的女方母親也不一定是岳母，她可能是親家母。岳母的獨特意義是它必
須相對於女方的丈夫而言，因此我們要進一步把岳母定義為：在夫妻中，男
方對女方母親的稱謂。

內涵定義是要把語詞的內涵用更簡單的文字說出來，不過，假若被定義
的語詞已經非常簡單，無法找到比它更簡單的語詞時，內涵定義便不能使用
了。例如「紅色」是一個非常簡單的語詞，我們無法找到更簡單的文字來說
明它。再者，對於一些非常抽象的概念，也難以找到與它相同意義的文字，
例如「勇敢」是非常抽象的，似乎沒有相同意義的文字讓它的意義能具體表
達出來。碰到這種情形，可以採用別的方式去定義它們。

5. 外延定義（extensional definition）

內涵定義是要指出語詞的內在涵義，外延定義是要指出語詞的外在對
象。例如定義「紅色」時，我們難以找到更簡單的文字來說明它的內涵，這
時或許可以說，「紅色就是血液的顏色。」這個定義讓人容易理解，但它是
把被定義語詞的對象指出來。又如向一個小孩子說明「球」的意義時，可以
拿出一個籃球，拍它幾下，然後對他說：「這就是球了。」這種方式反而讓
小孩子容易明白球的意義。

再者，對於抽象的語詞，外延定義相當好用。例如「勇敢」一詞，它的
內涵本來非常抽象，若我們僅使用相同意義的文字來表達它，則它依然是抽
象的，人們難以理解。不過，如果指出它的對象，則可以使它具體化，容易
被理解。我們可以說出一些勇敢行為的故事，如荊軻刺秦王時的英勇或趙子
龍單槍匹馬闖進千軍萬馬中殺敵，這樣的定義把勇敢的抽象意義落實在實際

的對象上，它可以幫助我們具體掌握語詞的意義。

外延定義雖然可以把語詞的意義具體化，但有些語詞的對象完全相同，而其內涵卻有差異，這時外延定義便不能使用了。例如「大腦占全身重量比例最高的動物」與「理性的存有者」，其內涵意義不同，但它的對象是完全相同——都是指人。這樣，只藉著外延定義，無法區分這個語詞的意義。

外延定義的另一個缺點是它不能非常明確指出語詞的意義，有時甚至容易造成誤解。例如剛才說的勇敢，對於一個勇敢的故事，讀者可以對其中情節各有相當差異的理解，甚至可能是誤解。因此，在使用外延定義時，往往要輔以內涵定義來作原則性的說明。

在釐清語詞或概念的意義時，我們可以交叉使用不同的定義方式，設法從多方面說明它。然而，無論如何都不能做成過重定義。

本章介紹了哲學思考的兩個基本特性：合理的推論和清晰的概念，這樣可以保證知識的合理性和清晰性，不過，知識不是片段的、零散的，而是有組織的，連貫地構成一個體系。下一章的工作是說明組織知識以構成體系的兩個方式。

第二章
基礎論（foundationalism）
與融貫論（coherentism）

在進行哲學思考時，我們要在一個有秩序、有系統的方式下去證實我們的主張。我們不能東一句、西一句地說。不管那一種學問，都必須以一個連貫的方式去表達。幾何學家不會第一句說：三角形內角之和是180度，第二句說：平行四邊形對邊平行，因為這兩個句子彼此不連貫，別人也不知道他在說什麼。所以，在證實一種主張或建立一個理論時，必須在連貫的方式下，這就是說，即使我們有很多知識，我們必須把這些個別的知識連貫起來，在一個有秩序、有系統的方式下把它們組織起來。但是，要把個別的知識組織起來，在哲學上，至少有兩種基本的方式，分別為基礎論和融貫論。

在說明這兩個組織知識的方式前，我們先要說明，什麼是知識？

在我們心中有很多信念，有些我認為是真的，我知道它真的就是這樣；有些是不確定的，我不敢說我知道它真的就是這樣；有些信念是假的，我明白它根本不是這樣的。例如在我的信念中，我相信1 + 1 = 2，三角形內角之和是180度，美國在北美洲，北極星在北半球的北方。有些信念我們無法確定它的真假，例如，三個月後的今天會下雨，我的朋友正在家裡睡覺。我沒有足夠的理由說，我知道三個月後的今天會下雨，我知道我的朋友正在家裡睡覺。在這個情況下，根本沒有知道，只有猜測。再者，有些信念是假的，例如明朝第一個皇帝是唐太宗，北極星在南半球的天空上，因為它們根本不是這樣的。

信念是有真假之別，但那些信念才可稱為知識呢？通常而言，知識要滿足以下三個條件，稱為知識三條件（three conditions of knowledge）。

一、知識三條件

我們都有信念，這是無可否認的。但那些信念才可稱為知識？這是說，我能夠說：我真的知道是這樣的！首先，有些信念是我們不相信的，例如，當我們勸別人不要做壞事時說：「好人會上天堂，壞人會下地獄」，我們當時或許連自己都不相信有這回事。對於這些連自己都不相信的信念，當然不會稱它為知識。反過來說，當我認為一個信念是知識時，我當然相信它就是這樣的，正如我認為「太陽每天東昇」是知識時，我當然相信太陽就是這樣的。所以，知識的第一個條件是：一個信念，而我**相信**它。

不過，一些信念，雖然我們相信它，但它卻不一定是真的。顯然的，相信一個信念，不足以構成這個信念為真的。例如，「好有好報，惡有惡報」。即使我們相信它，但它卻是不真的，因為在這個世界裡，很多好人沒好報，惡人沒惡報；甚至是剛好相反，好人得到惡報，惡人得到好報。所以，我們不能說，這個信念是一個知識。同樣，以前很多人都相信地球是平的，但這不是真的，這是說，他們當時沒有知道，只有誤解。反過來說，對於那些我們相信，而且又是真的信念，才可能稱之為知識。這時，我才能說我知道它、沒有誤解它。因此，一個我相信，而又是**真的**信念，才是知識。這是知識的第二個條件。

再者，雖然我有一個真的信念，但這仍不足以稱為知道它，或它是我的知識，因為我尚要能夠證實它，換言之，我尚要知道它之所以為真的理由。能被證實為真的信念，才真正夠資格稱為知識。糊裡糊塗想出一個信念，即使這個信念是我相信的，而且又剛好是真的，它仍不是知識，這或許只是碰巧的，不是由證據支持的、被理由證實的。例如，我們有一個真的信念：北極星在北半球。我雖然相信它和它是真的，但若這僅是我猜想出來的、無中生有的或由錯誤的證據所導致的，則我仍不能說我有北極星的知識。但是，若我可以提出證據去支持它，又有各種方式去證實它，則我才能說我真正知道北極星在北半球，或我有北極星在北半球的知識。所以，即使一個我相信，而且是真的信念，它還必須**被證實過**，才能稱為知識。這是知識的第三個條件。總之，一個信念，我們**相信**它，而且它是**真的**和被理由**證實過**的，我才能說：我知道它或我有它的知識。以上所說，我們通常稱之為知識的

三條件。一般而言，我們會說，知識是一個被證實的真信念（justified true belief）。

但我們要注意，有一些非常簡單的信念，往往是不用證實的，但仍可稱之為知識。因為在證實一個信念時，我們往往需要前提，但在一個有效的論證裡，前提一定要是真的，但要證明前提為真，則我們又需要另一些真的前提，這樣我們將會無限後退，而證實成為不可能。所以，一些哲學家認為，非常自明的信念是不用證實的，但它們依然是知識。例如我現在正在寫作中，我是直接知道我在寫作中，這是自明的信念，它的真是不用證實的。又如，白色不是黑色，物件是在時間中等等。這些最基本的信念是不用證實的，它們是自明的，再沒有更基礎的信念去證實它們了。

二、兩種組織信念的方式

根據剛才說的，能被證實為真的信念，才是知識。但是，如何證實一個信念為真呢？通常，我們會以另一些信念去證實它。那麼，在證實的過程中，我們會把信念互相組織起來，構成一個有秩序的信念體系。所以基本上，除了最基本自明的知識外，知識不是一個單一而孤立的信念，而是內在於一個有組織的信念體系中。但是，如何把信念組織起來呢？基本上，我們有兩種方式：基礎論和融貫論。

(一)基礎論

在組織信念時，人面對很多信念，他要從何開始呢？對於一位基礎論者，他希望在這些信念中，先找出一些非常確定或非常自明的信念，而不是找出一些沒有說服力或仍是真假不定的信念，換言之，他要找出一個或一些絕對無誤的知識作為基礎。對於這些信念，稱為基礎述句（basic statements）。然後他希望能根據它們，找出更多知識，組織成為一個知識體系。但如何才能根據基礎述句找出更多的知識呢？那就是以它們為前提，在嚴格的推論下，推論出其他的信念，建立一個嚴格的知識體系。於是，在這個知識體系中的信念，才可以稱之為知識。在它以外的信念不能稱為知識，這只是一些不確定或假的意見而已。這樣，由基礎論的進路，就可以建立一

個絕對無誤、非常確定的信念體系。於是，基礎論的特色是： 1.確立基礎述句。 2.由基礎述句在嚴格的推論下推演出其它信念或述句。這樣我們就可以擁有一個非常嚴格的知識系統了。

我用一個簡單的例子來作說明，例如。我們看到外在的東西，它們是會運動的，因此我得到，A.外在事物是會運動的（基礎述句A）。B.對於外在的事物，我們的感官看到它、摸到它，則它們是有體積的，有形體的（基礎述句B）。C.有體積則是說它有特定的大小，因此它在空間中占有一個特定的位置。它不是在這個位置上，則一定是在別的位置上（根據B）。D.外在事物有一個位置，則表示它不一定要在這個位置上，它可能在別的位置上，這是說，它可能從一個位置到達另一個位置上，運動就是從一個位置到另一個位置（根據A與C）。E.但是，沒有東西由它自己就可以從一個位置到達另一個位置上，這是說，沒有東西是自動的。它不能靠它自己就可以跑到另一個位置上（基礎述句E）。F.於是，如果某一個東西會運動，則它是被另一個東西將它推過去（根據E）。G.但是，推動它的東西也不可能是自動的，則它之所以能推動，是由於它是被推動的（根據E和F）。H.但是，這個往後被推動的過程不可能沒有始點，因為假若沒有始點，亦即沒有第一個推動者。沒有第一個推動者，則至今仍沒有東西在運動（基礎述句H）。I.但是，如今有東西在運動（根據A），J.則必須在運動之始點時，有一個東西，它推動別的，卻沒有被推動（根據H和I）。K.這個東西不同於其它的東西，因為它可以自動而且又能推動，它就是超越一切事物的神。L.所以，神是存在的（根據K）。

我們可以看出，這是從一些基礎述句開始，在嚴格的推論方式下，把各個信念組織起來。在這個組織裡，構成一個知識體系。不在這個知識體系裡的信念，不能認為是真的，它們僅是一些尚未得到證實的意見而已。另一方面，與它矛盾的信念，則是假的。由這種方式去組織信念，則其中的各個信念，都是已被嚴格證實的信念，它們才能稱為知識。所以，在基礎論的主張下，知識一定是非常確定的、不能錯誤的。

在整個基礎論的知識體系內，它是由基礎述句出發。基礎述句不需要被另一些述句證實，因為既然它是基礎的，則沒有其它述句比它更基礎，以作為證實它的前提。它自己證實自己，亦即它是自明的。並且，我們可以藉

著它去證實別的述句——那些非基礎述句（nonbasic statements）。在基礎論而言，假若我們無法找到基礎述句，則無法建立知識。所以，知識的體系中，一定要有 1.基礎述句。有了基礎後，其後的工作是根據基礎去引申出更多的知識。但如何引申出來呢？ 2.為了保證知識的確定性，要以嚴格的邏輯推論，從基礎述句去引申其它的知識，因為只有嚴格的邏輯推論，加上已經是穩固的、絕對正確的基礎述句，才能推演出同樣是絕對正確的知識。整個邏輯推論的過程或許非常複雜，但是，只要在每一個步驟中，都遵守邏輯法則，則所有推論出來的知識，都可以保證其為真。於是，一個嚴格而絕對為真的知識體系得以建立。基礎論非常嚴格遵守邏輯的推論，只要是符合邏輯推論，不管它是否違背我們的感官經驗，都要接受它為真。基礎論是一種非常嚴格的組織信念的方式。

(二)融貫論

其實，在一般情況下，我們都沒有好像基礎論者那樣嚴格地組織自己的信念。例如我向報館老闆證明我能勝任擔當體育記者的工作，我不能先找出絕對無誤的基礎述句，再推論出我有這樣的能力，因為無論多麼強烈的理由，都不可能絕對無誤地證明我有這方面的能力。因此，我只能找一些合情合理的理由或信念（這是在一般的情況下，老闆或大多數人都會接受的理由），然後在可以接受的經驗原則下進行推論，希望能證明我有這種能力，但是我又明白，我的推論不能保證我的結論是絕對無誤、不可懷疑的。

例如我會拿出我的成績單，其中寫作是95分，這可以證明我有寫作的能力，但是這個證明是不可懷疑的嗎？當然不是，因為可能老師亂給分數，或者我當時作弊，這在邏輯上是可能的。不過，在一般的經驗原則下，都會接受這個證明。這僅是一個合情合理的證明，不是一個在邏輯上必然的證明。然後，我再說明我曾多次參觀國內外的體育比賽，這可以證明我對體育非常有興趣和有研究，但這樣的證明依然不是邏輯上必然的，它有錯誤的可能，因為我可能只是喜歡看，貪圖刺激，但對體育的各種規則和技巧完全沒有研究。然後我又提出種種證據，證明我是一個負責任和有工作狂熱的人，但所有這些證明都僅是基於一般的經驗法則所承認的證據和證明，它不是不可懷疑和不可錯誤的。最後，我說：「由於 1.我的寫作能力強， 2.對體育有興

趣和研究，3.有責任感和4.熱愛工作，因此我認為我非常適合當一個體育記者。」但這四個前提，卻不能必然推論出「我非常適合當一個體育記者」，因為或許我現在身有重病，根本無法擔任繁重的體育記者工作。

由以上的方式去說明自己的主張，就是把自己的信念組織成一個體系。在這種組織信念的方式裡，我僅是希望對自己的主張作出盡量合理和妥當的說明，不是要作出一個絕對無誤的說明。它僅是合情合理，在人們的一般共識下，大家都可以接受，但卻沒有邏輯上的必然性和確定性。

又例如，這時老闆說，你三年級上學期的體育成績剛好及格而已，那怎能說你對體育有興趣呢？這時，老闆提出反駁。我會怎樣做呢？我當然不能提出一些絕對無誤的前提，推論一個絕對無誤的結論去反駁他。我僅能再用合情合理的方式去反駁他，證明我其實對體育很有興趣。例如我說，那學期我生病，能夠有及格的分數，已經表示我原來是很有實力的。我甚至可以拿出醫生證明給他看。但這樣的證明依然是可疑的，不是絕對無誤的。不過，我們通常就是用這種方式去組織我們的信念，說明自己的主張，這是指，當受到反駁時，我們依然是採用合情合理的方式去重新組織自己的信念，讓它們仍能妥當和合理地說明自己的主張。換言之，我們希望提出一個融貫的信念體系，讓各信念都是一致地、沒有衝突地證明自己的主張。我們盡量找出彼此相輔融貫的信念去說明一個課題。對於這樣組織信念的方式，稱為融貫論——以一個融貫的脈絡，妥當說明一個課題或主張。

這種組織信念的方式有兩個特點：1.只要求對課題作出妥當和令人滿意的說明，但不是一個不可懷疑、絕對無誤的說明。2.當碰到各種不同的意見時，我們要對它們作出合理和妥當的說明（正如剛才老闆說我的體育成績不及格），不是作出一個不可懷疑、不可錯誤的說明或反駁。

對於融貫論者，即使基礎論者提出絕對無誤的基本述句，但假若它違反合情合理的共識，他們也不會接受，因為這完全違反了一般接受的信念，使整個知識體系崩潰，讓大部分的知識失效。他們認為，假若有一些仍是可疑的述句，但它們能合理說明宇宙中的各種現象，則可以接受其為真，雖然它們不是必然的真，因為這可以維護我們已經接納的知識體系。

再舉一個例子。有一天福爾摩斯早上接到一通電話，有一件謀殺案發生了，一個煤礦場的宿舍裡發現一具男屍。他馬上趕往現場，當他抵達現場

前，他提前在兩三百公尺前下車，他發現 1.路面還是溼滑的，昨天晚上一定下過細雨。 2.馬路上有一些大腳印，腳印裡有煤屑，一直走到宿舍門前。3.他進到宿舍裡，發現死者個子高大，非常強壯。 4.他再看看房間，裡面非常凌亂。 5.死者胸部受到刀傷。 6.傷口在死者的右邊，斜斜往左邊刺下去。7.根據屍體的顏色，是昨天晚上去世的。看完現場後，福爾摩斯有以上的信念。他要把這些信念組織起來，說明這個謀殺案，推論兇手是誰。

於是福爾摩斯說，「根據7，昨天晚上兇手來過。根據2，他是從煤礦場那邊來的。他來到後，根據4，他與死者發生打鬥。根據5，他後來用一把刀子把死者殺死。不過，根據6，他是左撇子。並且，根據3，兇手一定也是非常強壯的，否則他無法扳倒死者。所以兇手是昨天晚上在煤礦場加班的左撇子，並且身材非常高大。」他於是吩咐他的助理到煤礦場抓人。

如果要組織一個有秩序的信念體系來說明以上的謀殺案，我們不可能採用基礎論的進路，因為我們無法找到絕對無誤的基礎述句，更不可能由基礎述句，以邏輯的推論方式推演出兇手是誰。我們也知道，對於任何謀殺案，無論證據多麼強而有力，也無法保證兇手必然是誰，這是說，謀殺案推論出來的結論，是沒有邏輯必然性的，最多只有非常高的概然性而已。於是，要說明剛才的謀殺案，無法使用基礎論，或許只能用融貫論。

福爾摩斯組織信念的方式就是融貫論。他不是先找出絕對無誤的基礎述句，而是接納大家共同承認的信念或假設。他說，「根據7.屍體的顏色，是昨天晚上去世的，所以昨天晚上兇手來過。」這僅是一個合情合理的推測，沒有絕對無誤性，因為或許兇手在外面殺了死者，再找人把死者搬進去。又或許死者自己用刀子自殺的。福爾摩斯的推論僅是根據一般的經驗法則，不是絕對必然的定律。他整個推論都是合情合理，對現場作出一個令人滿意和妥當的說明，但不是不可懷疑、絕對無誤的說明。

或許當他的助理到煤礦場找兇手時，礦場老闆跟他說，昨天晚上沒有人加班，也沒有左撇子。在這個情況下，福爾摩斯會接受這些意見，重新調整自己的組織，希望能對現場再提出一個令人滿意和妥當的說明。愈多人提出反對的意見，他愈是要接納它們，盡量給它們合理的說明，以組織一個合理的信念體系。在他的信念體系中，沒有一個信念是絕對必然的，都僅是能被一般人接受而已。一旦有新的意見出現，福爾摩斯的工作是再次作出調整，

合理說明它們。

然而，基礎論者認為，要證明一個主張或說明一個課題，必須建立在一些根據或始點上，而根據或始點一定要確定，否則根據它而來的說明都是不可靠的。融貫論者認為，要證明一個主張或說明一個課題的確是要建立在一些根據或始點上，但他反對基礎論者，認為它們不需要是絕對無誤的。他認為要求絕對無誤、不可懷疑的信念作為根據或始點是太過分了，或許根本沒有這樣的信念。我們僅能要求一些大多數人同意的信念為根據或始點。雖然它們不是必然的，無法提供必然的知識，但是，一旦發現它們是錯誤的，我們可以修正它，然後再重新出發，再作說明。知識的建立就是不斷由修正而來，或許根本沒有永恆的知識——永遠不用修正的知識。因此，融貫論者願意接受各種批評，盡量接納它們的意見，修正自己，以求自己的主張更為完備和妥當。基本上，融貫論者是盡量接納各種意見的折衷論者和共容論者（eclectic and compatibilist），他希望盡量折衷說明各種批評和意見，與它們共容，這樣才能更豐富和完備說明各種主張。

三、兩種信念體系的性格

基礎論是由不可懷疑、絕對無誤的基礎述句出發，再根據邏輯法則推論出其它的信念，而且它只接受在這個體系中的信念，其它無法在這個進路上組織起來的信念，皆不接受。由此可以看到，基礎論建立一個由真的前提演繹出來的信念系統。這樣的信念系統稱之為演繹系統（deductive system）。基礎論者之所以接受這樣的演繹系統，主要受到幾何學的影響。柏拉圖（Plato）在古希臘哲學家和數學家Pythagoras的影響下，接受數學的演繹為他的思想方式。到十七世紀的理性主義者，受到歐幾里德（Euclid）幾何學的影響，認為幾何學的演繹方式，能夠保證在體系中的每個信念皆為真。幾何學建立在一些公設上，例如兩點之間的最短距離是它的直線，平行線永不相交等等。在歐幾里德幾何學中，公設是絕對必然的，不會錯誤的。它再以公設為前提，演繹出其它的幾何學定理。能由定理證明的，都是必然為真的。在幾何學系統中，能被證明的信念都必然為真。因此，假若我們的知識或信念體系是在這樣嚴格的邏輯結構中，則可以保證在各信念都必然為真，

這可以保證我們的知識是不會錯誤的。整個理性主義都是在基礎論的影響下，笛卡兒（Descartes）和斯賓諾莎（Spinoza）都是在這個進路上建立他們的哲學。

融貫論希望把信念組織成一個合情合理、一致和沒有內在衝突的系統，用以對它的課題作一個令人滿意和妥當的說明。它不始於絕對無誤的信念，而是共同接納的共識，然後再作出合理的推論。這種推論僅是合情合理，不是邏輯上必然的。它不是根據邏輯法則，而是根據一般接受的法則。於是，與共識和一般法則一致的和融貫的信念，我們都要接納。反而，違背一般法則和共識的，則我們不接受它們。於是，組織信念的原則是：把信念組織成一個融貫的體系。它要建立一個一致和諧的信念系統。

蘇格拉底（Socrates）的對話是融貫論的一個好例子。蘇格拉底在雅典常常跟當時的名人對話，由對話去討論哲學問題。對話是指，我提出一個問題，然後對方回答，我再檢討對方的答案，進行批評，或提出更好的答案，然後對方又加以檢討和回應，希望獲得彼此承認的答案。有一次蘇格拉底問他的朋友：「正義是什麼？」當他這樣問時，其實當時大家都對正義有一些共識。如果大家完全不懂正義是什麼，則他們無法分辨對方的答案是否合理。再者，這個共識不可能是基礎述句，因為對正義的說明，不可能是絕對無誤、不可懷疑的。同理的，在檢討對方的答案時，不可能檢討它是否根據基礎述句演繹出來的。於是，檢討對方答案的原則是：這個答案是否融貫於大家承認的共識。與共識融貫的，則是可以接受的；違反共識的，則是不能接受的。

他的朋友回答說：「正義是幫助朋友，傷害敵人。」根據我們剛才所說，如果這個答案是對的，則表示它融貫或一致於當時對正義的共識；如果它是錯誤的，則是它違背或矛盾於當時對正義的共識。在一般的共識裡，正義有一個意義：對於一個好人或做對事情的人，不能懲罰他，也不能傷害他。只有對壞人，才能懲罰或傷害他。蘇格拉底根據這點共識說：「對於我們的敵人，因為不認識他，因此不知道他是好人或壞人，而且，我們的敵人可能是好人。那麼，在傷害敵人時，我們可能傷害了好人。但根據我們接受的正義共識：不能傷害好人。因此，『正義是傷害敵人』違背了正義的一般共識，所以它是錯誤的」。他的朋友在接受這個批評後，必須修正他的主

張，直至它融貫於正義的共識為止。蘇格拉底的對話就是先預設大家承認的共識，根據一方提出自己的主張，另一方批評對方，雙方彼此修正自己的主張，直至完全融貫於當時的共識為止。通過這樣的對話，雙方對正義有更豐富和深入的認識。

我們可以對這兩個組織信念的方式得到以下的結論：1.基礎論是從自明的前提出發，建立一個嚴格演繹的信念系統；融貫論是較為折衷的，它不要求嚴格的確定性，而只從彼此接受的共識出發，盡量接納各種不同的意見，給予合理的說明，建立一個融貫的信念系統。2.基礎論的批評判準是：A.這不是自明的前提，B.不能由自明的前提演繹出來；融貫論的批評判準是：A.這違背了大家承認的共識，故是不合情合理的，B.由這個信念引申出來的意義，不能融貫於大家承認的共識。

四、基礎論與融貫論的互相批評

由於基礎論和融貫論的信念體系有不同的性格，因此它們可以根據自己的主張來批評對方。通過反省它們的互相批評，能更深入明白它們的優點和缺點。

(一)基礎論批評融貫論

基礎論對信念有非常嚴格的要求，只接受絕對無誤的信念，但融貫論對信念沒有這麼嚴格的要求，它認為只要是大家承認的信念，無論它是否絕對無誤的，都可以接受它為真。從這點可以看出，基礎論可以根據它對信念的嚴格要求批評融貫論。

融貫論接受大家承認的信念，但大家承認的信念不一定是真的，以前大家都承認地球是平的，但這是假的；從前中世紀的人以為人生病是由於有魔鬼在他的身體裡，驅魔可以把疾病治好，但這也是假的。大家承認的信念有很多是假的，因此，必須先檢討各個信念，找出證據來證實它們，然後才能接受它們，絕不能因為大家承認它，便認為它是真的。

笛卡兒認為，為了保證我們的信念是真的，必須懷疑它們，通過懷疑來篩選出不可懷疑的信念，這樣才能保證篩選出來的信念是真的。正如某人

有一箱蘋果，其中有些蘋果是壞的，它們甚至會使其它的好蘋果變壞，因此要把壞蘋果過濾出來。但如何過濾壞蘋果、找出好蘋果呢？最好就是把所有蘋果翻出來，逐個檢查，壞的拿掉，好的放回箱子裡，這樣才能保證箱子中的蘋果全部是好的。基礎論是希望信念系統中所有信念都是健全、絕對無誤的。

　　基於這個觀點，基礎論從兩方面批評融貫論： 1.它用以證實其它信念的始點僅是大家承認的共識，但共識沒有絕對無誤性，因此可能是錯誤的，這不符合知識的嚴格要求。 2.在證實其它的信念時，它不是根據邏輯的演繹推論，而是根據信念融貫於其它的信念，但一個信念融貫於其它的信念，不能保證它一定為真，它仍有錯誤的可能。例如，一個人肚子餓就會找東西吃（這是我們的共識），現在A肚子很餓，而桌子上有一個麵包，因此他會拿麵包吃。這個結論與前提是融貫的，沒有矛盾的，但我們卻無法保證他一定會拿起麵包吃。因為他可能正在減肥，或甚至有其它的原因使他不吃這個麵包。所以，一個融貫的論證不可能保證其結論是必然的。

(二)融貫論批評基礎論

　　基礎論基本上受到數學的影響，希望建立一個正如數學那樣嚴格的信念系統，以保證信念的絕對無誤性——以後再沒有任何證據足以推翻它，完全沒有錯誤的可能。不過，是否所有信念體系都能接受數學的理論模型（theoretical model）呢？數學的理論模型能夠用在數學或一些非常嚴格的學問裡，例如邏輯和幾何學，但對於其它的人文科學，它是否適合呢？於是，融貫論根據這個觀點批評基礎論：

　　1.每個學科的信念不同，例如藝術哲學有藝術哲學的信念，倫理學、歷史、文學、政治理論和經濟學都有自己領域的信念，在這些領域中，我們無法找到它們的基礎述句：絕對無誤的藝術哲學述句，或倫理學、歷史、文學、政治理論和經濟學的絕對無誤的信念。

　　而且，人文科學領域的信念不在邏輯演繹的關係上。數學的信念或許可以被演繹出來，但其它學科的結構不同，它們的信念不是由演繹而得，所以基礎論的進路是不適當的。我們可以要求數學有嚴格的推論，但對於文學、倫理學、歷史、藝術等人文科學，怎可以要求它們的信念都在邏輯推論上

呢？同理的，哲學可以使用數學的理論模型嗎？這是必須再深入討論的。

2.基礎論者認為，在接受信念之前，要先懷疑所有的信念，然後篩選出不可懷疑的信念，這樣才能保證信念的絕對無誤性。但是，融貫論者認為，這樣的懷疑是不可能的。當我們懷疑一個信念時，不是憑空地去懷疑它。這樣懷疑一個信念是不健全的，因為根據這種方式，我們可以輕而易舉懷疑一切信念，以致完全沒有可以信賴的信念，成為澈底的懷疑主義者。根據基礎論，即使眼前的紙筆，我無需任何根據，就可以懷疑它們是否存在；吃飯時的碗筷，我也無需任何根據，也可以懷疑它是否有毒，而不敢吃它。同理的，一切信念都可以在毫無根據的情況下，成為可疑的。這樣，我完全沒有可靠的信念，成為澈底的懷疑論者。

基本上，我們不能憑空地、毫無根據地去懷疑一個信念，相反的，我們需要有一些根據，才能合理地懷疑一個信念。例如在眼前的紙筆，假若我發現它們飄忽不定，若有若無，突然出現，又突然消失，那我才有理由懷疑它們是否存在？又若吃飯時發現碗筷有異狀，我才會懷疑它是否有毒。假若眼前的紙筆，跟我以前對它們的知覺完全一樣，而我又去懷疑它們是否存在，這是不健全的懷疑；假若我吃飯時的碗筷跟我平常使用的碗筷完全一樣，而我又去懷疑它是否有毒，這也是不健全的懷疑。這是庸人自擾，無端生事而已。

所以，若要合理地懷疑一個信念，一定是這個信念違背了一些我們承認的證據。例如吃飯時的碗筷，我一定要發現它有黑點或臭味，才去懷疑它是否有毒。在發現它們之前，我認為我的碗筷是無毒的。但當我發現黑點和臭味時，我產生另一個信念：有黑點或臭味的碗筷可能有毒，這個信念促使我去懷疑它們是否有毒，這才是一個合理的懷疑。所以，合理的懷疑是我發現一些證據，使我有一些信念，在它的驅使下，才去懷疑另外的信念。於是，一個合理的懷疑要預設我們早已承認某些信念，而它又與另外的信念衝突。換言之，這要在「我們早已承認某些信念」的脈絡下，才能引起合理的懷疑。然而，我們早已承認的某些信念是指我們的共識，於是，一定先有我們的共識，才能展開懷疑。基礎論者說要澈底懷疑我們所有的信念，但根據我們剛才所說，懷疑我們的信念要在「我們早已承認某些信念」的脈絡下，因此，完全澈底的懷疑是不可能的。我們必先要承認一些信念，而它們與我們

的另一些信念衝突，才能展開懷疑。所以，只有在融貫論下，才能展開合理的懷疑。

　　我們反省一下，基礎論者說要澈底懷疑一切信念，其實他已經預設，只有絕對無誤的信念才是不可懷疑的，才是真正的知識，所以，基礎論者先承認一些信念為真，再去懷疑與它衝突的信念，因此，他號稱的澈底懷疑，根本就不是澈底的。完全澈底的懷疑是不可能的。

　　再者，當我們懷疑一個信念時，更要進一步探討，它是真的或假的？這是說，我們要進而解決我們的懷疑。但要如何解決呢？就是在我們預設的脈絡下去解決它，這是說，就在我們承認的信念下，進而探討我們的信念是真的或假的。正如基礎論者一樣，他預設只有絕對無誤的信念才是真的，才是可以接受的，因此當他發現很多信念不是絕對無誤的，他就懷疑它們。但是，他如何找到可以接受的真信念呢？就是根據他預設「絕對無誤的信念才是可以接受的」這個脈絡，因此他才會發現有些自明的信念是可以接受的，而視之為基礎述句，知識的始點。所以，解決一個信念的疑惑，也要在一個早已承認的脈絡下進行。換言之，即使基礎論者號稱找到基礎述句，但它根本不是最終極的基礎，因為它是在一個共識上，才能被承認為基礎述句。在建立基礎述句之前，已有一個大家承認的共識，作為它的基礎，所以基礎論認為基礎述句是知識的始點是不能成立的。

五、不同的價值與目標

　　其實，這兩個不同的進路，代表了對知識的兩種不同價值要求和希望能達到的目的。實用主義者William James曾指出這兩個進路分別代表兩種對知識的看法：我們一定要知道真理（we must know the truth）和我們一定要避免錯誤（we must avoid error）。由這兩個進路，發展出兩種追求知識的方式和兩種不同的知性生命（intellectual life）。基礎論要求嚴格性、精確性、清晰性和完全排斥錯誤的可能性，由此而來的是由嚴格的邏輯推論建構起來的演繹體系。在這個演繹體系外的信念，都不是可靠的知識。這種進路使很多人文學科不能成立，因為倫理學、美學、宗教、文學等，都不具備數學的嚴格性和推論性。它們被基礎論排斥和蔑視，認為不足以稱之為科學或學問。

只有數學、邏輯、數學物理學才是真正的科學,而其它的學問被排斥為人類感情的表現,沒有認知的價值。這種追求永恆真理的要求似乎太嚴苛了。

融貫論接受大家承認的共識和與之融貫的信念,它不要求自明的基礎述句和邏輯推論的嚴格性。它盡量接納各種不同的意見,希望合理說明它們,建立融貫的系統,並說明各個信念在不同融貫體系中的地位和意義。當我們研究不同的課題時,由於課題內容不同,因此有不同組織信念的方式。宗教研究超越的上帝、祂與世界和人的關係,它的信念組織方式當然不同於數學或幾何學;倫理學研究人的行為、人與人的關係、人與社會的關係,當然又有不同的信念組織方式;藝術研究畫、音樂、詩歌等,當然又以不同的方式說明它們;數學和幾何學是另一種學問,它有自己獨特的組織信念的方式。我們不能以一種特定的方式強套在其它的學問上。融貫論盡量協調各種不同的信念體系,希望建構一個廣大而融貫的哲學體系,說明宇宙中種種現象、各種文化及學問。它不排斥,反而要求接納一切可能的信念和合理地說明它們。只要信念能彼此融貫,雖然它們不是絕對無誤,但只要避免互相衝突、產生矛盾,便暫時接納它們為真。假若以後發現某些信念與融貫的體系衝突,便再嘗試調整目前的信念體系,直至它們再次互相融貫為止。追求知識或組織信念是不斷追求信念的融貫,避免目前的錯誤,不是要得到絕對無誤的永恆真理。

第三章
倫理學基本概念

　　從這章開始，我們要討論倫理學。在討論之前，我們介紹一些基本的概念，只有明白它們後，才能討論倫理學的內容。

一、倫理學的課題

　　每一種學問都有它討論的範圍，正如物理學討論的範圍是物體的運動，歷史學討論人類在過去發生的事件，化學討論事物的化學結構等等。但是，倫理學討論的範圍是什麼？在說明這個問題前，我們先介紹一些基本名詞。

㈠價值判斷（value judgment）與非價值判斷（non-value judgment）

　　在一般生活裡，我們常常以語言來說明周遭世界的事物、別人的事情或自己的想法。對於這些說明，我們可稱為判斷（judgment）。在作出判斷時，可以是客觀的斷言或給予評價。對於前者，稱為非價值判斷；對於後者，則稱為價值判斷。例如「這部車子是紅色的」，「台灣大學有三萬名學生」，「1＋1＝2」，「白色的東西不是黑色的」，這些都是客觀的斷言，它們只是描述或報導關於事實、數學或概念之邏輯關係的知識，其中沒有涉及價值問題。

　　不過，在作出判斷時，我們可以給出評價，例如「紅色的車子都是美麗的」，「考試時不准作弊」，「我譴責你剛才做的事情」，這時，我們採用了「美麗」、「不准」和「譴責」。「美麗的車子」表示這部車子有正面價值，「不准作弊」表示作弊是負面價值的，「譴責你剛才做的事情」則表

示剛才的事情是不好的。這些語詞表示一個評價——無論是正面價值或負面價值。通常，在判斷中使用「美麗」或「醜陋」、「好」或「壞」、「對」或「錯」、「准許」或「不准許」、「值得讚美」或「需要譴責」、「適當」或「不適當」、「應該」或「不應該」、「妥當」或「不妥當」、「可接受」或「不可接受」時，已經表達出價值義涵，而這樣的判斷就是價值判斷。價值判斷是在作出判斷時，表達價值的義涵；非價值判斷是價值中立的，它無涉於評價。

不過，在價值判斷中，有些不會影響我們的行為，它與行為無涉，我們可稱之為非行為的價值判斷；但有些卻會影響我們的行為，促使我們對行為作出某種限制，可稱之為行為的價值判斷。例如「紅色的車子都是美麗的」，這個價值判斷只說出某種顏色的車子是美麗的，但它不會因此促使我去買一部紅色的車子。我聽到它後，可以置之不理。我不必受它的影響，限制我的行為。但是，「學生考試不准作弊」則會影響我的行為，因為它指出，假若我是學生，則在考試時，不能有種種作弊的行為。我不能對它置之不理，反而有責任去遵守它。又如在「我譴責你剛才做的事情」，這個價值判斷限制我們，要求我們不要做同樣的事情。行為的價值判斷似乎是一個命令，限制我們的行為，它是行為的原則。以下的句子都是行為的價值判斷，因為它們對某種行為作出評價，限制我們的行為：

> 節約能源，保護地球
> 愛人如愛己
> 接受別人的禮物後，要說一聲謝謝
> 飯前洗手，飯後漱口
> 單行路，車子不能進入
> 不能偷竊

當我們區分非價值判斷和價值判斷，非行為的和行為的價值判斷後，就可以進而討論倫理學的課題了。

㈡倫理學的課題

　　基本上，倫理學關心的是行為的價值判斷，它要討論行為的價值判斷之合理性，這是說，它要反省「對於某個行為的價值判斷，是否有足夠的理由去支持的？」。假若有足夠的理由，則我們的行為要遵守它，否則它對我們的行為沒有合理的約束力，我們無需遵守它。

　　不過我們尚要注意，有些行為的價值判斷雖然限制行為，但它卻沒有倫理學的嚴肅性，因為它僅是關於一些瑣碎的、沒有深遠意義的行為而已。我們若是遵守它，僅是為了合乎社交禮儀或表現謹慎，而不是維護人生的重要價值。例如上述的「接受別人的禮物後，要說一聲謝謝」和「飯前洗手，飯後漱口」，這些的確是正面價值的行為，但它僅表現了禮儀和謹慎，不涉及人生的嚴肅性。反之，「愛人如愛己」和「不能偷竊」則涉及非常嚴肅的倫理學義涵，因為前者無論對人和對自己，都涉及對生命的重視和人格的尊敬；後者是對別人財產的尊重，維護個人的權利。在人生中，假若不能維持這兩個原則，不僅破壞和羞辱自己的生命，也破壞了別人的人生。它們在倫理學上具有非常嚴肅的義涵，這才是倫理學討論的範圍。當行為涉及權利、自由、財產、人權、尊嚴、人格、責任、義務、生存、道德等，都具有倫理學的義涵。

　　於是，倫理學是要討論：在具有嚴肅意義的行為的價值判斷中，那些才是合理的？支持它們的理由是什麼？這些理由真的是充分嗎？用一個較簡單的方式說，倫理學是要指出：人應該如何行為（how people ought to behave）？在這裡所說的「應該的行為」，是指對人生有嚴肅和深遠意義的行為。換言之，倫理學家的工作是要通過理性的分析和推論，探討那些行為才是應該做的？

　　倫理學的工作又可以分成兩個部分，首先是理論倫理學（theoretical ethics），這是討論倫理學的普遍原則，這是說，我們希望能根據理性的分析，找到一些普遍的倫理原則，亦即一切道德行為的基本原理。例如我們可以說，「凡是給人類帶來快樂的行為，都是我們應該做的。」這個價值判斷是一切倫理學行為的最普遍原則。

　　不過，倫理學的工作不是僅宣告行為原則，也是要以理由來證成它。我們或許可以宣告一個行為原則：「行為的最後目的是為了得到快樂」，但哲

學的工作要更進一步地證明它。例如我們可以指出，建造一個房子是為了有地方居住；辛苦工作是為了賺錢；用功讀書是為了得到較好的職業，這些行為看似各有不同的目的。不過，居住是為了能舒適的生活，賺錢是為了讓自己更方便和更愉快，較好的職業是讓自己能滿意自己的工作，這些其實都是快樂的一種。並且，當人得到快樂後，他就澈底滿足了，不再追求其它的目的。人生追求的一切裡，再沒有比快樂更有價值的了。根據以上的論證，我們可以證明「行為的最後目的是為了得到快樂」。這種證實倫理學行為原則的工作，是理論倫理學的任務。

倫理學的工作不僅是證實倫理學的行為原則，因為在得到普遍原則後，我們尚要討論，根據普遍的原則，人在不同的處境中，要做那些具體的行為？這是說，倫理學尚要探討，在具體的處境中，一個倫理學理論要如何實踐？這是實踐倫理學（practical ethics）的工作。

剛才我們已經證明一個倫理學的行為原則：「凡是給人類帶來快樂的行為，都是我們應該做的。」不過，人生活在不同的處境中，他要根據當時的處境，判斷適當的倫理行為。假若在一個處境中，我可以借錢給朋友A買酒，也可以借錢給朋友B買書，但我的錢只足夠借給其中一個。我又知道，兩者都可以讓他們得到快樂，這時，我應該借錢給誰呢？這時我發現，僅是一個倫理學的行為原則，難以解決這個處境中的實踐問題。然而，倫理學既然是討論「人應該如何行為？」，則它除了討論普遍的行為原則外，同時必須討論，根據普遍的行為原則，如何解決不同處境的實踐問題。

或許倫理學家可以說，在這個例子裡，我們需要區分快樂的不同價值，一些快樂具有較高的價值，另一些快樂有較低的價值。在這個世界裡，精神的快樂高於物質的快樂，喝酒雖然令人快樂，但這僅是物質的快樂，而讀書卻讓人得到精神的快樂。在這個處境下，能導致精神快樂的行為比導致物質快樂的行為更有價值，因此，我們應該借錢給朋友B買書。這樣，我們根據理性分析和推論，解決了一個實踐倫理學的問題。

一個妥善的倫理學，不僅在理論上能證成它的行為原則，也能理性地解決倫理學的實踐問題。

二、六種不同的價值取向

　　倫理學討論：人應該如何行為？對於這個問題，有一個理所當然的答案：人應該做有價值的行為。作為一個理性的人，我們承認，凡是沒有價值或負面價值的行為，都是不應該做的；相反，凡是有價值或正面價值的行為，都是應該做的。不過，什麼是有價值的？什麼是沒有價值的？價值是如何認定的？

　　在西方語言裡，倫理學的「價值」，往往是以「善」或「好」（good）來表達。因為「價值」在英文是value，中文形容詞「有價值的」就似乎成為「valuable」或「have value」，但這在英文是顯然不通的。但「有價值的」可以用英文的good來表達。一個有價值的東西就是說它是good的。在一般的情況下，英文以good來表達一個東西是有價值的。於是，關於「價值是如何認定的？」這個問題，就是要討論，如何認定good（「善」或「好」）？或有那些方式讓我們認定某個行為或事件是善的？

　　基本上，我們有以下的六個取向去認定「善」。

㈠主觀主義（subjectivism）與客觀主義（objectivism）

　　對於一個主觀主義者，當他說：「X是好的」或「X是善的」，他的意思是說，「我喜歡X」，或「我需要X」，或「我贊成X」。這是由於個人的喜歡、需要或喜愛，所以他才認為「X是善的」。換言之，X之所以是有價值的，是基於判斷者**個人的情感**。我們常聽到有人說：「價值是由人加上去的，不是事物本身具有的，所以價值判斷都是主觀的」。這正如情人眼裡出西施，一個女人之所以有西施之美，建立在情人對她的眼睛上。情人的眼睛使她成為美麗的，美麗不在她的身上，而是由「情人的眼睛」給予的。

　　同理的，我們可以說，孔子認為道德的聖人是最高的人格，莊子認為逍遙自在的真人才是最高的人格，老子認為無欲無為的人才是最高的人格。他們各自對人格的價值有不同的認定，這不表示它們本身有價值的高低之別，而僅表示孔子、莊子和老子各有不同的主觀喜愛而已。孔子喜愛道德、莊子喜愛逍遙、老子喜愛無為。各有所好，因此各自依據不同的愛好來認定價值的高低。當我們作出這樣的解釋時，那是在主觀主義的立場上。

　　不過，價值判斷不一定出自主觀主義的認定，也可以根據客觀主義的取向。當一個客觀主義者說：「X是好的」或「X是善的」，這表示X本身是有價值的，它**本身**就是好的。它的價值不建立在判斷者的情感上，而是它自己擁有。原子彈殺死了幾十萬人，這件事情本身是不好的（我們只考慮它本身的價值，不考慮它所導致後果的價值），無論我們喜愛或討厭它，這依然是一件我們不願意它發生的事。無私地幫助別人本身是善的，是值得讚美的，無論我們喜愛或討厭它，這依然是一件我們願意它出現的事情。

　　在倫理學的客觀主義立場下，「X是好的」表示了「X是值得我們追求的目標」，「X是我們的責任和義務，不管我們是不是喜愛它」，「X是正義的」。這是X本身的價值，完全無關於判斷者的情感。

㈡內在價值（intrinsic value）與用具性價值（instrumental value）

　　主觀主義和客觀主義的價值區分，建立在判斷者情感與被判斷者本身的對立上，前者的價值根據判斷者的主觀性，後者的價值根據被判斷者的客觀性。內在價值和用具性價值的區分，則是依據追求價值的過程裡認定。

　　凡是善的或有價值的事物，都是值得我們追求的，但在追求的過程中，有些事物是為了追求它而去追求它，這是說，在整個追求的過程中，我們以它為目的，一旦得到它，追求價值的過程得以完成。但是，同樣在追求價值的過程中，有些事物是為了追求別的，才去追求它的，換言之，它是幫助我們達致目的之用具或手段。對於前者的價值，稱為內在價值；對於後者的價值，稱為用具性價值

　　沒有追求的目的，則無法展開追求的過程，但目的往往不是一蹴即至，而是需要其他事物的幫助。例如在追求知識的過程中，知識是目的，但得到知識卻要依靠閱讀書本，要閱讀書本則先要得到書本，得到書本則先要有金錢。書本和金錢是得到知識的用具，它們雖然都是有價值的，但其價值不是目的性的，而是手段性或用具性。在通常的情況下，當得到知識後，它滿足了我們的心靈，整個追求價值的過程得以完成。在整個追求過程中，知識的價值是內在的，它是追求的目的；書本和金錢也是有價值的，但它的價值是用具性的，因為它們僅是有價值的手段或用具。

在一般的情況下，正面的內在價值是：快樂、榮譽、智慧、道德品格、生存、健康、安全、自由、社會安寧等，我們是為了它而追求它，得到它就是得到追求的目的；負面的內在價值是：痛苦、無知、無聊、挫折、無恥、死亡、病痛、被壓迫、失敗、社會動亂等，我們是為了避免它而避免它，避免它是我們的目的。正面的用具性價值，最主要的是金錢，因為它的價值是可以讓我們達致目的；負面的用具性價值，最主要的是貧窮，因為它妨礙我們達致目的。

內在價值不一定是客觀價值，它可能是主觀價值，因為我們可以主觀認定某些內在價值是值得追求的，例如榮譽是內在價值，但它的價值可能建立在個人的喜愛上，因為有些人喜愛淡泊名利，討厭榮譽地位，甚至唯恐避之不及。所以，榮譽的價值可能僅是相對於某些人的喜愛而已。

㈢絕對價值（absolute value）與相對價值（relative value）

有些價值在所有處境中都維持不變，有些價值僅是相對於某處境，當處境改變，其價值也隨之改變。前者稱為絕對價值，後者是相對價值。在美國開車，車子靠右是好的；但在英國開車，車子靠左才是好的。開車靠右是好的，僅是相對美國法律而言；開車靠左是好的，僅是相對英國法律而言。所以，開車靠右或靠左都是相對價值。它們各自的價值不能普遍在一切處境中。不過，無論在任何處境裡，安全駕駛都是有價值的，因此，安全駕駛的價值是絕對的。

我們常會認為，遵守一個社會的習俗（convention）是好的，破壞它是不好的。然而，不同的社會各有相當差異，甚至是矛盾的習俗（例如一夫一妻、一夫多妻及其它的夫妻制度）。一個社會的習俗，或許不見容於別的社會，因此，習俗的價值似乎僅是相對於它們的社會，不能普遍於所有的社會裡。例如在天主教國家中，它的習俗是每個人都相信天主教，而星期天參與彌撒是好的，但在回教國家裡，星期天參與彌撒卻是不好的。所以，習俗的價值僅是相對的。不過，到底有沒有一些價值，它對所有社會都同樣有效的？換言之，有沒有一些所有社會都同樣認同的絕對價值呢？

多數哲學家認為，習俗僅有相對的價值，因此遵守習俗的價值也是相對的，這是說，在某些情況下，遵守社會的習俗是好的；在另一些情況下，遵

守社會的習俗是不好的。可是，另一些哲學家卻認為，所有倫理原則，即使是最深入和最基本的，其價值都是相對的。他們呼籲，在不同的社會裡，要遵守不同的倫理原則。對於這些哲學家，可稱為倫理學相對主義者（ethical relativist）。可是，這種倫理學在理論上可以成立嗎？

我們可以找到三個理由反對倫理學相對主義。

1. 自我矛盾

倫理學相對主義認為：在不同的社會裡，要遵守不同的倫理原則。換言之，沒有一個可以絕對應用於一切社會的倫理原則。我們要注意，這個主張是一個行為的價值判斷，因為它指出遵守不同的倫理原則是好的，而且它限制我們的行為，換言之，它本身是一個倫理原則。不過，這個原則卻可以普遍應用於一切的社會中，因此，它不是一個相對的倫理原則，而是一個絕對的倫理原則。這個原則本身卻與相對主義的主張矛盾，因為相對主義認為，沒有一個可以絕對應用於一切社會的倫理原則。在理論上，倫理學相對主義的主張是自我矛盾的。

這個論證非常類似一個反對相對主義的論證。相對主義者認為，真理都是相對的，這是說，只有相對於某些環境的真理，沒有放諸四海而皆準的絕對真理。簡單地說，絕對真理是不可能的。可是，「絕對真理是不可能的」本身卻是一個絕對真理，因為它是普遍的、在任何處境下皆能成立的真理。所以，有些哲學家認為，真理的相對主義者是自我矛盾的。

2. 難以實踐

倫理學相對主義認為我們應該遵守當時的社會習俗，不過，在很多情況下，我們難以區別那些行為規則才是當時的社會習俗。例如在目前急劇變化的社會中，習俗也隨著快速改變。以前男女結婚的儀式非常繁瑣，但社會不斷改變，結婚儀式漸漸簡化。在目前的社會裡，到底結婚儀式簡化到那個程度？那些才是時下的結婚儀式習俗？並且，到底在一個社會中，多少比率的人承認的行為規則，才是當時的習俗？要如何調查才能知道有多少人承認它呢？對於這些問題，我們無法得到確定的答案。若當時的社會習俗是無法確定的，則倫理學相對主義的主張無法實踐。我們不能接受一個無法實踐的倫理學。

3. 違反社會改革的理想

我們基本上承認，社會需要不斷改革，邁向更高的理想。那麼，這義涵了：目前的社會不是最好的，在它之外，尚有一個更高的價值理想。這也即是說，目前社會中的行為規則，有些必須被另一些更有價值的行為規則所代替。但是，倫理學相對主義卻認為，遵守社會當時的習俗（行為規則）是最好的，沒有比它更好的行為規則。這個主張妨礙社會改革的力量，它是澈底的保守主義──保護故有的行為規則。所以，假若我們承認社會改革是有價值的，則必須反對倫理學相對主義了。

以上是三個不同的方式反駁倫理學相對主義，第一個方式著重在理論自身的邏輯性上，這是說，任何一個理論在邏輯上不能自相矛盾，而當我們證實一個理論是自相矛盾的，則它不能成立。第二個方式著重在倫理學的基本性格上。倫理學包括理論和實踐兩方面，因此一個無法實踐的倫理學是不能接受的。第三個方式是一個外在批評，這是說，我們從外在建立一個價值標準，而當一個理論無法達到這個標準時，則它是有困難的。在這裡，我們先承認一個價值標準──社會必須不斷改革，然後批評倫理學相對主義保守社會的習俗，無法進行社會改革。在哲學上，我們往往以這三種方式批評一個學說。

三、結論

倫理學是要討論：人應該如何行為？基本上，有價值的行為就是我們應該做的。不過，價值可以分為：主觀的和客觀的、內在的和用具性的、絕對的和相對的。那麼，倫理學所提出的倫理原則，要具備那種價值呢？

對於一個倫理學理論，我們當然希望它主張的倫理學行為原則具有客觀價值，因為客觀價值是所有理性的人都必須承認的，這樣的倫理學才具有普遍性，而不是僅被一部分人主觀地接受而已。並且，在證成一個倫理原則時，我們也希望提出的證據具有客觀性，而不是僅基於主觀的認定，因此，一個健全的倫理學要強調客觀的價值──無論它主張的行為原則或它提出的證據都不是由主觀認定的。

再者，在說明內在價值和用具性價值時，我們曾強調它們是在一個追求

價值的過程中被區分出來。前者是這個過程的目的，後者是手段。然而，一個事物的用具性價值建立在它追求的目的之價值上，這是說，一個用具，假若它能幫助達致正面價值的目的，則它的價值是正面的。反之，即使是相同的事物，假若它幫助達致一個負面價值的目的，則它的價值是負面的。例如一個槌子，假若它用以建造一個提供舒適生活的房子，則它的用具性價值是正面的；但假若它用以殺人，帶來災難，則它的價值是負面的。那麼，一個健全的倫理學必須提出有正面內在價值之目的，讓我們的生命達致理想的目的。當我們能決定理想的目的後，便可以根據它來決定其它事物或行為的用具性價值了。

　　一個倫理學當然要提出具有絕對價值的行為原則，因為絕對價值的行為原則適用於一切處境中，而相對價值的行為原則僅適用於某些特定的處境裡。一個放諸四海而皆準的倫理學，當然比一個僅有相對性的倫理學更為優先。

　　於是，倫理學的工作是要根據客觀的理由，提出客觀的、具有內在價值和絕對的行為原則，用以指導人的行為。

第四章
效益主義（utilitarianism）

　　倫理學討論：人應該如何行為？對於這個問題，我們可以直接回答：人應該做有價值的行為。可是，那些才是有價值的行為呢？根據上章所說，我們有多個取向決定行為的價值，於是，從不同的取向決定行為的價值，就產生不同的倫理學。

　　我們可以把行為視為用具，這是說，行為是用以達致目的的手段。在日常生活中，行為似乎是一些手段，帶給我們很多後果。例如努力工作給我們帶來金錢，伸手拿茶杯喝水可以使我們解渴，走路可以讓我們回到家裡吃飯。幾乎每個行為都帶給我們不同的後果。從這個觀點看，行為是手段，而它的價值是用具性價值。於是，一個有價值的行為，是由於它讓我們得到正面價值的後果，或阻止負面價值的後果；一個不好的行為，是由於它讓我們得到負面價值的後果，或妨礙正面價值的後果。一個行為的價值建立在其後果的價值上，由此建立的倫理學重視行為的後果，換言之，它強調行為帶來的效益，這種倫理學稱為效益主義（utilitarianism）。

　　可是，我們也可以把行為視為目的，這是說，我們做一個行為，不是為了別的，而是為了這個行為。在日常生活中，有些人堅持遵守某些行為，無論什麼後果，絕不放棄。例如有些人絕不欺騙別人，他們之所以不欺騙別人，不是出於它所帶來的效益，而是由於不欺騙是他們追求的目的。他們認為有些行為具有正面價值（如真誠、孝順、友愛），是他們追求的目的；另一些行為具有負面價值（如欺騙、不孝、傷害朋友），是他們必須全力避免的。行為的價值不在它帶來的效益，而由於它是我們追求的目的。換言之，行為具有內在價值。對於具有正面內在價值的行為，無論後果如何，都應該義不容辭地實踐它，它是我們的義務或責任。相反的，那些具有負面內在價值的行為，無論後果如何，都應該義不容辭地避免它，我們有義務或責任去

避免它。在我們的人生中，承擔著各種必須實踐的義務。對於這種倫理學，稱為義務論（deontology）。在效益主義，行為後果的效益（價值）是最重要的；在義務論，行為的內在價值才是最重要的。我們先說明效益主義，下章介紹義務論。

一、效益主義的終極目的：快樂（pleasure）與幸福（happiness）

效益主義者認為，行為是用具性價值，那麼，能夠導致正面價值後果的行為，就具有正面的用具性價值；反之，導致負面價值的後果的，則具有負面的用具性價值了。於是，行為的價值建立在後果的價值上。現在，關鍵性的問題是：什麼後果才是有價值的？只有在解答這個問題後，才能決定各行為的價值。

要解答這個問題，我們可以觀察人類各種行為所追求的終極目的是什麼？基本上，人類所欲求的，都是他認為有價值的東西。假若他認為沒有價值，他當然不會欲求它。因此，被人類欲求的終極目的，就是行為所追求的終極後果了。效益主義者邊沁（J. Bentham）發現，人類欲求的終極目的是快樂。根據觀察可以發現，人類追求各種東西，如財富、健康、安全、實用、方便、知識、地位、名譽、金錢和財富等，最後都是為了快樂。一旦得到快樂後，他就滿足而停止欲求。所以，快樂是唯一真正具有內在價值的事態，它是行為追求的終極目的。

於是，在邊沁快樂論的效益主義裡，凡是會帶來快樂或避免痛苦的行為，都是有價值的，是我們應該做的；反之，凡是會帶來痛苦和妨礙快樂的行為，都是負面價值的，是我們不應該做的。行為的價值建立在它帶來的快樂或痛苦上。

不過，假若我有多個行為，它們都會帶來快樂或避免痛苦，那我要如何作出決定呢？我可以在家裡安心讀書，又可以外出吃一頓豐富的晚餐，而兩者都會帶來快樂，那我要如何決定呢？一個非常直接的回答就是：看看那個行為帶來更多的快樂，它就是我要選擇的行為了。於是，帶來最大量快樂或避免最大量痛苦的行為，就是最有價值的行為，也是我們應該做的行為。

　　但是，如何決定一個行為有多少快樂呢？快樂似乎是一種主觀的感受，難以由客觀的方式決定。效益主義者不希望流於以個人的主觀認定來決定行為的價值，因為這必然陷於相對主義中。它希望能提出一個客觀的方式，決定行為的客觀價值，讓人能夠根據行為的客觀價值作出合理的抉擇。但是，如何才能決定行為的客觀價值呢？邊沁認為，只要能提出一套客觀的計算方式找出行為帶來的快樂，便可以決定行為的客觀價值了。這套客觀的計算方式，稱為快樂計算法（hedonic calculus）。

　　對於一個行為可以帶來多少的快樂，可以分七點計算。

　　1.強度（intensity），這是指快樂的強烈程度。例如一本吸引人的小說當然比一本無聊的小說能帶來更強烈或更多的快樂。

　　2.長久（duration），這是指快樂延續的時間。例如一個鐘頭的快樂當然比十分鐘的快樂更長久，快樂的數量也更多。

　　3.確定與不確定（its certainty or uncertainty），這是指一個行為的後果，它會出現的確定程度。對於一些行為，難以確定它的後果會不會出現。這樣，我們就難以確定行為的價值。在這種情況下，我們似乎要冒風險，而冒風險或許要付出慘痛的代價。但是，對於可以確定其後果出現的行為，也就是可以確定它的價值了，無需冒風險，所以相對而言，較能確定其後果的行為，是更有價值的。若要算出一個行為的價值，要計算其後果出現的確定程度。

　　4.遙遠或接近（its propinquity or remoteness），這是說，有些行為的後果是遙遠的，很久以後才能得到；有些行為的後果卻是非常接近，立即就可以得到。假若要很久以後才能得到，則其風險增加，時間拉長，我們要付出更多代價，其價值便相對減少；假若行為的後果立即出現，風險相對減低，而無需等待，其價值便相對增加。

　　5.豐富性（its fecundity），有些行為帶來一個後果之後，可能會導致其它的後果，如果它們都是同類的價值（例如都是快樂），則它的價值會更為豐富。所以，在計算它的直接後果外，還要計算它可能帶來其它更豐富價值的後果。

　　6.純粹性（its purity），有些行為帶來一個後果之後，可能導致其它不相同感受的後果（如一個快樂的後果，可能導致另一些痛苦後果的出現），

這樣，它導致不純粹的後果，我們要計算其它不純粹後果的價值。

　　7.廣度（its extent），行為的後果往往不僅涉及行為者本人，也會涉及其他人，導致他們得到快樂或痛苦，因此我們要計算後果涉及的人之快樂和痛苦。

　　根據以上七點計算出各行為的快樂量，就是它們的客觀價值。作為一個理性的人，我們應該選擇帶來最大量快樂（the greatest amount of pleasure）的行為。

　　我們可以發現，邊沁的效益主義非常強調快樂的數量（quantity），但忽略了快樂有品質高低之別。在我們的生活裡，有些快樂的品質較高，有些卻較低。例如欣賞藝術品的精神快樂與享受聲色美味的物質快樂顯然有品質高低之別。閱讀一本世界名著與閱讀一本下流小說的快樂可能在數量上是相同的，但在品質上，前者顯然高於後者。邊沁有一句名言：「圖釘與詩的價值是相同的（pushpin is as good as poetry）。」他是指，只要它們帶來相同數量的快樂，則它們價值相同。但顯然的，它們帶來的快樂，在品質上卻有很大的差異。由詩歌欣賞而來的快樂，在品質上大大高於圖釘帶來的快樂。

　　於是，另一位效益主義者彌爾（J. Mill）提出一個修正的主張，他認為必須區分快樂的品質，對於高品質的快樂，他稱之為幸福（happiness）。所謂高品質的幸福，主要是指理性的滿足、文化的鑑賞、德性的成長、藝術的欣賞、健全的人格、豐富的人生經驗等。它們是行為追求的終極目的。在計算一個行為的價值時，不僅要計算它的快樂數量，也要計算它的幸福。行為帶來最高品質的幸福，才是最有價值的。這是彌爾的「最高幸福原則（greatest happiness principle）」。

　　他曾提出一個分別行為價值的方式：假若兩個快樂的經驗，其一是絕大多數人都真誠同意它是較好的，且即使沒有得到物質的滿足，他們仍承認它大大高於另一個經驗，並且，即使給他們更大的快樂，他們都不願意放棄它。那麼，我們就可以說，它具有高品質的幸福了。彌爾有一句名言正好說明他這個主張：「寧可當一個不滿足的人，也不要當一隻滿足的豬；寧可當一個不滿足的蘇格拉底，也不要當一個滿足的平凡人。」成為一個蘇格拉底（哲人或聖人），是所有人都真誠同意的，而且，無論多少代價，它都是我們嚮往的目的。

效益主義根據行為後果的價值來判斷行為的價值，換言之，後果的價值是正面的，則行為的價值亦是正面的；後果的價值是負面的，則行為的價值是負面的。所以，對於效益主義，行為沒有本身的價值，它的價值相應於後果的價值。這在倫理學上產生一個非常嚴重的問題，後果的價值似乎合理化了行為的價值。顯然，我們難以承認，只要後果是有價值的，則其行為就是有價值的。我們認為，以不擇手段的方式，即使能夠達致一個有價值的後果，也是不應該或不道德的。由於效益主義過度強調後果的重要性，導致它忽略了行為本身的合理性。

有一個相當有名的例子反對效益主義。在一艘正在下沈的小船上，有兩位乘客，一位是著名的音樂家，另一位是平凡的老百姓。現在，這艘船最多只能裝載一名乘客，而他們都在亟思如何脫險。音樂家突然對老百姓說：「如果我推你下船，則我可以活下去。這樣，我可以開幾場演奏會，帶給很多人高品質的幸福。可是，如果是你推我下船，則你可以活下去。不過你無法開演奏會，不能帶給人們幸福，所以，我現在推你下船是更有價值的」。我們當然難以接受音樂家的結論，因為我們都會承認，在別人不同意和沒有犯罪的情況下，是不能殺他的。這不是行為會帶來多少效益的問題，而是行為本身是不合理的。然而，假若我們根據效益主義的主張，由於把那位老百姓推下船會帶來正面價值的效益，則這似乎是合理的。這個效益主義的結論顯然難以令我們接受，因為它以後果來合理化行為。面對這個困難，效益主義者發展出兩條不同的路線。

二、行為效益主義（act utilitarianism）和規則效益主義（rule utilitarianism）

效益主義的基本主張是：行為的價值根據後果的價值而定，這是說，導致正面價值後果的行為，具有正面價值；導致負面價值後果的行為，則是負面價值。然而，即使由計算後果的價值來決定一個行為，這仍可以有兩種不同的取向。我可以直接根據後果的價值來決定我的行為，這是說，我強調的是行為所導致後果的價值。那麼，我強調的是行為的效益，這是行為效益主義的立場。可是，我也可以分兩個步驟來決定一個行為。我可以首先考慮，

我的行為是否遵守一個被人們接受的規則？然後我再考慮，當人們接受這個規則時，是否根據它在社會的運作中帶來的效益？這樣，我是根據行為規則的效益來決定我的行為，這是規則效益主義的立場。

我用一個簡單的例子來說明以上兩種不同的效益主義。當我開車到交通燈前，看到紅燈，當時我想，我要不要把車子停下？如果我停車，可以減少車禍的發生，維護自己和別人的安全。由於維護自己和別人的安全是有價值的，因此我應該停車。我作出這個決定，是直接根據行為後果的價值，所以我強調的是行為的效益，這是行為效益主義的取向。然而，我也可以採取另一個取向。我的社會已經承認一個行為規則：「遇到紅燈要停車」，那麼，我停車是遵守這個規則。並且，社會接受這個規則，是由於在它的運作裡，維護了市民的生命財產，而這是一個非常有價值的後果，因此，我決定要停下車來。我作出這個決定，不是直接由於行為的效益，而是由於當時的行為規則帶來的效益，故我的決定是出自規則效益主義的立場。在行為效益主義，行為帶來的效益是基本關鍵；在規則效益主義裡，規則的效益才是最基本的。

我們要注意，規則效益主義認為，我們接受一個行為規則，一定要基於它的效益，不能基於其它的條件。自古以來，我們基於很多不同的理由去接受或建立行為規則。西方基督宗教裡的十誡是行為規則，但有些人遵守它們，完全沒有考慮它在社會運作中帶來的效益，而僅是因為它們是神的意旨。古代中國人在取名字時，不能與皇帝的名字相同，這是由於皇帝的命令。他們遵守這個行為規則時，也沒有考慮過它的效益。我們遵守很多規則，往往是由於對權威的服從和無知的習慣。規則效益主義認為，理性地遵守規則，必須考慮規則的效益。

行為效益主義和規則效益主義各有不同的立場，因此引起它們互相批評。行為效益主義反對規則的優先性，它認為規則只有參考的價值。規則基本上來自對行為後果的統計，再加以普遍化而成。例如我們承認「說真話」、「互相幫助」、「不偷東西」、「紅燈時停車」等規則，是由於我們發現，在過去大多數（或所有的）情況下，這些行為都帶來正面的價值，於是我們便把它普遍化成行為規則。但是，由統計而加以普遍化，其實是容許例外的。即使是過去的情況是有效益的，但仍無法保證以後的情況也是有效

益的。嚴格而言，規則沒有絕對的強制性。在某些特別的情況下，是容許不遵守規則的。但是，在什麼情況下可以不遵守規則呢？顯然的，那就是當我們計算出，不遵守規則會帶來更多的效益時。例如說真話是在一般情況下要遵守的，但當不說真話而會帶來更多效益時，行為效益主義者認為，我們當然不用遵守規則了。無條件的遵守規則，難道不是墨守成規嗎？

　　行為效益主義以上對規則效益主義的批評，似乎有些道理，但當我們深入反省，卻會發現不是。在一些情況下，即使違反規則會帶來非常大的效益，我們仍會認為這是不合理的。例如在殺一儆百的例子裡，如果我們要殺的人是無辜的，而且我們又知道一個原則：不能懲罰無辜的人。如今，殺他會違反這個規則。行為效益主義會認為，「不能懲罰無辜的人」僅有參考作用，沒有必然的強制性。現在，殺他或許給他或他家人帶來痛苦，但假若因此帶來整個國家的安寧，其快樂遠遠大於痛苦，因此這個行為是合理的。不過，我們會認為，殺一個無辜的人，無論效益如何，都是不道德的。並且，假若他不願意自我犧牲，則更沒有理由要置他於死地了。孟子不是曾說：「行一不義、殺一不辜而得天下，皆不為也。」無論如何，我們不能完全以後果來合理化行為的。

　　不過，規則效益主義也有它的困難。它認為規則的效益是最重要的，所以對於一個帶來效益的規則，我們是應該遵守的。可是，這個主張難以適用於一切的情況，因為對於某些情況，我們可以計算出，若要遵守一個規則，它帶來的痛苦多於快樂。例如我們平常有一個規則：「不能說謊」，它禁止我們騙取別人的金錢和財產，因此在它的運作下，社會中的人能得以安居樂業，互不欺騙。不過，我們常會碰到一些特殊的情況，當時假若不說謊，則會帶來更大的痛苦。但根據規則效益主義，即使我們計算出遵守「不能說謊」的規則，會帶來更大的負面價值，但由於它在社會中的運作帶來效益，因此仍要遵守它。例如有人碰到困難，想要自殺，我們知道他僅是一時衝動，心平氣和後就會放棄自殺的念頭。他這時問我，我能否幫忙他解決困難，我知道我其實無法幫忙，但假若我欺騙他，他會不去自殺，則無論是他本人或他的家人，都會因此非常快樂。在這種情況下，違背「不能說謊」的規則，可以避免痛苦，帶來很大的快樂。但根據規則效益主義，我們還是要遵守規則（不能說謊），雖然我們明知會帶來很大的痛苦。

　　規則效益主義因此會陷入矛盾。根據效益主義，行為的價值根據後果的價值。能導致正面價值後果的行為，就是應該做的；會導致負面價值後果的行為，就不應該做了。這是效益主義的基本立場，無論行為效益主義或規則效益主義，都必須接受這個基本的主張。可是，在以上的例子裡，規則效益主義卻主張，即使事先計算出一個行為（不能說謊）會帶來負面價值的後果（導致他自殺，帶來很大的痛苦），還是應該做的（因為要遵守一個帶來效益的規則）。由此，它與效益主義的基本主張矛盾──即使帶來負面價值的行為，也是應該做的。但作為一個效益主義者，怎能允許一個帶來負面價值後果的行為呢！

三、從計算後果的廣度（extent）區別不同的效益主義

　　邊沁的快樂計算法指出，在計算後果的價值時，其中一項是要計算它的廣度，這是說，它涉及的人之快樂與痛苦。但我們可以問：我們要計算的，是它所涉及的那些人？那些人才是我們計算的範圍？一個後果可能涉及很多人，但我們可以把焦點放在所有人或特定的某些人之上，由此又可以引出不同的效益主義。

　　1.普遍效益主義（universalistic utilitarianism）：古典的效益主義者大都要求在計算行為後果的快樂量時，要包括所有涉及的人。由於它的範圍具有廣大的普遍性，因此稱為普遍的效益主義。然而，如果我們追根究柢，行為後果涉及的人可能是無窮無盡的，因為後果改變了某個人，但由於他的改變，會因此影響別人，而別人又再繼續影響別人，這是一個無盡的過程。正如一般說的蝴蝶效應，蝴蝶翅膀的一次震動，其影響是無遠弗屆的。這樣的計算是無盡的，也是無法完成的，則我們無法決定行為的價值。所以，普遍效益主義雖然具有博大的胸懷，關心所有人的利益，但卻是難以成立的。所以，後來的效益主義者，希望只計算後果涉及的某些特定的人。

　　2.利己效益主義（egoistic utilitarianism）：它認為一個行為的價值，只計算行為者本人的快樂，至於其它人，都不在計算範圍內。所以，當我們決定一個行為時，只關心自己的利益，完全不理會別人的死活，則是利己效益主義者。或許在中國哲學裡，楊朱的「拔一毛而利天下，不為也」是很好的

代表，因為他只計算自己的痛苦，不理會天下人的快樂或痛苦。

　　3.利他效益主義（altruistic utilitarianism）：一個行為的價值，不計算行為者本人的快樂，而只計算它涉及的其它人，就是利他效益主義的主張。這是說，無論自己是否得到快樂，只要它對別人有利，則是有價值的行為。中國哲學的墨者，可說是這種倫理學的代表。他們為了天下人能安居樂業，即使自己非常刻苦，也在所不惜。

　　4.有限效益主義（limited utilitarianism）：一個行為的價值，只計算它涉及某一組特定的人的快樂，其它人都不在計算範圍內，這是有限效益主義的主張。種族主義者是一個很好的例子，因為他們只計算自己種族的快樂，即使傷害其它人，也置之不理。國家主義者也是一樣，例如美國總統常常說：「這符合美國人的利益。」家族主義者，甚至是情人間的互相照顧所做成的「兩個人的自私」，都屬於這種形態的倫理學。

四、對效益主義的批評

　　對於一個追求真理的哲學工作者，他不能僅接受別人的主張，他還要有批判的能力，因為這表示他能發現各個主張的錯誤，進而提出修正，使他更能接近真理。每一種哲學主張，其實都有它的困難，通過對它們的批評，可以讓我們衝破它們的限制，建立更妥善和更滿意的見解。

　　對一個哲學理論作出批評，可以有兩種方式，一種是外在批評（external criticism），另一種是內在批評（internal criticism）。我們可以在一個哲學理論外，由自己建立一個標準，指出這個理論沒有達到它，因此是不妥當的。當我們根據一個在哲學理論外的標準，進而批評它沒有達到這個標準，這就是外在批評。例如，我們可以根據目前的時代，認為全民選舉是一個有價值的標準，然後批評孔子的政治哲學沒有提出全民選舉，所以它是不妥當的政治理論。這是從外在標準作出的批評。同理的，我們可以根據自己的不同標準，輕而易舉地批評其它的哲學理論。基本上，這在學術上是一種不嚴謹的，甚至是相當廉價的批評方式。

　　我們也可以批評一個哲學理論本身犯了邏輯上的謬誤，換言之，這是它的內部產生理論上的困難，我們稱之為內在批評。例如在剛才批評規則效益

主義時，我們指出，規則效益主義既然是效益主義，則它必須根據後果的價值來決定行為的價值。一個帶來痛苦的行為，是不應該做的。規則效益主義卻說，即使一個我們明知它會帶來痛苦的行為，但由於它符合一個帶來效益的行為規則，還是應該做它。因此，規則效益主義違背了效益主義的基本立場——只有帶來快樂的行為才是應該做的，故它的理論是自相矛盾。當我們指出一個理論犯了邏輯上的謬誤，則是內在批評。

內在批評比外在批評更有學術的說服力，因為外在批評建立在一個外在標準上，而它不一定得到普遍的承認。假若被批評者不承認它的價值，則整個批評就立即落空。然而，內在批評指出一個理論內部所犯的邏輯謬誤，而任何理論都不能容許邏輯謬誤，所以一個理論不能無視一個正確的內在批評。既然內在批評較具嚴謹性，則在批評一個哲學理論時，最好是作出內在批評了。以下是對效益主義的幾個內在批評。

1. 快樂計算法的困難

效益主義認為行為是追求快樂、避免痛苦的。較大價值的行為，是由於它得到較大量的快樂，因此若要決定不同行為的價值，便要計算它們不同的快樂量。假若我們無法計算出行為的快樂量，那就無法決定行為的價值，也就不知道應該做什麼行為了。於是，假若快樂計算法是失敗的，則效益主義無法成為指導行為的倫理學。

邊沁認為，計算行為帶來的快樂量，可以分成七點來計算。但是，我們發現，至少有兩點是無法計算的。首先，快樂的強度（intensity）是無法計算的。基本上，快樂是一種主觀的感受，對於一個相同的東西，往往會有不同的感受。一個對音樂有研究的人，會對貝多芬的交響曲有非常快樂的感受，但對於另一些人，他或許感到非常無聊。那我們怎能決定聆聽貝多芬的交響曲有多少快樂呢？基本上，效益主義一方面把行為的價值建立在主觀感受上，另方面又希望能計算出行為的客觀價值，這顯然是不可能的。

一個行為後果的確定性（certainty）也是無法準確計算的。在一個行為裡，當影響其後果的因素非常單純，則它出現的確定性較易計算，但當影響的因素非常複雜，則它的後果是難以預測的。我用力打他一拳，他會感到痛苦，這是相當確定的。但人的行為有時牽涉非常複雜的因素，例如我在路上發現一個壯漢欺負一個弱小少女，我知道光是我一個人，無法打贏他，但如

果路人幫忙，則他會被制服。可是，假若路人不幫忙，則我會被他打一頓。然而，我對路人的性格一無所知，那怎能計算出有多少路人會幫忙我？別人的幫忙牽涉到各人不同的心理、教育、體力和他們的品格問題，這麼多複雜的因素，根本無法計算。因此，對於後果出現的確定性，往往是難以計算的。

有時，我們可以相當準確預測某個後果會出現，但正由於這個準確的預測，反而會使後果出現的確定性降低。尤其當一個後果會帶來很大的痛苦時，我們一旦預測它會出現，便會想盡各種方式，讓它不致出現，改變了它出現的確定性。例如，根據目前的石油消耗量，我們可以準確預設地球的石油在二十年內用罄。但由於這個後果會帶來很大的痛苦，我們便會設法避免它的發生，於是我們大量節省能源，開發其它能源，避免石油在二十年內用罄。這似乎是說，當我們愈能準確預測後果的確定性，反而讓它不致降臨，改變它出現的確定性。因此，這讓後果出現的確定性程度難以計算。

2. 錯誤的預設——原子論（atomism）

效益主義認為，只要藉由快樂計算法，就可以決定一個後果對人所引起的快樂量。各種不同的後果，會引起不同的快樂量。無論一個人處於何種處境中，或他在何種狀態下，都會得到由後果而來的快樂量。當人經驗他的快樂時，每個快樂的經驗似乎是一個獨立的原子，跟他當時的狀態毫不相干，這是說，在人的經驗中，快樂似乎是獨立的原子，不受他當時狀態的影響。這種對快樂的主張，稱之為原子論。

可是，人對快樂的感受是否正如一個獨立的原子那樣，與他當時的狀態毫不相干呢？這顯然不是。當一個人在痛苦時接受別人的安慰，這個安慰會引起很大的快樂，但在一般的情況下，同樣的安慰或許是無聊的。當我期待與久別的好友相聚，但又突然有重要的工作，無法前往，這件工作是一件苦差事，但在平日裡，它或許不會給我帶來痛苦。在痛苦中得到快樂，它的快樂量會增加；期待快樂時卻遇到痛苦，其痛苦量也隨之增強。因此，在人生經驗中的快樂，不是獨立的原子，而是與以前和以後的經驗密切相關，互相影響。如果快樂與以前和以後的經驗相關，則我們無法準確計算各種後果引起的快樂量，因為我們無法得知每個人在接受快樂時，他當時的狀態是如何的。

3. 無法達致客觀性

效益主義希望提出一種客觀的方式來計算行為的客觀價值，用以客觀指出什麼行為才是應該做的，這樣可以避免墜入相對主義和主觀主義的陷阱裡。但要完成這個工作，則要提出一個客觀的標準，用以測量行為的價值。效益主義者皆同意以後果的價值來測量行為的價值，他們在這方面取得共識。可是，對於後果的價值，效益主義者們卻有所爭論，他們各自承認不同的主張。邊沁認為快樂是最終的價值，但彌爾卻認為是幸福。這樣，在不同的標準下，一個相同的行為便可能有兩種不同的價值，所以效益主義者們自己的爭論，足以證明其理論無法達致行為價值的客觀性。

在這章裡，我們指出效益主義把行為看作具有用具性價值，這是效益主義的基本概念。但是，行為的價值不一定是用具性的，也可以是我們追求的目的，換言之，它有內在價值。強調行為的內在價值的倫理學，稱為義務論（deontology），我們在下章介紹它。

第五章
義務論（deontology）

　　效益主義認為行為的價值建立在它帶來的效益，行為是為了得到有價值的效益的。但有時候，我們的行為不是為了效益，或甚至完全不計較效益，只是為了要把行為做出來而已。換言之，我們不是為了別的，而是單純地、無條件地為了行為而去行為。行為是我們追求的目的，它不是用具性的價值，而是內在價值。在這種情況下，行為似乎是義不容辭、是我們無法推卸的。它強制我們，彷彿是我們的責任和義務。主張行為擁有內在價值的倫理學，稱之為義務論（deontology）。以下我用一個簡單的例子來說明。

　　例如我在朋友臨終前，答應以後會好好照顧他的家人，當時只有我與他兩人，沒有第三者知道我對他作出這個承諾。事後有一個機會，他的家人需要我幫忙。當時我想，如果我遵守我的承諾去照顧他們，沒有人會知道我是一個守信用的人，所以也沒有人增加對我的信任，給我帶來快樂；再者，如果我不遵守這個承諾，不去照顧他們，也沒有人知道我是一個不守信的人，從今不再信任我，給我帶來痛苦。那麼，無論我照顧或不照顧他們，都不會給我快樂或痛苦。因此，根據效益主義的立場，沒有任何理由要我遵守承諾去照顧他們。我可以遵守承諾，也可以不遵守承諾。

　　然而，我們總是認為，在作出一個承諾後，假若情況容許我們實踐它，則應該遵守承諾、全力以赴，沒有任何其它的條件足以阻止我們，更無需計較它帶來什麼效益。遵守承諾似乎是一件理所當然、義不容辭的事情。然而，為何我們不用計較後果的價值，就可以決定行為（遵守承諾）的價值呢？假若它的價值不建立在後果的價值上，則它的價值何在？

　　有些倫理學家認為，有些行為的價值不是根據它的後果，而是根據行為本身，因為行為是我們追求的目的，它擁有內在價值。正如遵守承諾的行為，不是為了它帶來的後果，而是因為它本身就是有價值的。它是我們追求

的目的，它的價值是內在的。由於它是一個有價值的目的，因此作為一個理性的人，我們無論如何都應該實踐它。

中國儒家哲學讚揚的孝順、忠信、仁愛和誠懇等行為，其價值基本上都是在義務論的立場。它們的價值不是由於其帶來的效益，而是由於行為本身是有價值的，是我們追求的目的。文天祥寧死也不投降匈奴，他付出生命（很大的痛苦），也要維護對國家的忠誠。他寧死而維護忠誠，不是為了別的，完全是因為維護忠誠的行為是他追求的目的。同理，孝順父母不是為了效益，而是因為孝順的行為是我們追求的目的。反過來說，假若文天祥是為了快樂而不投降，那他不投降而赴死的行為不是真正的道德，因為它是為了追求道德以外的條件——快樂，所以它與道德無關，我們也無需讚揚他。孝順父母若是為了以後的效益，則這也不是真正的孝順，因為它不是為了孝順而孝順，而是為了效益。義務論者認為，為了行為的道德性以外的任何條件，都不是真正的道德行為。即使它帶來正面的效益，但它與道德無關，沒有道德價值（moral worth）。由此可見，義務論認為，人不是為了效益而實踐道德，而是純粹為道德而實踐道德。道德行為是無條件的（unconditional）行為，它的價值由自身而決定，這是說，它的價值是自律的（autonomous），不是他律的（heteronomous）。真正的道德行為是純粹為道德而道德，不是為了道德以外的條件。

在西方哲學裡，康德的倫理學是義務論的最佳代表，本章是介紹他的倫理學。

一、康德倫理學與無上命令（categorical imperative）

我們知道，人生活在世界裡，他的行為不可能完全不受限制，否則社會秩序大亂，民不聊生。因此，有些事情是應該做的，有些事情是不應該做的。那些應該做的事情似乎限制著我們，要我們遵守它。廣言之，這些應該做的事情，可以稱之為義務（duty）。根據這個觀點，不是所有義務都是道德的行為，有些義務與道德無關。康德把義務分成兩種：假言義務（hypothetical duty）和定言義務（categorical duty）。他使用這兩個名詞，是來自邏輯對假言述句（hypothetical statement）和定言述句（categorical statement）的區分。

在邏輯上，假言述句的形式是「如果A，則B」，我們有時稱之為「條件句」，例如「如果下雨，則地溼」。這是說，在某些條件下，會有某些情況出現。現在我們把這種形式的述句放在倫理學中，則它成為「如果要得到某個目的，則要有某個行為」。例如，如果要買書本，則要到書局去，這是說，相對於某個目的而言，某個行為是應該做的。這個應該做的行為是人的義務，但它之所以是義務是由於它能達致某個目的或是相應於某個條件。於是，這樣的義務是條件的——在某個條件下，它才是應該做的行為。假若失去這個目的，則它就不一定是應該做的。對於有條件的義務，康德稱為假言義務。假言義務沒有絕對性或普遍性，這是說，它不是所有人絕對應該做的行為，因為它只有在某些條件下，才是應該做的。

在邏輯上，定言述句的形式是「A是B」。把這種述句形式放在倫理學中，則它成為「A應該做某個行為」，這個義務不是相對於某個目的或條件，而是在任何情況下，都是所有人絕對應該遵守的。例如「孝順是應該做的行為」，在這種情況下，孝順是一個義務，但它不相對於任何條件，而是具有普遍絕對性。只要是人，他就有這個絕對的義務——孝順父母。那麼，定言義務是指絕對的、普遍的和無條件的義務。定言義務猶如一道命令，無論如何，人都必須遵守。因此，定言義務又可稱為無上命令（categorical imperative）。在康德，無上命令才具有道德意義，它是一個理性的人必須遵守的道德命令。

對於康德，道德不是為了追求個人、某個團體和全部人的利益，不是為了服從社會習俗、宗教教條或權威命令，也不是為了得到在條件限制下的目的。真正的道德是無條件遵守無上命令所指出的義務——不管它會導致什麼後果。

二、無上命令的三個陳述方式

然而，什麼是無上命令？那些行為才是普遍絕對的義務？那些行為本身具有道德價值，是我們追求的目的？在中國的儒家哲學，基本上是根據人的良知來判定人的義務。如果一個行為出自良知的決定，則它是一個有道

德價值的行為。正如奉養父母若是出自我們的孝心，則奉養父母的行為是道德的，它是普遍絕對的義務，自天子以至庶人，無一例外；假若我們由於騙取父母的遺產才去奉養他們，則這種奉養父母的行為沒有道德價值，因為當時的行為不出自良知，而是出於自私的欲望。這不是絕對必然、人人有責的義務。可是，儒家哲學在決定義務時，是根據個人主觀的良知。但良知內在於個人的心靈中，這是一個別人無法通達的領域，所以它難以得到客觀的承認，這使得義務流於個人的認定。

西方哲學家大都不願意把一個哲學理論建立在主觀的認定上，他們希望能提出一些較為客觀的原則。康德提出三個陳述方式（formulations）來說明無上命令。根據康德，這三個陳述方式不是說明三個內容不同的無上命令，相反的，它們都是說明一個相同的無上命令，但卻是由三個不同的角度來說明無上命令的內容。然而，它們的意義在邏輯上是相等的，這是說，它們在意義上能互相推演，其中一個陳述方式的意義可以推演出其它陳述方式的意義，而其中一個所指出的義務，也可以由其它陳述方式去證實。

在說明無上命令的陳述方式時，康德的語言非常艱澀，本文把它意譯成較簡單的中文。

㈠無上命令的第一個陳述方式

無上命令所指出的義務是普遍絕對的，這是說，這是一個人人都必須遵守的行為規則，沒有人可以例外。一旦有人在相同的處境中，沒有遵守它，則他是不道德的、是要受到責備和懲罰的。那麼，義務是一個所有人在相同處境中都應該而且又是可以做的行為。由於它是所有人都應該做的，因此即使人人都去做它時，也不會導致任何理論上的困難或邏輯上的矛盾。

根據無上命令的這個性格，可以推演出第一個陳述方式：在意決一個行為時，若你所根據的格言可以成為一個普遍定律，則這是你的義務。[1]我們要注意，康德重視的不是具體的行為，而是在意決行為時所根據的格言（maxim），這是說，他強調的是行為所根據的原則。例如，我向朋友借了一千元，答應三天後還給他，這時我對他作了一個承諾。三天後我有錢，我

1　這個陳述方式的英文翻譯是：So act that the maxim of your will could always hold at the same time as a principle establishing universal law。

作出一個決定：不把錢還給他。但這個決定是不是道德的？康德的意思是指，我們不考慮這個具體的行為（不還錢給他）是不是道德的，而是要考慮它所根據的原則。

假若我當時所根據的原則是：雖然我曾作出承諾，但我不必遵守它。因此我才決定有錢不還。如今我要考慮，我有錢不還是不是我的義務？根據第一個陳述方式，假若我的行為所根據的原則可以成為一個普遍定律，則它是我的義務。現在，我行為的原則是：雖然我作出承諾，但我不必遵守它（不用遵守承諾）。可是，這個原則可以成為一個普遍定律嗎？這是說，如果我把它普遍化，它仍然可以成立，不會導致任何理論上的困難，則它可以成為一個普遍定律。但這個原則可以普遍化嗎？我們發現，這是不可能的。

如果任何人作出承諾，而又不必遵守它，則任何承諾都不是真正的承諾，只是謊言而已。當我承諾朋友三天後還錢給他，但我心中卻認為無需遵守諾言，這樣的承諾根本不是承諾。當承諾是不用遵守的，則承諾不再是承諾。如果將「不用遵守承諾」普遍化，則天下間就沒有承諾。如果天下間沒有承諾，則我們要不遵守承諾也不行了，因為根本沒有承諾讓我們不去遵守。所以，如果把「不遵守承諾」普遍化，承諾會自我毀滅，導致「不遵守承諾」無法成立。換言之，把「不遵守承諾」普遍化，會導致這個原則的自我矛盾。這樣，由這個原則引申出來的行為，就不是我們的義務了。

反過來，假若我到時不還錢給朋友，是由於他當時會拿錢去買毒品吸毒，我不想令他毒癮加深，危害他的健康，那我當時的原則是：維護他人的健康。這個原則是可以普遍化的，因為假若所有人都去維護他人的健康，則人人都會非常健康，而且可以讓我們繼續維護下去，這樣不會導致任何理論上的困難。這樣，我不還錢給他是出於一個可以普遍化的原則，因此這是我的義務。由此看來，在康德倫理學，個別行為的道德價值不是單純在行為本身上，而是在行為者意決時所根據的原則。

根據康德無上命令的第一個陳述方式，可以發現很多行為是不道德的。例如考試偷看別人的考卷，它的原則是「考試可以作弊」。一旦普遍化這個行為原則，則人人都可以在考試時作弊。但作弊破壞考試的公平性，因此使考試失去意義，也因此無需考試了。無需考試則沒有作弊這回事，由此導致這個原則的自我矛盾。

(二)無上命令的第二個陳述方式

根據第一個陳述方式，義務是所有人都應該做的，沒有人可以例外。於是，縱然人有不同的階級、身分、地位、名譽和權力，但在義務之前，都無分彼此，人人平等，因為面對義務，無論是誰，都應該不計勞苦，全力實踐它。既然在義務之前人人平等，則沒有人可以自認他比別人有更高的價值，由此可以純粹利用別人去完成自己的目的，這是說，僅利用別人，視之為一個用具或手段，以完成自己的目的是不道德的。反之，由於人人平等，則在我們的行為中，要視人為目的，不能僅視之為手段。於是，無上命令的第二個陳述方式是：對所有人——無論是自己或別人，都要視之為目的，永不能僅視之為手段。[2]

在這個陳述方式裡，我們要注意兩點。首先，康德不是說，我們不能視人為手段，而是「不能**僅**視之為手段」。我們可以利用別人去完成自己的目的，但不能**僅**是利用他，完全不視之為目的。這是說，我們可以利用他，但同時要尊敬他或照顧他，把他視為一個有內在價值的存在，是我們行為所要追求的目的。正如一個工廠老闆可以利用他的員工，製造產品以賺取金錢，但他不能僅是利用他們，完成自己的目的，以致完全不照顧他們。反而，在利用他們的同時，他要照顧他們，維護他們的權益和尊敬他們的人格。他們的存在同時是我們追求的目的。在這個社會裡，我們的確常常利用別人，藉著他們的工作來幫助我們完成自己的目的，但只要我們同時也以他們為目的，照顧他們，則利用他們依然是道德的。

康德在這個陳述中也涉及人對他自己的問題，這是說，我們不能僅視自己為手段，把自己看成僅是一個用具。這個主張指出，自殺是不道德的，因為自殺僅是利用結束自己的生命，來達到個人的目的。它完全沒有以自己的生命為目的，沒有維護自己生命的存在。

其次，既然人不僅是用具，而同時是目的。那麼，人本身就是一個值得我們照顧的一個價值，他的生命和存在本身就是一個價值。人是一個有尊嚴的存在，是值得我們尊敬和照顧的。由此，康德倫理學強調對人的尊敬。我們不能視人為用具，因為當一件用具沒有用時，我們可以棄之不理。但當

2　這個陳述方式的英文翻譯是：Act so as to treat humanity, whether in your own person or in that of another, always as an end and never as a means only.

一個人在社會上完全沒有用處時（例如植物人），我們在道德上不能棄之不理，因為我們要尊敬他的存在，並且要視之為我們的目的，照顧他的存在和尊敬他的生命。所有對人的施虐、奴役、洗腦、屠殺、滅族等，都是把人貶抑為用具或事物，是不道德的行為。

第一個陳述方式是說明行為者個人與義務的關係，這是說，它用以檢討個人的行為是不是義務；第二個陳述方式是說明行為者與別人相處時的義務，這是說，當個人的行為涉及別人的存在時，他的義務具有的性格。現在我們要討論第三個陳述方式，它要說明當人在一個社團中，那些行為才是他的義務。

(三)無上命令的第三個陳述方式

第二個陳述方式指出，人不能僅視人為手段，而要視之為目的。這樣，人人平等，各人的行為必須以別人為目的，不能為了自己去利用別人。人與別人是在道德關係上彼此關連，因此人人都是在一個道德的社團中，是屬於這個社團的成員。各成員都有義務維護這個道德的社團和彼此的權益。人人都要承認各人皆有平等的地位，且應該平等地追求自己的目的。第三個陳述方式是：在意決一個行為時，你所根據的格言是你作為一個社團中的合法成員，讓你的社團成為實現各種目的的國度。[3]這是指，人在一個社團中，他有義務維護這個社團的道德性，讓人人平等追求各人的目的，只要他的目的沒有僅視人為手段。換言之，我有義務去維護社團，讓各人都參與在社團中，有充分的自由去追求自己的目的（只要他的目的沒有觸犯道德律），我也有義務去容許各種不同的目的，使社團成為一個各人得以追求和完成其目的的國度。

在這個陳述方式中，可以發現康德對個人自由的極度尊崇，及他對社團的高度期望。由於人人平等，則沒有人可以自認其目的有更高的價值，以壓抑別人去追求他們的目的（只要其目的沒有違背道德律）。即使一個人的目的非常卑微，我們也不應該壓抑他，例如父親要求他的兒子有高級的職業，便反對和壓抑他以低微的工作為他的志向。根據康德，這是不道德的，因為

---

3 這個陳述方式的英文翻譯是：Act according to the maxims of a universally legislative member of a merely potential kingdom of ends.

只要人的志向沒有觸犯道德，則他擁有自我抉擇的自由。我們有義務容許各人的自由，也有義務給予尊敬。

在康德，一個社團的功能，不是僅提供人們各種生活上的需要，而主要是它能促成各人目的。人在社團中，更要提供各種方便和措施，讓它的成員可以成就自己的目的，而各成員也有義務維護社團，提供各種方便，建立措施和制度，以幫助別人完成他們的道德目的。

康德的倫理學反對以後果的效益來決定行為的價值，主張行為就是我們追求的目的，它具有內在價值。一個具有正面內在價值的行為，是道德善的行為，它是我們追求的目的，是不能推辭的義務；反之，一個具有負面內在價值的行為，是道德惡的行為，它是我們要避免的目的，也是絕對不能做的。康德指出，在決定一個行為時，只有符合道德格言（或道德律）的行為，才是我們的義務，因此引出他對道德律的尊敬。並且，由於道德律是普遍的，則在道德律之前，人人是平等的，沒有階級地位上的差異，這造成他對人的尊敬。再者，由於社團中的成員擁有抉擇的自由，這造成康德對人的自由的尊敬。總之，對行為內在價值的尊敬是康德倫理學的主要特色。

三、動機說（motive theory）

康德提出一個論證反對效益主義，效益主義認為行為的價值決定在後果的價值上，但康德指出，沒有人可以準確預測一個行為的後果和由其引申的所有後果。沒有人可以準確預測我罵別人一頓，他會快樂或痛苦；也沒有人可以知道，它會引申那些其它的後果。所以，基本上，對於一個行為的後果，其價值是無法準確預測的。這樣，行為的價值也就無法預測了。在不能確知行為的價值時，我們就不知道應該做那個行為。所以，康德認為，效益主義無法指出我們應該做的行為是什麼。

不過，康德的義務論卻可以決定那些是我們應該做的義務，因為在決定行為時，我們當然知道在決定時的行為原則，它在我們的意識中。當我們決定有錢不還時，當然知道我們是不是為了不遵守承諾，因為它就在我的意識裡。那麼，只要我們檢討意決時的原則是否符合無上命令的三個陳述方式，就可以決定它是不是義務了。於是，決定一個行為的善，建立在意志的善

上。康德曾指出，無條件的善是善意志（good will），它是善的本身，因為只要意志遵守無上命令，則它是善的。再者，根據善意志而來的行為，也是善的。由此，康德的倫理學成為動機說，這是說，一個出自善的動機的行為就是善的；一個出自惡的動機的行為就是惡的。

康德義務論成為動機說，行為的價值由動機的價值決定。人要有善的動機，才能有善的行為，它不考慮行為的後果。義務論與效益主義剛好相反，因為效益主義認為行為的價值由後果決定，它不考慮行為的動機。

四、對義務論的批評

康德認為，無上命令的三個陳述方式，僅是在三個不同的角度下，對一個相同的無上命令的說明。它們不會排斥或矛盾，而是在意義上互相蘊涵的，這是說，由其中一個陳述方式所證實的義務，也可以被其它的陳述方式所證實。可是我們發現，這三個陳述方式引申出來的義務，有時是矛盾的。

(一)三個陳述方式的矛盾

無上命令的第二個陳述方式要求我們要視人為目的，不能僅視之為手段。人不是僅具有用具性價值，也有內在價值的，因為他是我們行為追求和要達致的目的。在這個陳述方式下，我們有義務要尊敬別人，維護他的自由和抉擇。只要他的抉擇沒有違背道德律，則我們要尊重和接納他。在第三個陳述方式裡，康德強調我們有義務去維護社團，使之成為各人平等追求自己目的的國度。第二個陳述方式強調對人的自由之尊重，第三個陳述方式強調對社團的維護。我們可以發現，前者引申出來的義務，可能與後者的義務矛盾。

例如有一個患了絕症的病人，他為了不要連累家人，決定不再接受治療。假若根據第二個陳述方式，我們有義務尊重他自由的抉擇，不再給他治療。但根據第三個陳述方式，我們有義務去維護社團，讓各成員能參與在社團中，這樣我們必須全力保護成員的生命，讓他能繼續參與社團，因此我們有義務繼續治療他，拯救他的生命。對於一個相同的處境，兩個陳述方式引申出矛盾的義務，因此這不是正如康德所說，它們是對一個相同義務的不同

陳述，而是說明了兩個、而且是彼此矛盾的義務。

再者，第一和第二個陳述方式也可能引申出矛盾的義務。「對只占國家人口百分之一的少數民族，是可以只利用他們來達到國家的目的。」這個行為原則是可以被普遍化的，因為只利用他們，不會因此傷害國家，甚至或許使它變得更為富強。但是，這個行為原則本身顯然違反無上命令的第二個陳述方式。

(二)無上命令模糊性

這個批評是要指出，康德哲學的無上命令，無法清楚指出我們應該做什麼。然而，倫理學的目的是要指導我們應該如何行為，因此康德的主張無法達成倫理學的目的。

根據無上命令的第二個陳述方式，由於人具有內在價值，因此我們要尊敬他。然而，什麼是尊敬？尊敬一個人要對他做那些行為呢？我們難以給出一個明確的定義。反而，即使在一個相同的處境中，人們對尊敬的行為可以有多種不同，甚至是矛盾的見解。例如有一位老先生，他唯一的希望和慰藉都放在國外求學的孩子身上，但他的孩子卻因車禍喪生了。我應不應該把真相告訴他呢？如果我要尊敬他，則由於他是父親，當然有權利去知道他孩子的真相，所以我應該告訴他。可是，如果我要尊敬他，則我不應該打擊他，而他孩子的死亡對他是一個很大的打擊，所以我不應該告訴他。以上兩種對尊敬的主張都是可能，但卻是互相矛盾的。當一個陳述方式給出矛盾的義務時，我無法決定應該如何做了。我們之所以碰到這個困境，是由於無上命令無法給出明確的指導，因此容許很多不同的答案，使我們無所適從。

(三)義務的衝突

根據康德，義務是人的無上命令，是人理所當然、不計後果、義不容辭地要實踐的。人知道他的義務，但又逃避義務，那是不道德的，理應受到譴責。不過，我們有時會碰到某些處境，在其中有兩個矛盾的、完全無法兼顧的義務，在這種情況下，即使我們全力去實踐義務，但仍必須放棄其中一個義務。根據康德哲學，由於我們放棄義務，所以理應受到譴責，但批評者認為，這種主張顯然是不公平的。

　　例如我與朋友相約在某處見面，我對他作了這個承認，當然有義務遵守。可是在我赴約途中發生車禍，我撞到一個小女孩，她需要我立即送她到醫院才能活命。這時，拯救她的生命也是我的義務，遵守承諾赴約也是我的義務。這兩個義務是衝突的，亦即它們無法同時兼顧。那我要如何做呢？根據康德，無論我如何做都是故意不實踐義務，是理應受到譴責的。可是，我們能接受康德的主張嗎？

　　通常，在以上的情況下，我們都會救人而不赴約，而且認為這是一個對的行為。這是因為我們認為，救人比赴約更為重要或更有價值。可是，康德的倫理學有一個盲點：義務沒有價值的差異。我們不能說遵守承諾比救人重要，也不能說孝順父母的價值比尊敬師長來得更高。在康德，義務就是義務，是對所有人的無上命令，是絕對必然應該去實踐的，它們沒有價值高低之別。因此，當人碰到矛盾的義務時，康德倫理學無法幫助他解決當時的道德衝突。

　　假若一位效益主義者碰到以上的情況，他會很容易解決當時的衝突，因為他只要計算一下，救人和赴約的效益，何者更多？他便可以決定要做那個行為了。但康德堅決反對由後果來決定行為的價值，而義務又無價值高低之別，因此才造成難以解答的困境。

第六章
德性倫理學

　　效益主義認為行為是用具性價值，因此，能給我們帶來快樂的行為，其價值是正面的，是我們應該做的；而給我們帶來痛苦的行為是負面價值的，是我們不應該做的。義務論認為行為有內在價值，只要它是我們的義務，則是我們應該做的；違背義務的行為，則是我們不應該做的。這兩種倫理學似乎把行為都看作獨立的事件，然後再判斷它們的價值。行為似乎是各自分散的片斷，不僅互不相干，也與我們整體生命的發展毫不相關。

　　然而，在我們的生命裡，有些行為可以創造一個美好的人生，也有些行為會使得生命沈淪墮落。我們有時會不斷奮鬥，持續以一致的行為，建立一個有意義的生命；但我們有時卻不能堅持到底，起初奮發圖強，其後懦弱畏縮，使人生一敗塗地。行為可以深刻影響我們的一生，它與生命有非常密切的關係。因此，在討論行為的價值時，不能脫離生命立論。從生命的觀點來看，行為可以建立我們的德性（virtue），讓我們有一個充滿德性的生命。它也可以破壞我們的德性，使生命萎縮。行為的價值在它與德性的關係上，這是德性倫理學的基本立場。

一、德性與生命的整體性

　　德性倫理學認為，行為與德性密切相關。當我做了一個勇敢的行為，這會培養我生命中的一種德性——勇敢。在持續的勇敢行為下，我的勇敢漸漸茁壯，使我成為一個勇敢的人；相反的，當我畏縮不前，做出一個懦弱的行為時，我會破壞了勇敢的德性，使它無法挺立。在持續的懦弱後，我的勇敢萎縮，使我成為一個懦弱的人。同理的，當我常常憐憫別人，做出仁愛的

行為時，我培養了仁愛的德性，使我成為一個仁愛的人；反之，若我對人冷漠，則我破壞我的仁愛之心，成為一個冷漠無情的人。

從行為與德性的關係而言，一個有價值的行為，是由於它可以培養生命的德性，使之茁壯；反之，一個負面價值的行為，是由於它破壞生命的德性，使之萎縮。對於行為的價值，不能單獨地給予評價，而是要根據它與生命的關係。所以，把行為僅視之為追求快樂之手段或內在價值的義務，都是把行為從生命中抽離，沒有深入理解它與生命的關係，這是對行為的短視與誤解。

人的生命有很多不同的德性。在中國哲學裡，它強調的德性主要是關於道德的，例如仁、義、禮、智、孝、信、忠、誠等，這是中國哲學的特色。但在古希臘哲學裡，德性不是僅限定在道德方面，它基本上是指生命中有價值的、卓越的性格，例如樂觀、理智、保持健康、友愛、果敢、樂於助人、親和力、藝術品的鑑賞力和創作力、清晰的表達力、思考嚴謹等等。有時我們甚至可以說，一個婦人的德性是她有烹飪能力、一隻馬的德性是跑得快。所以，一個充滿德性的生命不一定是中國哲學所指的道德人格。廣泛而言，它是指一個有意義的生命或有價值的人生而已。

既然人有多方面的德性，則在發展一個德性的生命時，我們不應該只強調某些德性，壓抑其它德性的發展，因為這樣的德性生命是偏頗的，它不夠充實，也不完整。所以，一個行為的價值不能僅因為它能培養德性，因為它或許只培養了一種德性，卻壓抑其它德性的發展。一個真正有價值的行為，是由於它能培養德性，且又讓其它的德性得到均衡的發展，讓它們得到和諧的整合。例如，我們不能僅專注在音樂的才能上，壓抑了友愛和理智的發展。沒有友愛則沒有朋友，生命孤單，缺乏歡笑；沒有理智則沒有豐富和深入的知識，導致工作的失敗和挫折。所以，行為不能片面強調單方面的德性，還要同時考慮其它的德性，使它們得以和諧整合。只有當各種德性都能平衡發展，和諧整合，才能建立一個充實和有意義的生命。

不過，生命不僅在目前，它尚有長遠的將來。在考慮一個行為的價值時，不是僅考慮它在目前與各種德性整合的關係，同時還要考慮它對德性生命將來的影響。一個行為在目前或許能讓德性得到均衡的整合，但卻可能妨礙將來的發展，減低德性得以茁壯的機會，所以，一個行為的價值不僅建立

在目前德性的整合，也要兼顧德性在將來的發展。總之，行為的價值建立在它與德性生命的整體上。

　　我們根據中國儒家哲學的主張，用一個簡單的例子來說明。在儒家，智、仁、勇稱為三達德，這是說，它們是生命中最基本的三個德性。要得到充實而有意義的德性生命，必須具備它們。於是，當考慮應該做那些行為時？是要考慮它能不能夠培養其中一個德性，例如仁愛的行為是應該做的，因為它可以培養仁德。於是，我們不能無視別人的痛苦，應該熱中幫助他們。凡是能夠幫助別人、解決他們苦難的行為，都是有價值的。反之，雪上加霜和冷漠無情的行為是不應該的，因為它破壞我們的仁德。

　　然而，我們不能僅考慮行為與仁愛的關係，還要考慮它與勇敢及理智的關係。即使我們仁愛別人，但卻以膽怯畏縮的方式去做，則這樣的仁愛破壞了我們的勇敢。再者，假若我們沒有周詳的規劃，僅是魯莽行事，則它破壞了我們的理智。這樣的仁愛行為，雖然培養了我們的仁德，卻破壞了其它兩種德性的發展，無法達致各種德性的和諧整合，所以它不是一個值得我們去實踐的行為。

　　仁愛的行為需要同時是勇敢的和理智的，才是一個真正的道德行為。缺乏勇敢和理智的仁愛，只是婦人之仁的溺愛；同理的，缺乏仁愛和理智的勇敢，只是匹夫之勇的衝動；缺乏仁愛和勇敢的理智，只是短視魯莽的狡猾。這些行為都無法使德性得到均衡的發展、和諧的整合，反而是加以破壞，所以都是負面價值的，是我們不應該做的行為。

　　以上的考慮尚未夠周全，因為行為會影響德性生命將來的發展。今天適當的仁愛行為，或許使明天的我失去發展德性生命的好機會。假若我出生在一個貧困的家庭，大學畢業後我考上研究所，由於繼續升學會增加家裡的負擔，於是我為了孝順父母，經過謹慎的考慮後，毅然決定不升學，找工作幫忙家計。這個決定或許可以滿足目前智仁勇三達德和諧發展的要求，可是，由於我決定到社會裡工作，使我喪失繼續求學的機會。我以後或許僅是一輩子忙於工作，過著機械性的生活，無法培育其它的德性，不能開拓一個豐富、充實和有意義的生命了。這對德性生命的發展而言，是一個非常大的損失。或許，我可以改變主意，繼續攻讀研究所是比較恰當的，因為這雖然暫時無法培育仁愛父母的德性，但卻會讓我的德性生命在將來有更大發展的機

會。人的眼光不能停留在目前，應該擴大到將來去。有價值的行為是要促成生命有意義的整合（meaningful integrity）。

然而，在德性生命的發展裡，人總是有限的，這是說，德性生命總是受到條件的限制。有些條件是我們可以突破的，但有些卻不可以，我們必須明白人生的有限性，才能成功建立一個整合的德性生命。另外，在培育生命的德性時，我們也要明白那些是最基本的，因為我們必須建立基本的德性後，才能順利發展其它的德性。本章的工作分兩方面：1.說明人生有那些基本的限制：人的有限性，2.指出生命的基本德性。

二、人的有限性

德性生命可以有多種不同的形式，在中國哲學裡，無論儒家、道家和佛家都主張不同的德性生命。儒家主張要成為一個道德的聖人，道家要成為自然無為的真人或神人，佛家要求擺脫執著而成佛。廣泛而言，這些不同的人格都可說是德性生命的完成。在西方哲學，基本上是理性主義的思潮，所以它認為人要培育理性，成為一個理性成熟的人。然而，雖然德性生命的可能性相當多，但並不見得可以任意選擇和完成。每個人都有自己的限制，他只能完成某些可能性，但對於別的可能性，或許有太多的限制，使他無法完成。因此，人必須明白自己的限制，方能明白自己可能實踐的生命取向。

存在主義（existentialism）特別強調，人存在於世間裡，若愈能明白自己的有限性，則愈能作出適當的抉擇，完成自己的生命。人不能依憑邏輯、想像或感覺去領悟自己的有限性，只有智慧（wisdom）才能洞察自己的限制。因此，智慧是德性生命之鑰，是帶領我們得到整合的德性生命之動力。在智慧的洞察裡，可以發現以下四種人的有限性。

(一)社會的限制

人必須生存在特定的社會裡，沒有任何人可以完全脫離社會、獨自生存。對人而言，不同的社會就是不同的限制。對於社會對德性生命發展的限制，可以分兩方面說。首先是環境的限制，這是說，每個社會都有它自己特殊的結構，這些結構是德性生命的限制。例如在落後的、尚未開發的國家

裡，我難以成為一個高等物理科學家。即使我對這種科學非常有興趣，而且目前也有相當豐富的知識，但由於它需要非常精密的儀器，充沛的資金和團隊的合作，才能得到突破的成果，但低度發展的貧窮國家無法提供適當的支援，因此我難以得到傑出的成就。在抉擇自己生命的發展時，有必要慎重考慮自己的環境。

我們目前的社會結構已經是相當高度商業化的環境，我們追求效率、績效、計算支出和成果的收益。人必須專心努力工作，做出成果，才能得到社會的認同，建立理想的生命。遠古時代那種悠然自得的簡樸農村生活已經一去不復返了，我們再不能昧於現實的限制，以古代的隱士生活、桃花源的世界為理想的生命。當然，在某些情況下，即使環境給我們很大的限制，但有些限制依然可以突破，卻需要付出更多的努力；有些限制是無法突破的，魯莽而為只會讓生命蒙上陰影或挫折。人必須有足夠的智慧，清楚明白環境的限制，才能順利得到一個有意義的理想生命。

再者，社會是在歷史中發展的，今天的社會結構，或許明天就要改變，成為另一種形式。在生命發展的漫長過程中，我們需要明白社會的發展。即使我們追求的生命能在今天的社會結構中完成，但假若明天發生劇變，則我們的生命理想便會落空。因此，社會的歷史發展也是德性生命的一個限制。

我們需要明白歷史的軌跡，預先在知識和能力上把自己武裝起來，迎接下一個時代的挑戰，這樣才可以建立理想的生命。現代的社會已經揚棄工藝的製造方式，往分工和專業性的科技發展，但這導致知識的過度分歧和狹窄。因此，我們需要專業的精密知識，也需要跨領域的普遍眼光。於是，追求專業的知識及培育普遍的眼光，或許更能在下一個時代裡，為我們建立一個有意義的整合生命。人不能把眼光停留在目前，因為生命是往前發展的。歷史的軌跡是我們難以抵擋的。

(二)知識的限制

人不可能有無限的知識，否則他可以預知未來，看透每個人心中的反應。這樣，他可以無往不利，不會遭遇失敗和挫折。可是，人的知識是有限的，他不能預知自己的行為，會帶來那些實質的後果，更難以預測別人對他的反應。當然，對於一些簡單的行為，我們可以預知其後果，然而，這樣的

預知也不一定是必然的，因為世事難料、人心難測。對於一些複雜的行為，其後果就無法預知了。由於事情無法準確預測，我們就不能要求，只有在絕對的保證下，才去做一個行為。這是緣木求魚，無法實行的。

於是，在人生發展的過程中，每個行為都充滿不確定性，意外是不能完全避免的。雖然生命的發展不確定，但人不能不勇往直前，否則他無法完成他的理想，充實他的生命。可是，失敗和挫折的壓力，卻又緊迫著他。人生是在冒險中完成的，沒有冒險，則沒有成功的希望。人只能增加他的知識，以求擴大視野，減少意外的發生以避免失敗，但無論如何，他永遠無法根除生命的不確定性。人似乎是在一個非常弔詭的情況下：他不願意冒失敗的危險，就無法成功。他只能在危險中，追求成功的果實。我們必須明白自己的知識永遠有限，要完成德性生命，要在冒險中勇敢前進。這是人的存在悲情。

㈢人生的具體性（concreteness）

無論何時，人只能在一個環境裡，無法同時在多個環境中，這是人的具體性。我希望能在國內與父母同在，孝順他們，但又希望能在國外求學，增加我的知識。我不能同時在國內和國外，我必須面對多個環境，選擇其中一個。

然而，當人在一個環境中，有很多生命發展的可能性是適合他的，但他卻只能注意到一部分，無法把握全部。人的注意力也是具體的，只能集中在一部分上，不可以全都注意到。例如我畢業後要到社會工作，當時的社會和我的能力，有很多工作都適合我，但我卻注意到其中幾種而已。我不是沒有盡力把握它們而導致缺漏，而是由於我的有限性，使我只能具體注意到一部分而已。

並且，即使我發現有好幾種工作適合我，但我又不能全部都做，因為我仍是一個非常具體的存在，只能勝任其中一種而已。人無法兼顧一切，只能具體擁有一部分。無論人在那個環境裡，都似乎滿載各種可能性，但卻又往往超過他的處理能力。面對這個處境，他必須作出抉擇，但抉擇就是捨棄其它的可能性，保留一兩個可能性而已。由此更可以證實人的具體性——他無法擁有全部，只能具體擁有一部分。

　　在人生具體性的限制裡，顯示出生命的另一個弔詭：面對各種有價值的可能性，人必須放棄，才能獲得。對人而言，凡是有價值的東西，都是值得保存的，所以人通常希望能保存全部價值，不願意放棄。可是人的具體性卻毫不留情地迫使他放棄，因為只有放棄價值，才能得到價值。生命是在這個弔詭的壓迫中，然而，我們必須接受它，才可能完成一個有意義的德性生命。

㈣人生的發展性（development）

　　宇宙中的一切都是在發展中，我們無法留住事物，要它停止不前。同理的，我們也無法停止自己的發展，讓生命止息，停留不變。無論人和事，都是不斷放棄它的故我，演變出一個新我。人必須體認宇宙的不斷發展，相應它的發展來完成自己的生命意義。

　　德性生命不是一蹴即至的，它需要時間和努力才能完成。在實踐德性生命的過程中，人自己也不斷改變，尤其是他的能力和興趣，也隨之不同。這種改變對他追求的目的有非常巨大的影響，因為以前他具有的能力，如今可能消失；他以前具有的興趣，如今已經不再。因此，以前希望獲得的、而且又有能力得到的目的，如今已不是自己希望的，也不是自己能夠獲取的。所以，人必須要有自我反省的智慧，明白自己的改變，評估自己的興趣和能力，調整追求的目的，才能完成一個整合的德性生命，不會導致失敗和挫折。

　　同理的，社會也在改變中，以前可以提供給我們的支援，如今可能消失；以前無法提供的支援，如今卻又可能。以前可以達成的目的，如今已不容許；以前不可以達成的目的，如今已可實現。因此，人必須要有足夠的智慧，留心和洞察社會的改變，調整自己，才能得到生命的整合。

　　我們常會發覺，社會中的一些老人，他們無法接受歲月的摧殘，體力的衰退，也難以接受新的社會形態。他們懷念自己過去的成就，痛恨社會的新事物。在觀念上，他們停留在過去，無法面對現在的自己和社會，於是自怨自艾，寂寞而終。這正好表示他們無視人生的發展性，導致遺憾的晚年。

　　人的發展性帶來一個無可逃避的悲劇：生命的終結。當人面對自己的發展，他同時明白他的發展是有限的，因為他是向著死亡發展。當死亡來臨，

生命隨之終結，不能繼續發展了。然而，更令人恐懼的，就是死亡的不確定性。在日常生活裡，我們害怕死亡，因此壓抑死亡的威脅，把它推開到遙遠的將來去。實際上，無人能預測死亡，它是隨時降臨的。它的降臨使一切努力化為烏有。我們目前的努力，或許是最後一刻的努力了；我們目前的可能性，也或許是最後一個可能性。死亡的不確定性對德性生命的建立，造成很大的壓力。

由於死亡隨時降臨，因此每一個抉擇都可能是最後的抉擇。我們必須非常慎重，不能容許錯誤的發生，因為可能再沒有修正錯誤的機會了。死亡似乎迫使我們必須謹慎明智，全力以赴，勇敢向前，希望能在死亡來臨之前，完成自己的理想。

以上四種人生的有限性，是人的基本限制。一旦他存在於世上，就永遠無法擺脫它們。這似乎是人生必然的悲情，我們必須正視它們，在它們的限制下，以智慧找出自己的人生方向，盡力而為，實踐一個有意義的生命。但謀事在人，成事在天，我們只能理智地盡人事而聽天命了。

三、生命的基本德性

德性生命若要成功發展，必須明白上述的四種人生有限性，這是一個先決條件。但是，我們曾指出，明白這四種有限性，不是由理性的運作或由感官直接知覺的，而是出自智慧的領悟。因此，人生最重要的基本德性就是智慧（wisdom）。

(一)智慧

智慧不是一般所說的聰明才智，聰明才智是用來解決實際困難的思維，它針對特殊的困境，找出特殊的解決方式，以解救一時之困。可是，智慧卻是對人生整體的理解，它在人生的每個時刻中，領悟人生的道理。它有時會犯錯，但這不是技術上的錯誤，而是對人生尚未有深入的認識，不過，它可以在犯錯中，領悟更深刻的道理，領導我們得到整合的德性生命。錯誤似乎能帶來更大的智慧，人是在不斷的磨練中，對人生有更深刻的體會。智慧一方面理解人生的有限性，另方面理解人生的整合性，由此明白人生必須在限

制中求取有意義的整合。

㈡節制（temperance）

　　人在智慧的洞察中，得以對自己有深入的理解，他有自知之明。這樣，他同時明白，德性生命不能過於偏激，只有中庸之道，才能使生命和諧發展。要得到中庸之道，他必須節制自己。中庸是無過與無不及。真正的勇敢是在魯莽與懦弱之中，真正的仁愛是在冷漠與溺愛之中，真正的理智是在狡猾與愚笨之中。即使在生命的細節裡，如飲食、運動、玩耍和休閒等，都必須要節制，不能流於「過與不及」。節制讓生命不致過於放縱或低沈，一切皆能恰到好處。

㈢負責（responsibility）

　　當智慧在自知之明中，作出節制的決定後，人必須為自己的決定負責，全力去實踐它。假若人在作出決定後，不願意為自己的決定負責，則他的人生是空虛的，因為他一事無成。只有一個負責任的人，才能有真實的生命。因此，一旦作出決定，必須全身投入，始有可能得到德性生命。理想不會從空中掉下來，只有努力不懈，始終如一地負責到底，才能得到成果。

㈣勇敢（courage）

　　人生不是一時的和短暫的，人需要堅持和毅力，才能完成人生的使命。只有勇敢的人，才能有毅力地堅持到底。由於人的知識有限，在追求德性生命的過程中，他只能在不確定性中，冒險摸索。由於不確定性和冒險，他常會遭遇挫折和失敗，因此感到氣餒。但他不能放棄，他需要勇氣，克服一切困難和障礙，繼續奮鬥，直至成功。一個負責的人生需要勇敢不屈的精神。

㈤真誠（conscientiousness）

　　在勇敢奮鬥的過程中，人不能自我欺騙。當人錯誤時，他要真誠面對，承認錯誤，因為這樣才能修正錯誤，重歸正途。當他是正確時，他也要真誠理解其原由，這樣才能繼續保持正確。只有真誠理解自己，才能作出適合自己的決定。在與人相處時，也要真誠表現自己，不能欺騙對方，因為真誠的

互動才能彼此關懷，建立友誼，互相扶持。只有在一個和諧的社團中，才能更容易完成自己的德性生命。否則人際間爾虞我詐，彼此侵犯，當然無法得到一個美好的人生了。

㈥整合性（integrity）

　　一個理想的德性生命要讓各種德性得到和諧均衡的發展，過度強調或忽略其中一個德性，會導致生命的失衡，因此，人必須要有能力維護生命的整合性。人有很多不同的德性，使它們能和諧均衡地發展整合起來，可能有多種不同的方式。有些人善於政治，較為適合發展以政治德性為主的生命；有些人善於藝術，較為適合發展以藝術德性為主的生命。不同的人可以發展不同的德性生命，然而無論如何，他不能偏激，必須同時兼顧其它的德性，使之和諧均衡。因此，在人生的過程中，必須時常留意生命的整合性，才不會導致生命的自我衝突。

　　以上六種基本德性，是根據西方哲學立論的，對於習慣中國哲學概念的我們，或許會感到較為陌生。其實，中國哲學也強調德性生命，而且往往以完成德性生命為標的。無論儒道佛三家哲學，都是為了建立理想的德性生命。儒家強調道德人格，道家重視自然無為，佛家主張無執無我，這些都是人生中有價值的性格。我們可以一方面參考西方哲學的主張，另方面把它融合到中國哲學裡，便可以擴大我們的視野，對德性生命有更完整的認識。

四、對德性倫理學的批評

　　德性倫理學重視生命的德性，要建立一個理想的德性生命，但這基本上是自己的德性生命。這種倫理學似乎過於重視自己的生命，以自我為中心，忽略了別人的生命。

㈠自利主義的傾向

　　古代重視德性的哲學家，如柏拉圖（Plato）和亞里士多德（Aristotle），他們認為人的真正幸福是為自己建立理想的德性生命，但他們具有希臘人愛護自己城邦（polis）的觀念，因此仍強調自我犧牲和愛護別

人的德性。但當代有些哲學家漸漸走向個人主義的方向，只關心自己的生命，成為自利主義者。

美國哲學家A.Band認為人的生命是最重要的，一切行為之價值，都是根據它對生命的貢獻而定。但是，他所指的生命，基本上是指個人的生命，因此，個人的生命才是行為的最後目的。我們選擇的一切行為，都是為了自己生命的美好。由於各人以個人的生命為目的，因此要尊重別人的生命，但我們無需犧牲自己去為了別人，也不能要求別人為我們而犧牲。總之，各人首要的目的就是自己個人的生命。

他認為，能真正實現這個理想的社會，只有在無政府的資本主義政治制度下。這種制度不干涉人民的自由，任由人民各自競爭，在不侵犯或強制別人的情況，發展自己的理想。他尊重個人自由，因此贊成人與人的相互競爭，可是，由於他強調以個人生命為目的，便壓抑了對別人慈愛和自我犧牲的精神，故有嚴重的自利主義的傾向。

㈡無法明確指導人的行為

倫理學的目的是要給人指出正確的行為，因此一個無法指導人應該如何行為的倫理學，是一個失敗的理論。我們發現，德性倫理學無法明確指出人應該如何行為。

德性倫理學主張培養人的德性，使之和諧整合，但正如我們所說，人有多種不同的德性生命：孔子的聖人、莊子的真人、佛學的佛陀、宗教的教士、政治家、藝術家、體育家和文學家等，都可能是理想的德性生命。德性倫理學沒有清楚指出那種德性生命才是最可貴的，也沒有指出要如何才能找到它。德性倫理學似乎只提出生命的大方向，卻沒有指出其中較具體的內容，或得到這個內容的方式。它好像只要求我們要謹慎選擇人生的方向，卻不指導我們選擇什麼和如何選擇。在指導行為方面，它似乎是空洞的。

㈢無法應用在日常生活中

日常生活的一些具體的行為，也需要倫理學的指導。例如我好久沒有和妻子外出吃晚飯，今晚有一個機會，我要考慮是否要去。如果根據德性倫理學的主張，我首先要考慮這個行為有沒有培養我的德性，例如對妻子的愛

心。然後我要考慮培養這個愛心，有沒有忽略其它的德性？例如有沒有忽略家中父母孩子的照顧？有沒有破壞對朋友的友誼？有沒有妨礙我工作的責任感？等等，並且，我還要考慮這個行為是否妨礙以後德性生命的發展？如果在決定一個行為時，要考慮這麼多的因素，則是難以作出決定的。

由於德性倫理學重視生命的整合，因此它把行為與生命整體關連起來，它的優點是讓人能明白行為的最終目的是要追求和實現理想的生命，不過這卻使行為的判斷牽連到太複雜的因素，使人難以決定日常生活的具體行為。可是，效益主義和義務論卻把行為從生命中獨立出來，視之為單一的對象，則它們對於日常生活的行為便較容易作出判斷。

第七章
人格成長理論

　　人生是一個不斷成長的過程。有些人在他的成長過程中，對他的自我發展非常認同和肯定，認為這就是他的人生，因為他發展出一個真正屬於他自己的生命。但有些人卻不能認同他自己，他否定他自己，認為這不是他真正要求的人生，因為他發展出一個不屬於他自己的生命。對於前者，我們可以說，在他的人格成長中，他得到他的人格同一性；對於後者，則他失去他的人格同一性，他無法認同他自己，甚至是否定他的自我。

　　例如有一個人，他立志要成為一個音樂家，他在不斷的努力中，克服很多困難，終於得償所願，成為一個音樂家，那麼，他當然肯定他的成長，認為他成為真正的自己，因此他得到他的人格同一性；然而，假若在他的成長中，他最後成為一個建築工人。這時，他無法認同那就是他的真正自我，甚至討厭和否定他自己。在這樣的自我發展中，他似乎歪曲了他本來的自己，把自己變為不是他自己。我們可以說，他無法得到他的人格同一性。

　　在西方哲學，有兩種重要理論，說明如何在自我成長的過程中，依然能讓人保持人格同一性，第一種理論稱為自我發展論（theory of self-development），我們以法國哲學家沙特（J. Sartre）為代表；另一種是自我實現論（theory of self-realization），我們主要討論彌爾（J. Mill）的主張。

一、自我成長理論的基本概念

(一)可能性（possibility）與抉擇（choice）

　　從自我成長的觀點看，人一旦活在世上，他總是邁向將來，不斷發展

他自己。從整個成長的過程看，人的一生不是指他已經得到的種種經驗和成果，他不是過去經驗的總和。例如在說明一個大學生時，不能僅說明他過去的童年、小學、中學及現在的大學生活，因為從整個成長的過程看，他將來可能成為社會的成功人士或領導人物。所以，我們需要同時強調人的將來。我們有時會說，「他是一個有出息的人」或「他是一個沒出息的人」。這時，我們已經留意他的過去和現在，甚至把他關連到將來去，否則我們無法判斷他是一個有出息或沒有出息的人。所以，一個完整的人，還要包括他的將來。換言之，人不是已經成為他自己，他要在將來繼續成為他自己、完成他自己的同一性。

人總是面對和邁向將來，他要作為一個行為者（human agent），藉著他的行動去爭取成為他自己、完成他自己。至於他能否完成，那要看他是否努力爭取或甘願放棄，及是否找到適當的方式去完成它。總之，他能否完成他自己，關鍵是在將來，不是目前。

然而，人的將來不是被決定、被封閉或被限制在固定的方向和目的上。他是自由的，他的將來是開放的，這是說，在他的面前，有很多可能性（possibilities）。有些可能性會讓他失敗，受到挫折；有些可能性卻能導致成功，讓他喜悅。若人慎重面對自己的生命，會發覺每一個可能性都是相當嚴肅的，因為走在不同的可能性上，會把自己塑造成不同的人，得到不同的人生。例如，堅毅地走在一個對朋友友愛的可能性上，則會把自己塑造成一個友愛的人，否則會成為一個冷若冰霜、冷漠無情的人；走在一個勇於任事的可能性上，則把自己塑造成一個勇敢的人，否則會成為一個懦弱無能的人；走在一個行善的可能性上，則會把自己塑造成為道德的君子，否則會成為一個作惡多端的小人。各種不同的人生不是自然而來、從天而降，而是在各種可能性上，努力獲取的。

人有許許多多可能性，即表示人有各種潛能（potential），等待將它們實現出來。但是，人若完全不自覺或不慎重選擇自己的可能性，則只是一個糊裡糊塗、一事無成的人，因為他毫無目的、不反省地生活，無法把自己的潛能實現出來。所以，人必須自覺他的面前充滿各種可能性，它們嚴肅地影響他的人生。每一個可能性似乎是人生的一個分叉（branching），循著不同路向，帶他到達不同的目的地。但是，正由於它們是分叉的，則往往不能共

存（incompatible）。要成為一個醫生，往往就難以成為體育家；要成為一個體育家，往往就難以成為貿易公司的總經理。因為在一方面，人的時間不是無限的，若是無限的，則他在理論上可以一個接一個去實踐他的可能性，直至全部將它們實現出來。可是，他的時間有限。死亡就是他的時間的終結者，而人人必會死亡，故他能實現出來的，僅是在他死亡前有限的可能性而已。

由於人無法完成他的一切可能性，所以他必須抉擇，但只能抉擇一個或幾個可以共存的可能性。體育選手和老師是可以共存的，因為他可以當體育選手又同時教導學生，但體育選手與貿易公司總經理便難以共存了。於是，人不僅要抉擇，而且要慎重地抉擇。

再者，人生的抉擇是相當嚴肅的，不僅因為它塑造我們的性格，限定我們的人生，而是因為抉擇往往難以重新再來，它是難以回頭的（irrevocable）。機會往往一去不復回。若選擇當體育選手，奮鬥多年後，才發現自己不合適，要重新抉擇去當貿易公司的經理，那是相當大的損失，而且可能做不到。正如一個大學生抉擇了讀哲學，總難以在讀了兩三年後，才轉到別的系去，因為這要付出太大的代價，或許沒有能力和時間再付出了。於是，慎重抉擇成為人的成長過程中得到其同一性的重要關鍵。

㈡全心投入（commitment）和堅持不懈（perseverance）

在人的自我成長中，他不是只作出抉擇，就可以完成他自己，得到他的同一性。一方面，有很多人生的可能性需要長時間才能完成；另一方面，在成長的過程中，常會遭遇很多障礙，必須逐個克服，才能完成自我的成長，所以，自我成長必須全心投入於自己的抉擇中，努力實踐和堅持不懈。人生有很多悲劇就是因為在作出抉擇後，沒有全心投入、堅持去實踐它。有時投入其中後，卻又不努力和無法堅持。所謂自暴自棄、半途而廢就是最好的例子。這些人都無法完成他們自己，認同自己的生命。

另外，即使沒有障礙，也有很多可能性必須靠努力才能完成。由白手興家到億萬富翁，必須要努力和堅持。懶惰、鬆懈就無法完成自己了。同理的，要成為一個成功的領導人物，也需要非常努力和堅持，這是說，人在選擇後，必須全心投入他的選擇，不斷奮鬥。在這個過程中，人當然會遭受

各種挫折和失敗，但他不能因此放棄，必須堅持下去，才可能完成自己的生命，認同自己。

從全心投入和堅持不懈的觀點去看一個人，他是在不斷抉擇和持續奮鬥的過程中發展自己，每個人都不是我們剛才所說的，是種種過去經驗和目前成果的總和，而是向前選擇了一個計畫（project）、投身在計畫中，往著將來，且也擁有他由過去的計畫所累積的經驗和成果。當人往後看時，他看到他的過去：各種過去的計畫及努力奮鬥而來的成果，也有由於失敗而放棄的其他計畫和成果，換言之，他看到他過去的成功與失敗帶來的經驗和成果；但當人往前看時，他看到他目前承擔的計畫，還有很多其它可能的計畫，而且，這些計畫或許成功，也或許失敗。在目前的計畫中，有多個實踐它的可能性，他要作出抉擇、投身進去、堅持不屈。人生中的每一個時刻，就是這兩方向的交接點（juncture）。他站在這點上，往後看（retrospective）他以前種種的成果，知道他受到它們的限制，但同時也向前看見（prospective）他已在一個計畫（project）上，這是他從多個計畫中抉擇出來的。這時，他面對很多可能性，等待他的抉擇，再繼續投身於其中、努力不懈，而且，他不知道他是否成功或失敗，一切只能靠他的努力和堅持了。人是在這樣的一個交接點上，在自我成長的過程中完成自己的生命，以求認同他自己。

二、自我發展論：沙特的存在主義

在亞里士多德，理性是人的本性。人有理性，則在自我成長的過程中，他要根據理性作出抉擇。一個真正的人不會放棄理性，接受非理性的欲望驅使，背棄自己的本性，成為非理性的人。基本上，亞里士多德哲學是強調抉擇的。近代哲學家在討論自我成長時，大都根據亞里士多德的理性和抉擇這兩個概念，再稍作一些修正。

我們可以從以下的方式修正亞里士多德的哲學。亞氏認為人要經由理性的抉擇，將潛能或潛在的品德（virtue）實踐出來，這似乎是說，人早已有各種潛在的品德，而理性在抉擇時，只能在它們的限制下去完成自我成長。人的自我成長沒有絕對的開放性，它是受到限制的。存在主義者也強調抉擇，但他們更強調，人的可能性是開放的，人的抉擇不受任何固定形式的限制，

即使他受限制，但他仍可以超越限制，作出真正自由的決定。換言之，人的將來是完全開放的，完全由自己決定——沒有任何條件能絕對限定他。由於人完全由自己決定，則他要對自己的選擇負責——無論成功與失敗，都是自己一手做成的。在自我成長中，無論人成為什麼，完全是自己的責任，與任何外在條件無關。這是沙特的存在主義（existentialism）由強調人的自由而建立的理論，可稱為自我發展論（theory of self-development）

另一種自我成長理論稱為自我實現論（theory of self-realization），它正如亞里士多德，強調在人格成長的過程中，人必須作出理性的抉擇，但人受到各種先天的限制，他不能無視他的限制，魯莽作出抉擇，反而，理性的抉擇先要明白人的本性、品格、個性，甚至是環境的限制，才能實現生命的目的。

我們先說明沙特的自我發展論，然後再說明自我實現論。

(一)存在先於本質

沙特認為，人是一個自我決定者，這是說，在自我成長的過程中，他總是由他自己去決定他自己，沒有任何條件可以先天地決定他。他的決定不僅為他抉擇一個可能性，同時也決定了他自己，或者說，他決定了他自己的本質或本性。因此，人的存在先於他的本質。沙特有一句名言：「存在先於本質」。這可說是他的哲學精髓。

對於別的東西，無論它是生物（獅子、老虎等）或非生物（桌子、椅子、計算機等），它們的本質是被決定的，這是無法改變的事實。獅子要吃東西去延續牠的生命，吃飽就會睡覺，肚子餓了再醒來找東西吃。這些都是由牠的本質決定，牠生來就是如此、不能改變的，所以牠沒有別的選擇；再者，桌子是高的、硬的、可以放東西的，這也由它的本質決定。它不能選擇成為不高、不硬和不可以放東西，否則它就不是桌子了。一個電腦的運作雖然變化萬端，但它只能按照原來的程式工作，不能超出它早已具有的設計。這些都是他們固定不可改變的性格，限制了他們的反應或活動。若根據神學而論，這是因為當這些東西被創造時，神根據某些固定的觀念，作為它們的本質。所以，它們的本質先於它們的存在。

但人不同，他沒有固定不變的內容，亦即他沒有固定的本性，因此人的

存在是沒有限制的。人不是被創造的，若被創造，則他被創造時的內容或觀念決定。這樣，人永遠被它們限制，無法突破。沙特由此反對有神論，因為神的存在蘊涵了人在抉擇時的先天限制性。沙特指出，人不是在他的本質限制下作出種種反應或活動，因為人可以發現，他總是可以做別的。無論他在抉擇或要做任何行為時，他都是可以抉擇別的或做別的。因此，他不是受限制的，也沒有東西能預先決定（pre-determine）他。在自我成長中，人沒有任何固定的設計或內容，使他只能做這樣，而不能做別的。沒有任何東西可以決定人的可能性，人是絕對自由的。人之所以沒有絕對的限制，是由於他的「存在先於本質」。當他存在時，他沒有本質，因此沒有東西可以預先決定他。即使他存在後，由抉擇和實踐創造了他的個性或品格，但由於他的存在是優先的，因此他依然可以超越它們，作出自由的抉擇。

在西方傳統哲學，大體上都主張「本質先於存在」，這是說，先有一個事物的意義或觀念，才有該事物的存在。例如，上帝先有獅子的觀念，才會創造出獅子的存在。先有宇宙萬物的觀念，才能創造出它們各自不同的存在。因此，萬物都被限制在它們的本質中，無法突破。同理的，人要先有桌子的觀念，才能做出桌子。這些觀念或意義，就是事物的本質，本質限制了事物的發展。但沙特反對這種主張，因為人是不同的，他不是先有一個本質或意義，然後才存在於宇宙中，永遠受其限制。人是沒有本質的，他來到世界中，得以存在，然後在他持續的存在中，藉著抉擇和實踐來獲得他的本質，沒有任何東西能預先決定他的抉擇。他抉擇理性，則他的本質成為理性的；抉擇非理性，則其本質就成為非理性；勇敢則成為勇敢，懦弱則成為懦弱；樂觀就樂觀，悲觀則悲觀。所以，他成為什麼本質或內容，都是他自己的存在做成的。他的存在決定了他的本性。沙特又說：「人不是別的，他是由他自己做成的。這是存在主義的第一原理（Man is nothing else but that which he makes of himself. This is the first principle of existentialism）」。

(二)抉擇與價值

人在抉擇時，他不僅抉擇了自己的本質，同時也是選取或決定了他自己的價值標準。正如你要決定作一個儒者，你同時決定：儒者比其它的可能性更有價值。你決定讀哲學，就同時決定：哲學是有價值的。價值不是早已被

決定，而是由人在自我發展時，根據自己去決定的。我們不能說，神已決定愛上帝是最高的價值，並進而限制我們一定要選擇它。反而，價值是根據人的抉擇而定。人自我決定成為教徒，則愛上帝是他的最高價值。他若自我決定作一個商人，則賺取金錢是他的最高價值。價值基於個人的抉擇。

再者，價值也不是別人幫我制定的。在世俗的價值觀裡，金錢、名譽、地位和權力都是有價值的，但這只是別人建立的，不一定是我自己的價值標準。我根據自己的抉擇制定我的價值標準。若我抉擇要成為一個清靜無為的人，則我不重視世俗的價值，反而認為它們都是負面價值的──只會使我更為沈淪。所以，價值建立在個人的自我發展的抉擇中。人抉擇自己的可能性，就是創造了自己的本質，建立自己的生命方向和內容，也選取了價值的標準或價值系統。

(三)抉擇與本真存在（authentic existence）

在存在主義者，真正的抉擇一定是自己的抉擇，這是說，不能讓別人為我們作出抉擇。在我們的生長過程中，父母幫我們抉擇、老師也幫我們抉擇、社會的群眾、媒體的言論，也在暗中幫我們抉擇。若我們不自覺、毫不反省地按照這些意見，不作慎重的考慮、正視自己的抉擇，和勇敢承擔自己的決定，則都不是真正的抉擇。在自我發展中，人必須自覺，正視當下這個存在是我自己的，勇敢承擔它的抉擇，堅持不屈地貫徹，無論成功與失敗，都是要由自己負責的。這樣，人才會作出慎重的抉擇，而這才是真正的抉擇。

但人在面對可能性時，往往由於害怕承擔風險，便猶豫不前、不敢作出自己的抉擇，轉而把自己的抉擇拱手他讓，盲從別人的意見，這樣不僅使自己失去真正的抉擇，更使自己成為非本真的存在（inauthentic existence）。他只是隨著社會的運作中的一個小零件而已。人要成為本真的存在，必須正視、自覺和承擔自己的存在，作出慎重的抉擇，且全心投入自己的抉擇中，堅持不懈地貫徹它，完成自我的發展。

人能自覺自己的存在，在存在中作出抉擇，則人自覺到他是自由的，因為他總是自覺到，在他的每個抉擇中，他總是可以不選擇這個，而選擇別的。沒有任何既定的條件迫使他必須作出某個特定的選擇。他總是可以選

擇別的，因此，他是絕對自由的。他的抉擇都是他作為自己的主人，他不受制於外在的條件。由於他的抉擇是自由的，是基於他自己而作出的，因此，無論他作了什麼抉擇，他都要為它負責。他在抉擇中把自己塑造成聖人或小人、好人或壞人、成功與失敗、正確或錯誤，這都是自己做成的，都該由自己負責，這是說，若人把自己塑造為成功的，則該受讚美的是他本人，不是別的因素。我們不能說，這是上天的安排，而讚美上天；也不是由於他的命運好，而讚美或感謝他的命運；同理的，若人把自己塑造成失敗的，則該受責備的是他，不是別的因素。我們不能說，那是由於別人為他決定的，所以不要責備他。其實，他讓別人為他作出決定，是因為他放棄自己的抉擇。根本上，任何人的成果都由他自己的抉擇做成，也是由自己負責的。沒有人是被迫接納別人的決定的，最後還是自己選擇了接納別人的決定。存在主義者認為，我們不該說：「我沒有別的抉擇，我是被迫這樣做的。」

㈣批評

沙特的哲學似乎認為，人在抉擇時，他的意識可以由他自己完全控制（total control），可以完全不受其它條件的限制。人的自由範圍極端廣大，幾乎完全不受其它條件的限制，因為他認為，意識總是可以超出一切限制，由自己作出決定。他認為，人總是可以選擇別的，而這個「別的」所涉及的範圍幾乎是無限。不過，在抉擇時，人的意識能否完全不受外在條件限制呢？

我們可以發現，有些抉擇受到外在條件的限制。例如有些人有自卑感，人之所以自卑，當然是發現自己不如他人，才會自卑的。譬如，人發現自己長得醜陋，因此而自卑。當然，我們知道，人無法控制自己長得醜陋或漂亮，但沙特認為，自卑是由自己抉擇而成的，這是說，人自己決定他要在眾人面前自卑的。其實，他可以不選擇自卑的。

可是，讓我們反省一下，在這個例子裡，我是發現我長得醜陋，才會自卑的。但根據沙特，我的自卑是由我自己決定的，其實我可以選擇不自卑。在這個情況下，我或許真的可以選擇不自卑，但我總不能選擇自豪或驕傲得不得了吧！換言之，我們難以在發現自己是醜陋的同時，反而選擇驕傲，所以，我不是毫無限制地作出抉擇的。同理的，我不能在失敗的時候，自我抉

擇有成功時的喜悅。或許，人的生長環境──社會、家庭、師長和朋友等因素，都會對人產生非常深刻的影響，因此也會限制他抉擇的範圍。人總不能在一個毫無音樂的環境裡，抉擇成為一位音樂家。所以，人的抉擇或人的自由，總是受到外在環境所影響。抉擇的範圍依然是有限的。人的自由不是完全無限或完全由人自己控制。所以，沙特認為人能完全控制他的抉擇，擁有絕對的自由是難以成立的。

三、自我實現論（self-realization theory）

　　根據沙特，人抉擇時，他不僅決定了他的本質，也同時抉擇了一個價值系統或價值判準（criterion of value）。正如上文曾說的，當人抉擇成為一位儒者時，他決定了他的本性是儒者，也同時抉擇了儒家的價值系統或價值判斷，他會以儒家的價值標準來衡量事物或言論的價值。於是，存在主義者沒有提供一個客觀的價值判準，讓我們依此作出適當的選擇。價值判準是人自由抉擇後的成果，不是抉擇前的判準。因為在抉擇前，假若有價值判準，則它限制了人的抉擇和自由，這亦即預先由一個設計或觀念去限制人的存在，這就違反了「存在先於本質」的格言。然而，沒有客觀的價值判準，則人無法明白那個抉擇才是合理的，他因此無法作出合理的抉擇。

　　自我實現論者卻認為，當人在抉擇時，是有價值判準的。

㈠馬斯路（A. Maslow）：需求的層次（hierarchy of needs）

　　馬斯路是一位心理學家。在他的觀察裡，他發現人的確有抉擇，但為何他會作出抉擇呢？他認為這是由於人有各種需求（needs），他需求某物，才會抉擇它；不需求它，當然不會作出抉擇。但是，人的需求有不同的層次。在這個層次（hierarchy）中，他先抉擇最基礎的需求，一旦獲得滿足後，他才會抉擇較高層次的需要。人逐層往上追求，作出更多的抉擇。馬斯路的工作是說明這個需求的層次，他是要作出描述（description），說明人在實際生活中，他的需求所根據的層次架構，由此理解他的抉擇。他不是要提供一個規範（prescription），指出人應該追求那些需求或什麼需求才是有價值的。基本上，他的工作是純粹描述的，不是規範的。

他認為，人最基本的抉擇由生理學（physiology）決定，這是關於他的生存（survival）方面的──例如食物、生殖和生命安全。基本上，人的基本需求是以生存為第一優先，然後次第提升到關於人文和知識方面。當人的生存需求得到滿足後，他會選擇愛或被愛，正如父子之愛和兄弟之愛。當他得到關懷和愛以後，他需求尊敬和諒解，繼續就是需求自我的成長（self-realization），這時他會追求知識、理解事物，接著是對藝術的領悟。

人總是希望獲得更多方面的滿足，只要有一種需求尚未滿足，就會繼續追求，但他會先從較低層次的需求開始，在得到滿足後，才再追求更高層次的滿足。如果較低層次的需求尚未滿足或受到威脅時，他對較高層次的需求便會消失或全無興趣。正如當人的生存受到威脅，他不會追求愛或被愛，更不會需求受到尊敬和諒解。並且，當他的需求尚未得到滿足時，他會焦慮和不安，繼續追求。因此，他總是設法去獲得更多的滿足，這導致他在得到較低層次的滿足後，會再追求更高層次和更多的需要。

馬路斯的需求層次似乎預設人是一個自然的動物，對於自然的動物，生存當然是最基本的，也是最重要的。可是，人或許是一個理性的動物，對於理性的動物，他的基本需求或許不是生理學的生存，而是理性的活動。亞里士多德說過，人的本性是求知，或許人可以為了真理而犧牲生命。那麼，我們似乎有必要反省一下，馬路斯的需求層次是不是正確說明人的需求呢？

㈡彌爾：抉擇的基準（normative criterion of choice）

彌爾是幸福論的效益主義者，他認為要抉擇那些可以讓我們得到幸福的可能性。在人面對的各種可能性中，可以導致幸福的，才是值得選擇的。不過，我們不是單純把各種可能性獨立出來，只考慮它帶來的幸福，毫不計較其他的因素。人的成長過程是漫長的，我們尚要考慮這個漫長過程的其它因素。因此，抉擇是受到限制的，而且只有明白這些限制，才能使抉擇得以實現，否則不僅不會帶來幸福，甚至會帶來挫折，讓自我成長無法順利完成。

彌爾提供三個基準，規範我們的抉擇：

1. 豐富性（fecundity）

其實，人生的每一個抉擇，都會影響生命以後的發展，所以我們不能把抉擇看成單一的、孤立的事件，而必須考慮它對人生的深遠影響。當人抉擇

一個可能性後，可能導致更豐富和更多的可能性，讓他的抉擇範圍擴大；也或許它會封閉或收窄以後的抉擇範圍，讓他的可能性減少。所以，最好的抉擇是它會導致更大的抉擇範圍或開放更豐富的可能性。反過來說，人不應抉擇一些封閉的可能性，亦即一旦選擇了它，會封閉或收窄了以後的可能性。最明顯的例子就是自殺，因為自殺把人的可能性完全切斷。

如果兩個可能性我都可以實現，我應該抉擇那個讓我以後有更廣大的抉擇範圍的可能性。例如，我可以放任自己、不讀書、不追求知識；我也可以發憤用功，努力讀書，增加知識。面對這兩個可能性，我要如何抉擇呢？根據彌爾的豐富性基準，我應該抉擇後者。因為一個有知識的生命可以使我有更豐富的能力，讓我以後能勝任很多工作，使我有更多的選擇。因此，知識豐富了我以後的抉擇範圍，它為我帶來更豐富的可能性。反之，無知的人是一個沒有能力的人，即使有很多可能性在他的面前，他都無法勝任，也沒有條件去選擇它們。因此，無知封閉或收窄了人的可能性，是我們不應該選擇的。根據彌爾的主張，人要抉擇成為一個有知識的人，不要讓自己成為無知。

2. 整合性（integrity）

剛才的基準要求人在作抉擇時，要它能開拓更豐富的可能性，使他以後有更廣大的選擇範圍。愈能開拓更豐富的可能性的，則是更有價值的抉擇。這個基準不是無條件的，它尚需另一個條件的限制。因為即使在抉擇後，我們努力實踐它，開拓更豐富的可能性，但假若它們無法配合我們的理想或既有的成果，甚至是與之衝突，則它們對我是毫無用處的，甚至會抑制以後的生命發展。因此，開拓出來的可能性，尚需能與我們的理想和已得的成果配合，才能達致自我成長的完成。換言之，在抉擇時，我們尚要考慮，由此開拓出來的可能性，能否整合到我的生命中。

例如，當我考上大學，我要考慮念那個科系，我可以選擇念哲學或電機。我發現電機系可以為我的人生帶來更豐富的可能性，因為目前的社會非常需要電機人才，而且這種工作升遷很快，給我很大的幸福。但哲學無法使我將來有較多的選擇，因為目前的社會不大需要哲學人才，即使我找到工作，也不會有太多的升遷機會。那麼，從豐富性基準而言，我應該選擇念電機。

　　然而，這樣的考慮似乎尚欠周全，因為我尚要考慮，念電機系能否整合到我目前的生命裡，和它能否與我的生命理想整合。的確，念電機系可以豐富我的可能性，但假若我自己非常喜歡哲學思考，而且我在這方面已經得到一些成就，也願意以哲學生命為自己的理想。那麼，雖然念電機系可以帶給我更豐富的可能性，但它們不一定能整合到我目前的生命中，也不一定能整合到我將來的生命理想裡。難道我要為電機系帶來的工作、金錢和職位，犧牲我目前的成就和以後的理想嗎？

　　再者，有些抉擇的確可以開拓更豐富的可能性，但是，抉擇受到目前環境或個人成就的限制。假若我目前是一位五十歲的哲學老師，即使我非常希望能為一位國際體育明星，而一個國際體育明星可以讓我做更多有意義的事情，但這個可能性難以整合到我目前的生命裡，因為我已經沒有體力成為體育家了。因此，在考慮一個抉擇時，不僅考慮它帶來的豐富性，尚要考慮它的整合性。人要為自己創造更豐富的可能性，但只有能整合到自己生命的可能性才是可行的。

　　然而，存在主義者不能無條件接受整合性基準。沙特認為，人的抉擇是不受限制的，一切都可以從頭再來，以前的成就不是決定地限制人的選擇。它們的確會影響他，但人依然是絕對自由的，他可以超出一切限制。只要他願意從頭再來，他可以放棄以前的一切，從頭開始。大壞蛋可以重新做好人，流氓也可以當教授。人的生命可以重生，所以，根本不用考慮以後的可能性能否整合到目前的生命裡。

　　不過，存在主義的主張可以成立嗎？即使生命可以重生，一切可以重新開始，但自我成長若要成功，它依然要服從整合性基準，因為在重生的生命中，它的各個選擇仍必須整合成一個完整的生命，否則每個時刻都在重生中，生命成為無窮的片段。

3. 尊重別人

　　剛才的兩個基準都是關於個人的，它們不涉及別人的權益。可是，從人道或人際的觀點看，人的自我成長過程必與別人相關，因為人生是在社團中、與人相處。若到處受人排斥、抗拒和蔑視，則難以實現自己的理想和實現自我。於是，抉擇需要遵守另一個基準：尊重別人。人與人之間，一定要互相尊重，這是說，人不應自視過高，認為自己的想法和行為較別人重要，

可以凌駕他和蔑視他。相反的，人要認為他與別人是同等重要，各有自己的理想和實踐理想的方式，讓各人自由追求自己的抉擇，完成自我的成長。對於尊重別人的方式，西方哲學有兩個重要主張：A.自由主義（libertarian）：它強調尊重個人的權利，各人有權利以自己的方式去追求自己的抉擇，因此不能蔑視他們自主的權利，將之視作自然資源，利用他們；也不能強將自己的抉擇加諸別人之上，要別人接受；也不能強迫別人接受自己的價值標準。基本上，各人皆是獨立自由的主體，不應受到外來的壓迫。B.平等主義（egalitarian）：自由主義強調個人的權利和個人自由，忽略人際間的互相照顧和關懷。平等主義主張人人平等，因此，當社會中出現弱者，或發現不平等的情況時，尊重他們就是要幫助他們、照顧他們，讓他們和我們一樣，彼此在平等的方式生活，追求各自的理想。

第八章
儒家修養論

　　以下三章討論中國哲學的倫理學問題。倫理學所關心的是價值以及實踐的問題，實際上中國儒釋道三教都是直接關心價值與實踐的問題，因此也可以說三教哲學都是倫理學，這也是我們常說中國哲學是人生哲學的緣故。倫理學就是在人際互動中產生的關於價值確定與實踐方式的理論問題，關於價值確定的部分，本書將之置放在價值意識的本體論一節中討論，關於實踐方式的部分，即是以下三節要處理的問題。中國哲學的倫理學議題中的實踐方式問題，是直接表現在三教的工夫理論上的，工夫論的討論從價值的確定到主體的實踐，蘊藏著豐富的問題意識。這些問題有其問題意識上的共通性，但更有著因學派的差異而來的差異性，因此在討論中國哲學的倫理學觀念時，適宜將三教分開來處理。

　　本章討論儒家的工夫論，工夫論是傳統中國哲學的專有術語，就當代的使用而言，也會以修養論稱之。但是，就道教工夫論而言，卻多用修煉論的術語，而佛教則使用修行的概念。基本上，僅僅從事心理意志的培養鍛鍊的活動，即是以修養論說之。而涉及身體鍛鍊的活動，則稱修煉論。而佛教則是明確地同時進行心理及身體的培養鍛鍊，故而又有修行論的術語使用。

　　事實上，儒家的培養意志的活動主要就是就著心理狀態的涵養、察識而進行的，關注在心理狀態上是否以儒家價值意識為判斷的標準，至於身體的處理，向來不是問題的重點。宋明儒者有提到靜坐的工夫，但是這個靜坐的工夫可以說就是靜靜地坐著以調理正確的價值意識，從而堅定主體的意志，而不是注重靜坐所產生的身體狀況的改變，那是道佛兩教的打坐及禪定工夫的理論意義。

　　就儒家心理修養意義的工夫論而言，這就包括了儒家的本體工夫、工夫次第及境界工夫的問題。本體工夫直接進行心理培養及意志鍛鍊，關鍵在

價值意識的定位，以及主體意志凝煉的動作。儒家哲學所談的本體就是這個價值，這個價值當然就是終極價值，終極價值也就是本體，因為儒家的工夫主要就是價值意識的心理修養活動，因此儒家的所有工夫都是本體工夫，只是本體工夫之間有次第的問題，以及有特殊的達到境界以後的境界工夫的形式。工夫次第問題是在說明在各種本體工夫的項目中有何先後、本末、體用的關係，關鍵在定位先後各種工夫的知識意義以及彼此的關係。境界工夫問題說明在主體已達至修養的最高或較高境界時，主體的特殊活動方式為何，關鍵在指出如何維持主體處於最高級的純粹狀態中的心理意境。

以上三項是屬於工夫理論的部分，但還有兩類與工夫理論關係十分密切的思想，一是工夫實踐的要求，二是工夫實踐的記錄，寬鬆地說，這兩項也是屬於工夫理論的部分，精確地說，它們是要求做工夫的話語以及對實踐活動的紀錄。空有工夫理論而不去實踐這並不是建立理論的目的，因此有哲學家務力於要求實踐，而形成理論創作的重點特色。又，理論與活動畢竟不同，落實於實踐中的具體活動經驗是更珍貴的資產，因此值得予以記錄而保存並流傳之，這就是語錄的角色，它正是展現工夫理論的經驗意義的思想作品。

一、本體工夫

儒家的本體工夫就是針對儒家價值意識的心理培養及意志鍛鍊的活動，因此儒家本體工夫的模式即是對價值意識的實踐，因此所有以主體修養來實現價值的命題都是本體工夫的命題，例如志於仁、明明德。當然如果所敘述的項目被陳述得較為具體，則也可以稱為具體操作智慧，例如重賢人、親師友、勤讀書。又因為這種實踐是在主體心理活動的意義上進行，所以也會以主體的存有類別概念來表述本體工夫的意旨，例如盡心或盡性。儒家的本體工夫從《論語》開始就已義涵豐富，《孟子》更是儒家本體工夫講得最準確，並永遠被引為核心命題的系統，此後《中庸》、《易傳》則續有創造及發展。自是以後，則不再是本體工夫的創造問題，而是其它哲學問題的混淆與澄清所形成的爭辯問題。

(一)孔子以仁孝禮爲價值目標的具體實踐要求

孔子在《論語》中提出許多實踐要求，它們就是孔子的具體操作智慧，一般以格言或道德教條說《論語》中的孔子觀念，其中就是以「仁、孝、禮」的價值爲核心觀念，從而展開爲《論語》中無數的具體操作要求，從工夫論的脈絡說，孔子是提出「仁、孝、禮」價值的本體工夫，因他談得較爲具體，因此也可以說是具體操作智慧。孔子提出的實踐要求，條目繁多，包括：勤奮好學、以德治國、孝親無違、友愛兄弟、遵守信用、遠離異端、正當娛樂、里仁爲美、禮讓爲國、見賢思齊、行己也恭、事上也敬、養民也惠、使民也義、老者安之、朋友信之、少者懷之、居敬行簡、文質彬彬、博學於文、博施濟眾、述而不作、信而好古、志道據德、依仁游藝、爲之不厭、誨人不倦、興於詩立於禮成於樂、毋意毋必毋固毋我、過則勿憚改、克己復禮、剛毅木訥、以文會友、以友輔仁、泰而不驕、貧而無怨、富而無驕、見利思義、見危授命、仁者不憂、知者不惑、勇者不懼、以直報怨、以德報德、君子固窮、殺身成仁、有教無類等等具體實踐要求，成爲儒家君子的爲人典範，一般人能據以實踐，便能成爲君子。具體實踐要求也都是歸屬於本體工夫，只是它說得比較具體而已。

(二)孟子盡心、養氣、立志的本體工夫

孟子在儒家本體工夫的建立上有開創義理之功，關鍵即在孟子使用了存有類別概念來說本體工夫，如「心、性、情、才氣、天」等，這就使得孔子多方言之的具體操作智慧能收攝在幾個核心的價值概念裡，如「仁、義、禮、知、善」等，而取得高度的抽象普遍性，從而成爲儒釋道三教談本體工夫的基本形式，這就是孟子哲學的最重要的創作。筆者之意並不是說具體操作智慧過於繁多，需要改進，而是說要談普遍性的工夫理論問題，就需要有相當的抽象程度，至於就實踐活動之所需而言，具體操作智慧仍然是切實有效不嫌繁多的。但是孟子卻因爲「心性情才氣天」的存有類別概念的使用，因此能以簡御繁地以「仁義禮知」爲心性的良知良能，從而準確地提出本體工夫的根本形式，如「盡心知性知天、存心養性事天、求放心、養浩然之氣、盡其才、立命」等等，也就是說，當孟子以仁義禮知之良知良能爲人人固有之本心本性，而建立了性善說之後，所有的工夫修養活動便皆是以此一

本心、本性的意志純粹化為意義，不論此本心本性是以氣說、以情說、以才說、以命說皆是同一意思。

由性善說而帶出工夫論之義如下：「乃若其情，則可以為善矣，乃所謂善也。若夫為不善，非才之罪也。——仁、義、禮、智，非由外鑠我也，我固有之也，弗思耳。故曰，求則得之，舍則失之。或相倍蓰而無算者，不能盡其才者也。」（〈孟子告子篇〉）這就是說，既然本心中已有仁義禮知，順著自然人性之情，即必然可以為善矣，並不需要違背或扭曲本性，只要願意去做，就能發揮出來，當然若不去做，那也就等同於失去它了。但也因此，如果不去發揮它，也等於是自己不能盡其才了。既然仁義禮知為固有的，所以做工夫就是從固有的本心中發揮出來，因此叫作「擴而充之」，「凡有四端於我者，知皆擴而充之矣，若火之始然，泉之始達。苟能充之，足以保四海；苟不充之，不足以事父母。」（〈孟子公孫丑篇〉）如果不去擴而充之，便是「自暴自棄」，「自暴者，不可與有言也；自棄者，不可與有為也。言非禮義，謂之自暴也；吾身不能居仁由義，謂之自棄也。仁，人之安宅也；義，人之正路也。曠安宅而弗居，舍正路而不由，哀哉！」（〈孟子離婁篇〉）這就是建立了性善說之後的強力的理論效果，既然人性中固有仁義禮知之德性，便需要在日常生活中表現出來，離了仁義德目，就是自暴自棄，不可與有言及不可與有為矣。

本心本性既是善的，因此可以說擴充此本心即是工夫，同時，也可以說把放失的本心找出來也是本體工夫，「仁，人心也；義，人路也。舍其路而弗由，放其心而不知求，哀哉！人有雞犬放，則知求之；有放心而不知求。學問之道無他，求其放心而已矣。」（〈孟子告子篇〉）生活上稍有失去仁義德目的行為之時，即是放失本心之義，求放心，即是回到仁義之路上，這也還是性善說格局下的本體工夫，因此一個性善說既可說擴充工夫也可說求放心工夫，端視要從主體自身的本性處說，還是要從主體已在滑失了的情緒狀態中說。

可以說孟子在人性論的層次上建立了性善說之後，於是可以說擴充、及求放心、及盡心、及盡其才的工夫話語，但是人性論的依據即是本體論，因此孟子由性善說的本體工夫就直接接上了天道的普遍原理，也就是本體論的本體，所以又能說出知天及事天的本體工夫論的話語，「盡其心者，知

其性者；知其性，則知天矣。存其心，養其性，所以事天也。殀壽不貳，修身以俟之，所以立命也。」（〈孟子盡心篇〉）說到這裡就是澈底的本體工夫的格式了，亦即是以整體存在界的價值意識為主體修養的心理蘄向，心性天合為一事。孟子也以養氣說來談本體工夫，並且在儒家本體工夫中極具有代表性，「夫志，氣之帥也；氣，體之充也。夫志至焉，氣次焉。故曰：持其志，無暴其氣。」（〈孟子公孫丑篇〉）「持其志無暴其氣」就是以價值意識為意志的主宰而不以欲望情緒為主導，說氣即是說情，只是情需以心志為主導，因此，這也等於是盡心工夫。又見：「敢問夫子惡乎長？曰：我知言，我善養吾浩然之氣。敢問何為浩然之氣？曰：難言也。其為氣也，至大至剛，以直養而無害，則塞於天地之間。其為氣也，配義與道；無是，餒也。是集義所生者，非義襲而取之也。行有不慊於心，則餒矣。」（〈孟子公孫丑篇〉）本文中之氣仍是情，故而「浩然之氣」即是情之順此本心本性而行時之精神昂揚的狀態。

由於孟子建立了性善說的人性論及本體論，所以在工夫理論方面便極易發揮，只要提高人們的自我價值意識即能鼓動人心自做工夫，這點，孟子就是最能藉由提高人們的自尊心而要求人們做工夫的理論家，「公都子問曰：鈞是人也，或為大人，或為小人，何也？孟子曰：從其大體為大人；從其小體為小人。……先立乎其大者，則其小者不能奪也。此為大人而已矣。」（〈孟子告子篇〉）大體就是仁義禮知的本性及普遍價值，小體就是私欲私利，有尊嚴的人當然是要爭做大人的，孟子即以此說鼓勵之並要求之。又見：「有天爵者，有人爵者。仁義忠信，樂善不倦，此天爵也；公卿大夫，此人爵也。古之人，修其天爵，而人爵從之。今之人，修其天爵，以要人爵。既得人爵，而棄其天爵，則惑之甚者也，終亦必亡而已矣。」（〈孟子告子篇〉）天爵就是價值意識的普遍原理，也就是仁義禮知四者，人爵就是人間的利祿權勢，有尊嚴的人會自我要求追求天爵，也就不以人爵為重，至少不會為了人爵而捨棄天爵，這就是藉由提升人的尊嚴而說出的本體工夫論的模式。孟子正是確立儒家本體工夫的最早系統，陸王心學即是承此而發揮者。

(三)《中庸》言誠的本體工夫

　　《中庸》這一部著作，是儒家哲學的重要理論創作之一，《中庸》所討論的哲學問題項目繁多，包括：「中庸修養德目及自評」、「鬼神觀念」、「文武周公讚辭」、「社會禮制及具體政策」、「本體工夫」、「聖人境界」等。其中論於本體工夫者，主要以「誠」概念作為最高價值，亦即本體，而談的誠的本體工夫。可以說《中庸》之作中的工夫理論已經達至相當成熟的階段了，亦即它已有清楚的形上學、本體論的觀念，因此也就有了清楚的本體工夫的觀念。

　　《中庸》誠的本體工夫如下：「誠者，天之道也。誠之者，人之道也。誠者，不勉而中，不思而得，從容中道，聖人也。誠之者，擇善而固執之者也。」說天之道即是說價值意識的普遍原理，說人之道即是說人的本體工夫。聖人是誠者，也就是完全實踐了本體工夫以致完全實現了普遍原理的理想人物，因此自自然然、不需勉強、從容而行，這就是做工夫已經有境界了的狀態。至於一般人則是在進行誠之者的本體工夫，那就是還在需要勉力為之之時，故而說是擇善固執。《中庸》之作的價值意識之本體以「誠」概念定位之，誠概念的意旨重點有二，其一為不息、其二為善，誠與仁義禮知的價值本體在義涵上是一致的，都可總說為就社會體制範圍內的性善論的本體論意旨。

　　《中庸》有明確的本體論思維，也有以存有類別的概念以說本體工夫的形式，此即盡性的本體工夫觀念：「自誠明，謂之性；自明誠，謂之教。誠則明矣，明則誠矣。」單純純粹地由性善的本性中發揮出來的作為是自誠而明，由純化了的誠意志之作用而通曉事務而正確處置，這是由本性而發的工夫形式。由理性的知解而進入價值的堅定是自明而誠，這是教化事業的目標，這也還是本體工夫。自誠明即是盡性，盡性即是連著教化，自我教化完成隨即教化天下：「唯天下至誠，為能盡其性。能盡其性，則能盡人之性；能盡人之性，則能盡物之性；能盡物之性，則可以贊天地之化育；可以贊天地之化育，則可以與天地參矣。」《中庸》之作藉由誠的價值本體，要求主體實現此價值本體之在於人存有者的人性之內的價值意識，此即盡性。盡性是從人性說本體工夫，盡心是從主體說本體工夫，兩造的價值意識是相同的，只是存有類別概念的使用不同，一為人性義之性、一為主體義之心。

《中庸》說的盡性與孟子說的盡心實是同一本體，因此也就是同一個本體工夫。事實上儒家的本體工夫不能是有多個，不論是從存有類別的概念說，還是從價值意識的概念說，不論是盡心、盡性、事天、知命、盡才，還是自誠明、自明誠、行仁義、守禮、求知、盡孝、明明德、行善等等，這些命題之間可以有概念使用的區別，甚至是就著工夫次第的討論而說的先後遠近內外的分別，它們都還是同一個本體工夫，而並非本體的價值意識本身有若何的出入。

㈣《易傳》言善的本體工夫及具體操作智慧

　　《易傳》由十篇易學相關創作組成，基本上是以儒家的價值意識配合社會體制的階層管理思想為理論的主軸，其中有眾多以仁義價值為中心的具體操作智慧，也有以存有類別概念所提出的本體工夫的命題。其中作為解釋卦辭的《彖傳》與解釋爻辭的《小象傳》，基本上就是發揮了社會體制階層關係中的仁義價值思想，告訴人們在內外、上下、遠近各種關係結構中的應對進退之道，而主軸的宗旨就是仁、義、禮、知與誠、善的價值思想。

　　其中，《彖傳》與《小象傳》是藉由卦爻辭的解釋，將卦爻辭視為人在社會體制上下階層間的處世哲學，而從儒家價值意識的立場中提出來，因此就會有若干條目是直接提出本體工夫的命題的。例如泰卦《彖傳》「泰，小往大來吉亨，則是天地交而萬物通也，上下交而其志同也，內陽而外陰，內健而外順，內君子而外小人，君子道長，小人道消也。」泰卦乾下坤上，由於乾為陽將上升，坤為陰將下降，於是泰卦上下交流，而萬物得以亨通發展，象徵上下位的君臣百姓之間可以心意相通。同時也就說明了平常處世必須要「內陽外陰、內健外順、內君子外小人」，這就是本體工夫，這樣才是「君子道長，小人道消」之道，以上正是藉由卦辭的解釋而提出本體工夫的例子。

　　又例如屯卦初九《小象傳》：「象曰：雖磐桓，志行正也，以貴下賤，大得民也。」是說在環境不佳的時候，並不急切行動，因為志向正大，一定要等待時機才作為。以及以高尚的德行自我期許，但是卻不介意表面上暫處卑位，仍然善待百姓，因此大得民心。這就是藉由爻辭的解釋提出本體工夫的例子。

　　至於《大象傳》就更直接地是一條條的道德教條，也就是具體操作智慧的本體工夫，如乾卦《大象傳》「象曰：天行健，君子以自強不息。」說明效法乾卦健行不已的精神，君子應勤勉努力治學治國；坤卦「地勢坤，君子以厚德載物。」說明效法坤卦胸襟廣闊的精神，君子應修養德性，協助萬事萬物的發展；屯卦「雲雷屯，君子以經綸。」說明效法屯卦強力突破的精神，君子從中體會經綸天下的勇敢氣魄；蒙卦「山下出泉，蒙，君子以果行育德。」說明效法蒙卦源源不絕的精神，君子應堅定德性的立場等等。可以說《周易》有六十四卦，而《大象傳》就有六十四條具體操作智慧的本體工夫，要求於君子一一實踐，這正是《易傳》之作中最具有本體工夫色彩的部分。

　　《繫辭傳》討論的問題很多，其中有本體論的建構，更有本體工夫的討論，例如上傳第五章：「一陰一陽之謂道，繼之者善也，成之者性也。仁者見之謂之仁，知者見之謂之知。」即是建立善、仁、智的本體價值，說明在天下事務順著陰陽作用的往來變化歷程中，易道的普遍原理即在其中展現，並且是善的價值意識在推動著它們的作用，而參與這一切事業作為的人類，是因為共有著善性的價值本性，所以易道的事業才能在人們的努力中完成。此外，《繫辭傳》上傳第八章及下傳第五章則是重複引述在《周易》經文及《象傳》、《小象傳》中的本體工夫的話語中，再予強調，顯示對本體工夫的具體操作觀念的重視。尤其特別的是，下傳第七章挑選了九個卦作為進德修業的核心價值，並分三個層次討論：「易之興也，其於中古乎？作易者，其有憂患乎？是故履，德之基也；謙，德之柄也；復，德之本也；恆，德之固也；損，德之脩也；益，德之裕也；困，德之辨也；井，德之地也；巽，德之制也。履和而至，謙尊而光，復小而辨於物，恆雜而不厭，損先難而後易，益長裕而不設，困窮而通，井居其所而遷，巽稱而隱。履以和行，謙以制禮，復以自知，恆以一德，損以遠害，益以興利，困以寡怨，井以辨義，巽以行權。」第一個層次是說明這九個卦在進德修業事業中的角色，第二個層次是說明它們各自的具體操作方法，亦即具體作為的本體工夫，第三個層次是說明它們作用之後的效益。

　　儒家工夫理論，主要就是本體工夫，而本體工夫主要就是價值意識的堅持，也就是心理進路的修養活動，將意志力凝定於價值意識中，以價值意

識為行為的準則，要追究的就是價值以及價值在具體實踐時的操作觀念，從孔子的仁孝禮，到孟子的善與仁義禮知，到《中庸》的誠及《易傳》的仁善等等，其實就是這幾個核心的價值概念在作為儒家的價值意識之本體以及本體工夫的標的。此後之儒家工夫論哲學的創作，要不在具體操作智慧的本體工夫上發揮，要不談的是工夫次第的問題，要不就是談工夫已達最高境界時的境界工夫問題，至於價值意識的本體及本體工夫的觀念是無從翻新或爭辯的。

二、工夫次第

儒家的工夫次第問題，最清楚地表現在先秦的《大學》之作中，「物有本末，事有終始，知所先後，則近道矣。」就是明確地要談工夫次第的問題，隨後「格致誠正修齊治平」即形成了一個工夫次第的序列。宋明儒學家從二程開始著重討論《大學》理論，工夫次第的問題意識十分被看重，但也極易引起不同意見的爭辯，可以說南宋以至明代的儒學問題即是工夫論中的工夫次第問題、本體工夫問題和境界工夫問題的混淆及澄清之爭辯史。

㈠《大學》中的工夫次第說

《大學》言：「大學之道，在明明德，在親民，在止於至善。」說明十五、二十歲以上的成年之人，即應實踐大人之學，大人之學的要點，即是彰明德性、治理國家以愛護百姓、最終以天下太平的終極至善為追求目標。目標確定了之後，便能：「知止而后有定，定而后能靜，靜而后能安，安而后能慮，慮而后能得。」這是因為「物有本末，事有終始，知所先後，則近道矣。」亦即到了要討論以治理國家而追求天下太平的大人之學時，應該對所有的操作項目講究其先後次序，因為每一項事業的進行都是關涉眾人的，儘管志向遠大立意良善，若不能掌握處事的進程，則天下人的事業也是未必能成功的。於是：「古之欲明明德於天下者，先治其國，欲治其國者，先齊其家，欲齊其家者，先脩其身，欲脩其身者，先正其心，欲正其心者，先誠其意，欲誠其意者，先致其知，致知在格物。」是說所有的君子聖人的理想都是最終要彰顯德性而致天下太平的，但是想要天下太平的理想能夠實現，

必須先完成自己國家的治理，否則何以談天下太平？同樣地，要治理國家必須先完成自己家庭的管理，後者又必須先完成自己的德性修養，這又必須先貞定自己的心志，這又必須先純化自己的意念，而這又必須在認識上先確定好所要追求的目標，而這一個在認識上確定的事業就需要真正接觸事務、研究事務、了解事務。一旦做好了最後一點，則便是一路向上，下學上達，便可以逐步完成最終理想了，如其言：「物格而后知至，知至而后意誠，意誠而后心正，心正而后身脩，身脩而后家齊，家齊而后國治，國治而后天下平。」這其中的「格、致、誠、正」就是君子的自我修養之道，也就是本體工夫的內涵，所有的人都應以此為大人之學的起步工作：「自天子以至於庶人，壹是皆以脩身為本，其本亂而末治者否矣，其所厚者薄，而其所薄者厚，未之有也。」格致誠正的基本工夫做好了，則修齊治平的外王事業也就能一一落實了，這就是工夫次第的哲學問題，而「格致誠正修齊治平」中的每一個項目，也都還是本體工夫。這就是《大學》這部著作的重要貢獻，君子聖人的本體工夫絕不是獨善其身的活動，而是兼善天下的事業，因此在效果的達成上是有一次序的進程的，亦即要完全做到了前一層的工夫才能落實後一層的工夫，倒不是必須在操作的時間序列上一定要先做前者再做後者，而是說明在完成的次序上必須有前階段的實現才會有後階段的效果的。

(二)《中庸》已發未發說中的工夫次第問題

　　《大學》這種工夫次第的思考，在後來的儒學理論建構中，則使得「知行關係」問題以及《中庸》的「已發未發」問題的討論都有了次第的問題意識在裡面。北宋儒學家程頤即就《中庸》「已發未發」問題談出了一個未發工夫，因而與已發工夫有了區別，「若言存養於喜怒哀樂未發之時，則可；若言求中於喜怒哀樂未發之前，則不可。」又問：「學者於喜怒哀樂發時固當勉強裁抑，於未發之前當如何用功？」曰：「於喜怒哀樂未發之前，更怎生求？只平日涵養便是。涵養久，則喜怒哀樂發自中節。」此即是說於喜怒哀樂已發之時要勉強裁抑以使發而中節，至於平日生活中的喜怒哀樂之未發之時則要涵養之，以作為已發之中節的基礎。這個說法在南宋朱熹則發展成為「未發涵養已發察識」的工夫次第理論，但是所要涵養與察識的價值意識其實都是相同的，就是仁義禮知誠善等等，此外，隨著人們的能力的提升，

原本是已發後才能察識到的價值決斷問題，也會下降為平日未發時即能涵養到的事務，至於功力更深、境界更高之後，則不需察識也不需涵養，而是從心所欲不逾矩了，這時說的就是境界工夫了。因此涵養察識先後之說是作為一個工夫次第的問題而存在的，但若以為這是兩種本體工夫的爭辯就錯了。

(三)程頤與陸象山的先知後行說

　　就格物致知的先後關係而言，一方面是《大學》文本詮釋的討論，一方面是知行先後問題的討論。就這點而言，程頤、朱熹、陸象山、王陽明等人的意見都是相通的。先說知行分作兩件事看時，自有先後問題，程頤言：「故人力行，先須要知。非特行難，知亦難也。」這就是明說知的工夫要先於行的工夫，就理論上的理由則是：「未致知，便欲誠意，是躐等也。學者固當勉強，然不致知，怎生行得？勉強行者，安能持久？除非燭理明，自然樂循理。性本善，循理而行是須理事，本亦不難，但為人不知，旋安排著，便道難也。」這是針對《大學》的文本詮釋，是說實踐者若尚未能在認知上切實明白，則要他戮力行之則只能是躐等，效果終不長久，「不知格物而先欲意誠心正身修者，未有能中於理者。」一旦知之深切，則於實踐上便樂於為之。並且所謂的知之深切，則必然是落實於行動者才是真正的深切，程頤：「知至則當至之，知終則當遂終之，須以知為本。知之深，則行之必至，無有知之而不能行者。知而不能行，只是知得淺。飢而不食烏喙，人不蹈水火，只是知。人為不善，只為不知。知至而至之，知幾之事，故可與幾。知終而終之，故可與存義。知至是致知，博學、明辨、審問、慎思、皆致知、知至之事，篤行便是終之。如始條理，終條理，因其始條理，故能終條理，猶知至即能終之。」也就是說程頤強調知得明白從而行得實在，因此先有一知的工夫需要講求，但是知的工夫的切實落實就是要真正實行，否則便是知得不真，所以程頤既是「先知後行」之說，但也是「知行並重」的立場了。這也就旁及了對於《中庸》文中「博學審問慎思明辨篤行」一文的理解，亦將之視為前四者是講知的工夫，後一個是講行的工夫，因此主張《中庸》已經有「先知後行」的立場。

　　無獨有偶地，這些意見在陸象山文集中幾乎都是相同的，陸象山亦言：「乾以易知，坤以簡能。先生常言之云，吾知此理，即乾，行此理，即坤。

知之在先，故曰乾知太始，行之在後，故曰坤作成物。」在本文中，陸象山甚至提出《易傳》之作中也是講究先知後行的次第，同樣地在《中庸》甚至《孟子》書中也有這個先知後行的次第的強調，陸象山：「為學有講明，有踐履，大學致知格物，中庸博學審問謹思明辨，孟子始條理者，智之事，此講明也。大學修身正心，中庸篤行之，孟子終條理者，聖之事，此踐履也。物有本末，事有終始，知所先後，則近道矣。欲修其身者，先正其心，欲正其心者，先誠其意，欲誠其意者，先致其知，致知在格物，自大學言之，固先乎講明矣。自中庸言之，學之弗能，問之弗知，思之弗得，辯之弗明，則亦何所行哉。未嘗學問思辯，而曰吾唯篤行之而已，是冥行者也。」也就是說從《大學》中明白說出的先格致再誠正修齊治平的先知後行的工夫次第理論，同時在《易傳》、在《中庸》、在《孟子》都是有同樣的立場的，而陸象山還將知行概念以講明和踐履來發揮，而這也正是程頤的立場，程頤的工夫次第理論完全為朱熹繼承，而陸象山亦言於程頤共同的意見，可見就工夫次第問題，陸象山與朱熹在理論的立場上亦是相同的。哲學史研究上常就朱陸之爭作文章，究其實，多半不是理論問題的意見，而是個人修養的意氣之爭。

㈣王陽明的知行合一說

　　就知行問題的討論而言，有理論主張上的釐清問題，那就是必須先有正確的知識才能有正確的實踐，但是真正的認識卻必須是待切實的實踐之後才算真。也有對這個理論的是否實踐的要求問題，若不去實踐，則光討論孰先孰後孰真孰假也是沒有意義的。王陽明便將知行概念予以同一，而追求既是理論的正確更是實踐的完成之效果，王陽明：「知是行的主意，行是知的工夫，知是行之始，行是知之成，若會得時，只說一箇知，已自有行在。」這就是先知後行及真知必行之說的合一，又言：「知之真切篤實處，即是行，行之明覺精察處，即是知，知行工夫，本不可離。只為後世學者分作兩截用功，失卻知、行本體，故有合一並進之說，真知即所以為行，不行不足謂之知。」這就是對前文的討論之必須真正落實於實踐的澈底反省，結果知就是行、行就是知，從真正實踐完成義說，知行是合一的。從程頤到象山到陽明，幾套意見其實層層扣連，並無對立之處，就算所強調的重點稍有不同，

亦是能形成一個互相深化的系統，而不能視為有意見上的對立。

　　總之，一切儒家的工夫皆是本體工夫，就其不同對象、不同項目的差異而言則有先後次第的釐清之所需，此時就是工夫次第的問題，所以，工夫次第問題雖不同於本體工夫問題，但絕不是對立於本體工夫的立場的。

三、境界工夫

　　儒家的境界工夫問題，較明確地出現在宋明儒學的討論中，主要就是程顥哲學的特殊型態在彰顯的，《識仁篇》言：「學者須先識仁。仁者，渾然與物同體，義、禮、智、信皆仁也。識得此理，以誠敬存之而已，不須防檢，不須窮索。若心懈，則有防；心苟不懈，何防之有！理有未得，故須窮索；存久自明，安待窮索！此道與物無對，『大』不足以明之。天地之用，皆我之用。孟子言『萬物皆備于我』，須『反身而誠』，乃為大樂。若反身未誠，則猶是二物有對，以己合彼，終未有之，又安得樂！《訂頑》意思，乃備言此體，以此意存之，更有何事。『必有事焉而勿正，心勿忘，勿助長。』，未嘗致纖毫之力，此其存之之道。若存得，便合有得。蓋良知良能，元不喪失。以昔日習心未除，卻須存習此心，久則可奪舊習。此理至約，惟患不能守。既能體之而樂，亦不患不能守也。」程顥說的識仁並不是還在要求知仁的本體工夫階段，而是意志已經完全純熟的境界階段。於是渾然與物同體，即是主體已能完全以全體人民的福祉為自己行止進退的量度了。在這種狀態下要追求的就是保持守住而不是勉力增進，所以說以誠敬存之即是。由於主體已與物同體，故無私心私意，故而不須防檢，不須窮索，因為此心並不懈怠，故而不需勉強戮力，這就是境界工夫的功力展現，而不是下學上達的本體工夫。故而此一以誠敬存之的作為亦是未嘗致纖毫之力者。由此可見程顥所說的「識仁」工夫是就主體已經真正認識了仁義禮知之價值意識，並已經堅定地持守了的狀態而說的，亦即是主體做工夫已達至境界的狀態而說的功力展現階段。當然，要達到這個階段仍是要做工夫的，「以昔日習心未除，卻須存習此心，久則可奪舊習。」存習此心以奪舊習就是做下學上達的本體工夫，工夫純熟之後，即能體之而樂，既能體之而樂則當然不患不能守，因為此時已經真正「識仁」了。

　　以程顥此類思緒為原型，則可見出孔子的話語中已出現多次境界工夫的思維，例如：「七十而從心所欲不逾矩」，這就是主體修養已臻化境，沒有任何私欲私利，因此從心之所思、從口之所言都是符合仁義價值的事情，這就是說到了境界工夫的功力展現階段的事情了。《論語》中曾點之說亦有同樣的意境：「暮春者，春服既成；冠者五六人，童子六七人。浴乎沂，風乎舞雩，詠而歸。」孔子請弟子各自暢說自己的心志，弟子們各自說出了心中的理想，代表了自我期許的價值目標及自我追求的人生理想，都是價值上符合儒家本體論以及行為上同於儒家本體工夫論的說法，但是孔子獨獨讚許曾點的意境，曾點其實沒有提出正面的社會理想及人生目標，他只是說出了一種心境，這種心境的達至代表了主體的修養已達一切明白、圓融通透、而安然自適，價值意識上當然仍是儒家的仁義禮知，但是此時關切的是那種在實踐上已經落實了以後的心境，因此在情感上就不停留在下學上達的勉力為之的階段，所以說得盡是些愜意恬淡的生活景象。

　　說境界工夫不是說不必做工夫，而是說工夫達至最高階段時的主體狀態，主體若不做工夫，也不可能達至那樣的狀態，以為境界工夫是不做工夫的工夫而對立於一般下學上達的本體工夫者，則又是一個哲學基本問題的錯置。明代王陽明的「四句教」及「四無教」之爭，其中「四無教」就都是境界工夫的意旨。所以王陽明自己明說對於任何人而言，「無善無惡是心之體，有善有惡是意之動，知善知惡是良知，為善去惡是格物。」的「四句教」就是他的宗旨，沒有絲毫問題，因為它是說得一般人做工夫的正常狀態，是從主體不活動，到在一般狀態下的活動，到發動良知本體的工夫，並務力實踐的活動之一系列過程，只有利根人才是「一悟本體即是工夫，人己內外一齊俱透了。」，因此就是「若說心體是無善、無惡，意亦是無善、無惡的意，知亦是無善、無惡的知，物亦是無善、無惡的物矣。」，這就是說境界的「四無教」，「四無教」仍然不是不做工夫，只是它是在說做工夫已達純熟的境界階段，陽明弟子多有在本體工夫及境界工夫上互相攻擊的現象，這當然是哲學基本問題的錯置的結果。

四、要求做工夫

　　儒學是為追求成聖人成君子之學，若只管理論建構及義理辨正而不落實於生活中實踐之，則儒學便失去社會的影響力量，這並非儒者的理想，因此儒家的要求做工夫的話語是極為眾多的，而所要求要去做的工夫亦即是本體工夫，因為所有的儒家工夫理論都是本體工夫的型態，只是本體工夫中有次第問題，也有達到最高境界的意境持守問題，也有要求要去確實實踐這個本體工夫的話語，以及對本體工夫的實踐的活動記錄等等進路上的差異。從《論語》的文字中就有要求作工夫的話語，例如：「先行其言，而後從之。」意思就是說對於有價值的事情不是光說說而已，而是要先去做，做到了才說自己主張這個價值，這就是對於實踐的要求。又如：「子路有聞，未之能行，唯恐有聞。」這是在誇獎子路是一個能立即實踐的人物。《孟子》的著作中亦多有要求做工夫的話語，例如：「故苟得其養，無物不長；苟失其養，無物不消。孔子曰：操則存，舍則亡；出入無時，莫知其鄉。惟心之謂與！」這就是在說要不要實踐理想全然在於主體的一心之中，因此要求主體必須切實操存之。

　　南宋儒學家陸象山的思想更是以要求做工夫為主軸，「千虛不博一實，吾平生學問無他，只是一實。」他對於自己是真能切實踐履一事是十分自信的，因此也就總是嚴厲地要求別人也要切實做工夫。「先生居象山，多告學者云，女耳自聰，目自明，事父自能孝，事兄自能弟，本無少缺，不必他求，在乎自立而已，學者於此，亦多興起。」由於對人性是善的可能性象山堅定不移，因此直接提出做工夫的要求，學生因此也較能受他的感動而能自我要求，所以象山立論的宗旨就是要求做工夫一事，「或有譏先生之教人專欲管歸一路者，先生曰，吾亦只有此一路。」這一路就是立志做工夫，立志做君子聖人，「吾之學問，與諸處異者，只在我全無杜撰。千言萬語，只是覺得他底，在我不曾添一些。近有議吾者云，除了先立乎其大者一句，全無伎倆，吾聞之曰，誠然。」有人譏笑他成天只說要人立大志，他卻說我確實就是如此，我只是確實實踐了所學所知之事，所以象山確實只有一路，就是對自己確實實踐，對他人要求做工夫。並非象山在儒家哲學的基本哲學問題上無所見，或所論不深，而是他的哲學話語重點不在說明義理，而在要求直

接做工夫。

　　釐清了要求做工夫的話語型態，就不致誤認說本體論、存有論、本體工夫論的話語型態在實踐的能力上不如要求做工夫的話語，而了解到這都是不同的問題層次。

五、語錄

　　語錄是對工夫活動的記錄體文字，是工夫理論中的一項特殊表現的環節。在語錄體的著作特質上，佛教，特別是禪宗的語錄，就是記載實踐活動的進路，禪宗的修行在於心意的轉折調理，因此語言的往來就是修行狀態的直接展現，因此語言往來的活動紀錄就是修行的實況。至於儒家的實踐實況則主要是保留在歷史材料及奏章議論中的，而不是以語錄作為工夫理論的一個環節，當然，儒家也還是有語錄體的文字，而儒家的語錄多為記錄儒者的理論言說，這樣就跟其它的理論性作品的型態較為接近，在儒家的語錄中展示工夫活動的作品雖然不多，但仍是有，其中就屬陸象山最為特出，也正因此他被指責為近禪，明儒羅欽順就直指陸象山文集中的語錄而說其為近禪。這當然是誤解，事實上只是本體工夫的形式相同而不是價值本體相同，禪宗是做本體工夫最有見地的宗派，象山、陽明也是儒者中最能做本體工夫的大家，都是哲學基本問題沒有釐清，才會把象山、陽明當作近禪而予以指責的。

六、結論

　　本章以儒家工夫論為討論主題，正好展示了工夫理論的幾個次級問題的型態，這將一方面有助於消彌儒學史上許多不必要的理論衝突，另方面有助於認識道佛兩教工夫理論的特質及三教理論的差異。

第九章
道家修煉論

　　講中國哲學的倫理學，需就三教不同的脈絡分開來講，因為倫理學就是要講價值問題，而三教的差異基本上就是價值意識的不同，因此在價值上形成爭辯的對立立場，所以不能只以共通的問題討論就算完成，而是要深入三教各自的價值建構中，才能將各家的倫理議題說清楚。另方面三教的世界觀不同，各家所要追求的理想的落實領域亦不同，亦即三教倫理學議題在問題上已經是不完全一致，因此在主張立場上的差異就更大了。

　　從道家的脈絡來談倫理學議題時，又有一個與儒佛不同的特殊情況，那就是道家的內部有道家與道教的兩種理論型態。我們說道家時指涉的是老子、莊子、列子、淮南子、河上公、嚴君平、王弼、郭象等哲學理論系統，說道教時指的是老子想爾注、天師道教、全真道教……等等涉及它在世界知識及理想的宗教哲學系統。為討論方便，我們仍以道家統稱之，特別談道教時，才使用道教一辭。

　　本書對中國哲學的倫理學議題的討論集中在工夫論中，並且以三教不同型態特色的工夫論為章節脈絡。本章標題為道家修煉論，其實道家並不都是修煉論，道家也是有修養論的。修煉論指的是對身體的鍛鍊，目的在提升身體的能力，由於道教系統中多有它在世界的認識，因此需要特殊的身體鍛鍊工夫，以企求對它在世界的溝通，甚或進入它在世界進行永恆的存有活動。不論是否涉及它在世界，道家哲學中涉及身體活動的工夫理論始終是大宗，因此我們以修煉論說道家的工夫論。至於修養論，從老子哲學開始，就是修養論為主，並且一直併隨著道家、道教工夫論知識的發展，修煉論雖然強調身體的鍛鍊工夫，實際上都伴隨著心理的修養。因此，討論道家的修煉論，其實還是從修養論談到修煉論。

一、老子的工夫修養論

老子哲學中的工夫論的觀念主要是修養論的型態，但是也有修煉論的部分，老子的修養論觀念十分明確清晰，並且是從價值意識的本體論上清楚地推演出來的，老子的價值本體以「無為」標宗，因此修養論即是實踐「無為」的價值，老子言：「反者道之動，弱者道之用。」，其中「反者道之動」就是老子觀察社會人事變化而得出的定律，它的意思直接說就是事務是朝向對立面運行發展的，深入說其實是指任何個人過度的意欲及行徑都會遭到他人的厭惡甚而棄絕的，因此自以為優異的條件卻轉成被他人唾棄的項目，強變弱、美變醜，所以事務朝向對立面運行，並且多為使人遭受厄運。若要避免這個困境，就不要有過度的意欲及行徑，這就是「弱者道之用」，也就是要謙虛、卑下，這樣才能保持優異的條件，直至永遠，老子談論修養觀念的核心意義就是如此。

以此價值意識為基礎，老子提出了領導者的修養智慧：「是以聖人處無為之事，行不言之教，萬物作焉而不辭，生而不有，為而不恃，功成而弗居。夫唯弗居，是以不去。」這就是說有智慧的領導者，希望事業能推動成功，但是卻不需要讓自己事事站到第一線，並且絕不利用地位去享受事業推動過程中的利益，亦不事事張揚，到處表功，任何事情讓它們自然地發生成長，成長了以後的所有利益也都只屬於眾人，而不去主張自己的功勞與福利。對於一個能夠福利大眾的領導者，事實上大家心中都是感謝的，但是一旦居功邀功，則人們的感念也就慢慢淡下去了，有智慧的人根本不去居功更不會邀功，因此人們對他的敬意與謝意就一直保留了下來。這一段文字就是非常標準的老子型態的處世智慧，也正是老子談自我修養的工夫論理論，只管給予，決不攘奪，奉行「弱者道之用」的操作智慧，因此就不會被眾人捨棄而遭到「反者道之動」的厄運。

為了彰顯「弱者道之用」的修養智慧，老子言：「聖人抱一為天下式。不自見故明，不自是故彰，不自伐故有功，不自矜故長。夫惟不爭，故天下莫能與之爭。」「抱一」就是要始終堅守著「守弱、不爭、無為」的原則，向來不將自己突出於眾人之表，不自見、不自是、不自伐、不自矜都是不標榜自己、不突出自己的態度，在公眾事務的處理過程中，任何人要突出自己

就是私心欲望的流露，處理公眾事務就是要給予而不是要搶奪，不突出自己、不搶奪功勞、始終付出，則眾人對這個領導者的感念便不會停止，一直都願意是這位領導者來領導，於是若有其他人想要爭奪這個領導者的職位，便不易成功，這就是領導人不爭功，則天下人都樂於繼續由他來領導，於是不可能有人能超越他的領導地位，因此這個領導地位便是穩固地永遠屬於他。當然聖人並不是專為鞏固這個地位而做為，而是為公眾的事業而做為，他的心意就是成就公眾的事業，只是這個成就的操作重點在於讓眾人共同參與，讓眾人一同獲得事業成功的成就感，聖人只做觀念的供應及倡議者，以及條件的布置及安排者，這就是：「是以聖人後其身而身先，外其身而身存。非以其無私邪？故能成其私。」眼看著公眾事務的炫麗多彩、順利推展，卻看不到觀念倡導者及條件提供者的興奮的參與熱情，而是參與者個個興奮熱情，聖人表面上置身事外，是為了讓眾人全力投入，而這一切的結果，在聖人的心中早已規劃完成，所以其實聖人是身先且身存於這個事業之中的。因為他不以攘奪私利為目的，因此他要追求的事業理想便都能獲得眾人共同的參與，因此易於成功。

要做到完全為了公眾的利益而做為的境界，那麼領導人的自我反省以及消除私欲的修養工夫就很重要了，因為在事業推動的過程中，會不斷地有私人利害關係的引誘，所以領導人必須不斷地克服私欲的誘惑，才不會因為私欲而傷害了事業的本身，所以不斷化消私欲就是保證公眾事業成功的關鍵，這就是工夫論意義的無為：「為學日益，為道日損。損之又損，以至於無為。無為而無不為。取天下，常以無事；及其有事，不足以取天下。」學習知識是要日積月累，但是追求智慧就要不斷減損，減損的就是欲望，在任何公眾事務的環節中私人的欲望都不出現，那麼公眾的事業就一定會順利達成，而所有的公眾事業都是牽涉眾人且影響整個社會的，也就是一個天下人的事業，「取天下」的實義就是能處理天下人的事務，「常以無事」就是「無為」的意思，就是努力做事但不於其中貪求個人私利，一旦私利跑出來，也就是損的工夫尚不澈底，那麼他人的反感就會出現，就會有人出來爭奪領導權，這就是「及其有事，不足以取天下。」

以上是老子的修養論，但是老子也有身體鍛鍊的修煉工夫，「載營魄抱一，能無離乎？專氣致柔，能嬰兒乎？滌除玄覽，能無疵乎？愛國治民，

能無知乎？天門開闔，能無雌乎？明白四達，能無為乎？」這其中的第一、二、三項都是身體鍛鍊有關的工夫，它表明人的精神魂魄應該收斂凝聚，人的身體氣場應該像嬰兒般地清明柔軟，人的心理狀態應該不隱藏任何的雜念私意，這是涉及心氣神的人體存在結構的知識，老子卻並未在它處提供更清楚翔實的知識說明，因此這幾項身體鍛鍊的工夫跟老子書中的其它文字並沒有形成系統一致環環相扣的體系，可以說老子有見於身體鍛鍊的工夫，卻尚未建立綿密的理論，因此需要後人的繼續創造。

二、莊子的工夫修養及修煉論

　　莊子哲學意旨豐富，既有氣化宇宙論，亦有逍遙價值的本體論，莊子宇宙論又是有神仙存在的世界觀，莊子的本體論又是由對人間世界的反省而建立基本命題的。因此說到莊子的工夫論，便是有心理修養進路的本體工夫，以及身體鍛鍊進路的身體工夫。理論上最終要成就的是一位「肌膚若冰雪，淖約若處子。不食五穀，吸風飲露。乘雲氣，御飛龍，而遊乎四海之外。其神凝，使物不疵癘而年穀熟。」的仙人，但是落實到人間的則是「明王之治，功蓋天下而似不自己；化貸萬物而民弗恃；有莫舉名使物自喜；立乎不測，而遊於無有者也。」前者是有特殊身體能力的神仙，後者至少是老子型態的功成不居的聖人，而再增加一些神祕性。對於這樣的聖人境界，應如何做工夫以達到呢？嚴格地說，莊子的工夫論是有交代但不澈底的，意思是說莊子確實有工夫論的觀念提出，但若說要達至莊子自己所標示的最高境界的神仙理想人格，則莊子在工夫論上的觀念提供是不夠清晰明確的，倒是在辨正價值觀上莊子有許多的巧智比喻甚至寓言表達，因而具備豐富的工夫論知識內涵。因此對莊子的工夫論的介紹，將要說明莊子對現實世界逍遙價值的提出，以作為心理修養的工夫進路，以及說明莊子對身體鍛鍊的觀念，以作為宇宙論進路的身體工夫的知識。

　　莊子提出「兩行」的心理修養觀念，指出人類總是對於不需要爭辯的事務爭辯不已，從一個更高的智慧來看，人類各自所追求的對立兩造的目標，在價值的天秤上常常是一樣的，因此智者即應「聖人和之以是非而休乎天鈞，是之謂兩行。」亦即放下對立，兩邊皆可。其次莊子提出「以明」的

修養智慧，指出人類對於已有的技能，常有顯耀的心態，於是會者與不會者都在拼命表露自己，共構一幅小丑表演的圖像，事實上最高的技藝是擁有即可，為爭相表現而表現的動作是完全沒必要的，這也表示人間世界的許多行為以及爭執都是不必要的，智者應保持一個不行為的冷靜，「是故滑疑之耀，聖人之所鄙也。為是不用而寓諸庸，此之謂以明。」，「以明」就是以清明的智慧對付周圍的紛紜，不肯定任何一邊，因為都是成見的自我擴張而已。「彼是莫得其偶，謂之道樞。樞始得其環中，以應無窮。是亦一無窮，非亦一無窮也。故曰莫若以明。」，掌握「以明」就是得其「道樞」，「道樞」就是站在智慧的高點上，不受錯誤的各方擺布。莊子又提出「因是」的心理修養智慧，那就是面對根本無需爭辯的民間議論以及公共政策，莊子是根本上就通通不認可，並認為一切意見都是成見，成見是十分容易製造的：「一與言為二，二與一為三，自此以往，巧歷不能得，而況其凡乎？故自無適有以至於三，而況自有適有乎？無適焉，因是已。」既然成見在盲目地繁殖，智者就應截斷成見，理解每一個成見的來去而準確對付即是，此即「因是已」。並不是認同、肯定了任何一個特定的價值，而是認清楚所有的特定的成見的底細。這樣地來對待人們在各種狀況下所堅持的意見或政策，又是一種「和之以天倪」的修養智慧，「何謂和之以天倪？曰：是不是，然不然。是若果是也，則是之異乎不是也亦無辯；然若果然也，則然之異乎不然也亦無辯。化聲之相待，若其不相待。和之以天倪，因之以曼衍，所以窮年也。忘年忘義，振於無竟，故寓諸無竟。」這就是說各種社會議論都有其事實的基礎，說清楚即可，不需要在不同的意見或政策間做強力的爭辯，智者對待之道即是調和差異、順勢引導，不正面衝撞任何議論，在似若無意見的態度中化解周圍紛亂的衝突情勢。

　　莊子這樣的修養智慧其實就是不介入社會體制的態度，因為他的理想本來就不在世俗社會中，「為善無近名，為惡無近刑，緣督以為經，可以保身，可以全生，可以養親，可以盡年。」社會體制中充滿了世俗的價值，而世俗的價值又在好勝爭強中失去立場，因此修養的智慧就是做自己要做的事情就可以了，千萬不要去親近或對抗社會體制的標準，好好過自己智者逍遙的生活即可。這種態度莊子也以「才全德不形」說之，就是對於一切勝負優劣的差異紛亂都不入於胸中，保持自己的清明與和諧，不去與人爭相表露，

「其可以為法也，內保之而外不蕩也。德者，成和之修也。德不形者，物不能離也。」如此則眾人將樂於與自己親近，而且能有融洽的互動關係。

以上這些心理進路的修養智慧，就是莊子的本體工夫，也就是就著出世哲學立場的逍遙精神而提出的修養觀念。基本上都是對社會體制採取隔離態度所需的心理修養工夫。至於身體鍛鍊的工夫，則都是先要有這種脫離社會的逍遙心理之後才有可能進行的。

莊子身體進路的鍛鍊工夫，則是守氣的觀念為主導，最終的目標是獲得不死不生的神仙生命，可惜的是，莊子的練氣工夫的知識說明卻是並不充分或不夠清晰的。莊子講工夫，有「心齋」、「坐忘」、「學道」幾項，都是已經預設了本體工夫的修養智慧，才能進行身體的鍛鍊工夫。莊子講「坐忘」工夫之前，要先「忘仁義」及「忘禮樂」，亦即在心理修養上已經做好自我隔離於社會體制的世俗價值，莊子講「學道」工夫的第一步，也是要「外天下」，這還是捨棄社會價值的態度，然後才有「心齋」、「坐忘」的進行練氣的身體工夫。「回曰：敢問心齋。仲尼曰：若一志，無聽之以耳而聽之以心，無聽之以心，而聽之以氣，聽止於耳，心止於符，氣也者，虛而待物者也，唯道集虛，虛者，心齋也。」顯然「心齋」是叫身體感官收攝不用，純任身體的氣之流動自然運行，至於自然運行之後能有的能力的提升，則尚未明言。另有一段文字說到「遊心於淡，合氣於漠，順物自然而無容私焉。」這也是與「心齋」同樣意旨的純任氣守的身體工夫。莊子講「坐忘」：「顏回曰：回益矣。仲尼曰：何謂也？曰：回忘仁義矣。曰：可矣，猶未也。它日復見曰：回益矣。曰：何謂也？曰：回忘禮樂矣。曰：可矣，猶未也。它日復見曰：回益矣。曰：何謂也？曰：回坐忘矣。仲尼蹴然曰：何謂坐忘？顏回曰：墮枝體、黜聰明，離形去知，同於大通，此謂坐忘。」文中的孔丘當然只是假借孔子的大名，要「忘仁義」及「忘禮樂」就是對儒家肯定社會體制的入世價值的捨棄，然後才能「坐忘」，而「坐忘」還是身體感官知覺的收攝不用，將自身置入僅僅是純生命存在的乾淨狀態，此時當然亦仍是有氣的自然流動，至於所達至的「同於大通」究竟是怎樣的意境，莊子並沒有說得很明白。「學道」工夫亦是一連串從外在世界到主體的感知到生命的存在一路隔離的工夫：「南伯子葵曰：道可得學邪？……參日而後能外天下，已外天下矣，吾又守之，七日而後能外物，已外物矣，吾又守

之，九日而後能外生，已外生矣，而後能朝徹，朝徹而後能見獨，見獨而後能無古今，無古今而後能入於不死不生。」這一段文字在經驗上的實際意義是不甚清晰的，但是觀念上的重點也確實是指向不死不生的神仙意境，基本上也是先從社會心理面做超越的隔離，先有出世的價值觀修養智慧，然後才有對身體感官能力的進一步捨離，從而得獲一更高級的生命意境。配合莊子文本中多談神仙意境的寓言故事，莊子的工夫修煉指向神仙是合理的解讀，但是莊子的知識供應卻是不甚明白的，這就有待後來的神仙道教來進行新的理論擴深了。

三、列子的工夫修養及修煉論

　　列子哲學所認定的理想人格，實際上是在經驗現實世界而有特殊身體能力的人物，這樣的人物並非神仙，但有超越普通人的身體能力，要追求這樣的境界，在現實社會問題上，就是一個捨棄的態度，對社會事務的價值問題，採取一個不認定任何立場的態度，列子即以「虛」或「不知」的概念定位之，捨棄了對社會角色及價值的關懷，人類就能轉向身體能力的鍛鍊，此時就進入了氣化宇宙論的知識範圍，但是對氣化宇宙論的探究，列子書中也只是對人體宇宙學問題的氣結構一項有知識確定的立場，至於宇宙本身的始源、發展、範圍等問題，列子雖有討論，但最終仍是採取「不知」的立場而沒有確定化之。可以說列子在形上學問題上都是採取不認定任何知識意見的立場，而這就成為他在實踐哲學的工夫境界論問題上的知識定位。

　　列子討論管仲及鮑叔牙的一生交往故事，對於故事中相關的一些人物的選擇與作法，一般從歷史評價的角度都認為鮑叔牙有眼光、齊桓公有度量、管仲有能力，但列子的意見則是這些人的表現都是不得不然，不得已而為之，並沒有什麼崇高的理想及偉大的智慧，所以這裡沒有什麼值得肯定及追求的價值，只有看清情勢不得已而然的妥協，而沒有價值執擇的意義在。對於社會價值問題的不認取立場，是列子身體鍛鍊工夫的初步，可以說心理進路的修養智慧是身體進路的鍛鍊工夫的起點。至於身體鍛鍊工夫的最終意境，列子著作中其實也沒有一個明確的統一的標準，只是從其所建立的型態來看，不外是入水不溺、入火不焚、登高不懼、箭術高明、知覺靈敏等等的

特殊性身體能力，這也就是筆者定位列子並不是談論它在世界的神仙人物的系統，而是談經驗現實世界有特殊身體能力的系統。

由於列子的價值觀不明確列出，因此列子的心理修養進路的不認取價值的本體工夫也就有型態不明確的現象，例如老子哲學中的「弱者道之用」的本體工夫也在列子文中提出「粥子曰：欲剛，必以柔守之；欲彊，必以弱保之。積於柔必剛，積於弱必彊。觀其所積，以知禍福之鄉，彊勝不若己，至於若己者剛；柔勝出於己者，其力不可量。老耼曰：兵彊則滅，木彊則折，柔弱者生之徒，堅彊者死之徒。」文中的價值意識仍是導向入世以經營事業的立場，只是作法上有老子深透人性的守弱精神的修養智慧而已，這尚不是列子特有的本體工夫型態，至於列子特有的以「不知」為意境的修養工夫，則是：「生非貴之所能存，身非愛之所能厚；生亦非賤之所能夭，身亦非輕之所能薄，故貴之或不生，賤之或不死；愛之或不厚，輕之或不薄，此似反也，非反也；此自生自死，自厚自薄，或貴之而生，或賤之而死；或愛之而厚，或輕之而薄，此似順也，非順也；此亦自生自死，自厚自薄，鬻熊語文王曰：自長非所增，自短非所損，算之所亡若何？老耼語關尹曰：天之所惡，孰知其故？言迎天意，揣利害，不如其己。」這就如同對管仲、鮑叔牙典故裡的英雄事蹟採取的不認定的態度是一樣的，一切社會事務的變化規律與目的其實是沒有的，既不是老子的「反者道之動」的對立運行的規律，也不是儒家的認為必須順著人性發展的觀點，而是人所不能算知的天意，因此無需採取任何態度，而是要在心中不斷放下從社會效應的角度看事務價值的態度，果真能做到不採取態度，才能進入到身體鍛鍊的程序，因為身體的鍛鍊需要先擁有相應的心理狀態作為基礎。

列子的從心理修養到身體鍛鍊的工夫理論，最有代表性的系統是列子向老商氏學御風之術的過程：「子列子學也，三年之後，心不敢念是非，口不敢言利害，始得老商一眄而已。五年之後，心更念是非，口更言利害，老商始一解顏而笑。七年之後，從心之所念，更無是非，從口之所言，更無利害，夫子始一引吾並席而坐。九年之後，橫心之所念，橫口之所言，亦不知我之是非利害歟，亦不知彼之是非利害歟，外內進矣。而後眼如耳，耳如鼻，鼻如口，口無不同，心凝形釋，骨肉都融，不覺形之所倚，足之所履，心之所念，言之所藏，如斯而已，則理無所隱矣。」這是一套從心理修養的

本體工夫出發而達致最高身心境界的修煉工夫，在其最高級的不知境界中，身體與天地萬物的存在界限被撤銷，「心凝形釋，骨肉都融。」，因而得以乘風而歸、御風而行了。為什麼心理活動會帶動身體的效能呢？這是氣化宇宙論的身體存在結構的改變歷程，這一部分的宇宙論知識，就列子書言，仍有待更多的身體宇宙學的知識以為加強，列子所說尚不完備。就心理活動進路的修養工夫而言，列子將之分為四個層次的境界提升來說，第一層是心理上「不敢」表達是非利害的態度，第二層是「不在意」是非利害的直來直往的無所謂態度，第三層是在心理上「不興起」是非利害的念頭，第四是根本「不知道」人間世界的世俗價值中的所有區別，也就是一個渾然與本體同置的不知境界。

在第一階段的「不敢」層次中，修煉者只是在理智上知道世俗價值的無意義性，為了修煉的功課，便努力克制內心欲望的躁動，其實心中仍充滿了這些心態。在第二階段的「不在意」層次中，修煉者已經從情緒中解脫，了解自己的是非利害，同時也看清楚了他人的是非利害，但是不會陷在世俗情緒的緊張、對立、紛爭的情境中，於是可以直來直往，不假裝，順其自然，對是非利害自在自適，但還是將是非利害的判準與要求視為真實，欣賞、把玩，只是可能會存留驕傲的感受，這就是還沒過關的一步，還需再下工夫。再下來就是不採取意義分判的任何態度，也就是第三階段「不起念」的層次，對於世俗價值的是非利害已在念頭上將其化除了，不會以此為判準來思考，雖然它還是存在，但已經非關己事，雖然偶爾也仍生活於聽聽這些爭辯的環境之中，不過修煉者已經能夠完全自主，可以適時地以微笑化解別人的尷尬，一切明白，無關緊要，所有的意見都是不必要的，因此自始至終保持一種身段上的自在。最後一步，當工夫純熟至已經忘了工夫作用的時候，就達致了最高階段的「不知道」工夫，修煉者的內心世界已經不知道是非利害仁義恩情這些東西了，不僅不去管別人，也不需管自己，因為根本就沒有了，這就是內外皆盡矣。

對於列子御風而行、乘風而歸之術的觀念描寫，本文實為本體論進路的工夫心法之解說，在身體能力變化的實際狀況上卻所說不多，並未建立明確的知識解說系統。另有一段文字討論到有人能夠視聽不用耳目，也就是身體能力已經修煉到相當的程度，他的作法是：「我體合於心，心合於氣，氣合

於神，神合於無，其有介然之有，唯然之音，雖遠在八荒之外，近在眉睫之內，來干我者，我必知之。乃不知是我七孔四支之所覺，心腹六藏之所知，其自知而已矣。」這種方法是要收斂自己的心理思維，然後達到身體之氣與精神完全合一的純粹寂靜狀態，此時身體的感官知覺將達到前所未有的極端靈敏狀態，幾乎等於不用耳目而能視聽了。

列子的工夫理論是特殊但是不完整，特殊在於他的主要定位是在身體鍛鍊的工夫，但仍然需要心理修養的前置階段，也就是「不知」的本體工夫，至於身體的鍛鍊，就幾乎都是以「不知」為操作的軸心，而帶出身體的氣化結構的效能，只是這些氣化結構的知識細節仍是不完整的。

四、河上公的工夫修煉論

河上公註解老子，成為哲學史上重要的老學創作，創作的重點在於宇宙論知識的開發，他以注釋的方式提出精氣、和氣等觀念作為身體宇宙學的知識概念，從而作為身體鍛鍊工夫的知識依據。但是河注畢竟是以註解老子的形式寫作的，老學的宗旨當然仍是主題，河上公即以治身及治國的課題說明老子哲學的宗旨：「謂用道治國，則國富民昌，治身則壽命延長，無有既盡之時也。」顯然他追求的是富國及長壽的理想目標，並且在治國及治身的問題上，他便是謹守老子無為的價值本體作為修養及修煉的智慧，他說：「治國者當愛惜民財，不為奢泰。治身者當愛惜精氣，不為放逸。」河上公談治國方法的理論的部分，基本上符合老子「無為」本體工夫的精神，就是領導者自己減少欲望以利眾人，較有創造性思想的部分是在於為了長壽目的的身體鍛鍊的理論上，它則是以保養、守護為宗旨，但這卻是需要身體結構的知識才能說得具體的。河上公注老中雖然不是直接舖陳，卻也在不斷提出的注釋中形成了一套知識系統，於是藉由氣化身體宇宙學，河注提出了老學史上身體鍛鍊進路的工夫修煉論哲學，這就是他在中國哲學的工夫論中最特出的地方。這套身體鍛鍊工夫有幾個組成部分，包括減少欲望、注重呼吸調養、節養飲食、寶精愛氣等等。

河注強調減少欲望以保養身體之氣：「治身則以大道制御情欲，不害精神也。」治身就是鍛鍊身體，制情欲而不害精神，精神還是氣的概念，情欲

過度即會傷害此身之氣，身體鍛鍊的要領就是節制情欲，「名無欲者長存，名有欲者亡身也。」「有欲之人與無欲之人，同受氣於天也。」「廩氣有厚薄，得中和滋液則生聖賢，得錯亂污辱則生貪淫也。一除情去欲，守中和，是謂知道要之門戶也。」河注宇宙觀中認為人身得氣稟而生，卻有厚薄智愚之別，但是減少欲望，不要有過度的情緒、衝動，保守中和的處世態度，則天生氣稟中的不好的部分便可以化除。重點就在減少欲望，而這主要指的是種種生理需求的欲望。

　　人身體中有和氣：「人生含和氣，抱精神，故柔弱也。」「人死和氣竭，精神亡，故堅強也。」故而養生保身即是照顧和氣，照顧的重點便是保其柔弱，保其柔弱可以以練氣的方式進行，於是河注中有練氣功的知識以追求長壽：「人能養神則不死，神謂五藏之神。肝藏魂，肺藏魄，心藏神，腎藏精，脾藏志。五藏盡傷，則五神去矣。」「鼻口之門，乃是通天地之元氣所從往來也」。「鼻口呼噏喘息，當綿綿微妙，若可存，復若無有。」「用氣當寬舒，不當急疾勤勞也。」說不死只是說不早夭，說五臟之神的「魂魄神精志」其實都是屬於氣的概念，養神就是養氣，養氣就在呼吸的動作中進行，要領就在平緩微弱，不要急迫用力。這樣的觀念與一般談氣功的觀念是完全一致的。要養五臟除了練氣之外還有生活及飲食上的方法：「天地之間空虛，和氣流行，故萬物自生。人能除情欲，節滋味，清五臟，則神明居之也。」萬物生長在天地中間，其中有和氣，使其生長暢遂，但要領在於身體的欲望需求要減少，生活清淡、飲食清爽，則身體的和氣才能暢旺，「神明居之」即是和氣保守住了的意思。河注：「人載魂魄之上得以生，當愛養之。喜怒亡魂，卒驚傷魄。魂在肝，魄在肺。美酒甘肴，腐人肝肺。故魂靜志道不亂，魄安得壽延年也。」人靠存氣而得生命，生活上過度的情緒與過度的飲食會擾亂和氣，也就會傷害身體的，魂魄還是氣的概念，守氣安靜才能得壽延年。

　　要長壽健康就是要守氣：「人能自節養，不失其所受天之精氣，則可以長久。」「目不妄視，耳不妄聽，則無怨惡於天下，故長壽。」，節制感官的消耗就是長壽的要點。長壽之道一方面是身體能量的保養：「當深藏其精，無使漏泄。」另方面是社會活動的調節：「自愛其身以保精氣，不自貴高榮名於世。故去彼取此。去彼自見、自貴，取此自知、自愛。」，因此

仍是修養與修煉並重的。治身之身體能量的無為之道是以寶精、愛氣、節欲為總結,而社會活動的調節仍是無為之道,不顯要自己的名聲於社會中,不與人結怨,結果還是回歸於保守住心情狀態的平和,也才能專注於和氣的培養。

可以說河上公注老仍是以健康長壽為最終目標與最高價值,他的治國目標的修養智慧並沒有超過老子書原有的格局,但是治身工夫的知識卻是一套有系統的創新理論。

五、結論

從道家修煉工夫的角度談倫理學的議題,在幾個意義上擴深了倫理學的向度,首先,個人的修養仍是有其社會目的的依據,此即由治身與治國的二合一關係中見出,而這個情況在儒家亦是如此。其次,個人的修養活動與宇宙觀的知識有直接內在的關聯,此即由莊子、列子與河上公的練氣工夫中見出,而這是儒家倫理學系統內缺乏的項目。當然,道教的修煉工夫還有更多深奧的課題,限於筆者的學力,不能寫出,但是以這樣的討論工夫論的解釋架構,道教修煉工夫的解讀將更易於進行且更可期待。

第十章
佛家修行論

　　中國倫理學課題中最特殊的一環便是佛教的工夫修行論，佛教有出家僧人，進行著佛教工夫修行的最積極型態，但是一般倫理學課題是處理社會人倫之間的合理行宜，因而佛教的出家觀念會被視為違背家庭倫理的行為，然而，除非我們要限制倫理學議題一定是發生在家庭與社會間的人際活動，否則，佛教特殊型態的工夫修行論也應該被置放在倫理學議題中來討論，只要理論的型態被定位清楚，佛教倫理學是一個更見深度與廣度的領域。

　　討論佛教倫理學議題，首先必須認清佛教是有它在世界的宗教哲學，因此它的倫理行為的價值意識與世界觀知識的依據都是超越現世的，亦即是一個包含它在世界的世界觀下的人類行為，亦即是一個此在世界與它在世界共構的生活世界下的價值追求行為。

　　佛教是講修行論的，佛教工夫修行論是同時包括心理修養及身體修煉的面向，而此一修行工夫所追求的理想基本上不在此世，不在此世並非意味不在此世中進行工夫修行活動，而是理想的達成並不僅是以此在世界的圓滿以為終境。至於理想的世界以及主體的理想狀態為何，這是決定於不同時期的佛教世界觀理論的發展的。

一、原始佛教的八正道工夫修行觀念

　　原始佛教是早期發生在印度的佛教活動階段，原始佛教所講的工夫修行觀念，可以「苦寂滅道」四聖諦中的「道諦」為代表，「道諦」中說了八正道，也就是八條工夫修行的項目。至於其它三諦則為對應於本體論的苦諦，說生活感受中的一切現象的根本意義是苦；宇宙論的集諦，說生活世界中的

一切現象是在偶然的積聚中構成的；境界論的滅諦，說入涅槃的理想是生命最終的追求標的。由四聖諦的內涵亦可知實踐哲學的基本問題正是以上四項，故而能夠如此一致地一一對應。以下介紹八正道的觀念：

八正道：「正見、正思惟、正語、正業、正命、正精進（正方便）、正念、正定。」一、正見，要求正確的知識，所知道的必須是世界的真相，才不會顛倒黑白，以苦為樂。二、正思惟，對思維活動的正確導向，遵循佛陀的教誨，思維佛所說事，不涉入混亂的世俗價值中，以免引發不當的欲望，又進入苦海。三、正語，要求說話要符合佛教真理，以引導人向善，而勿導致他人為惡，以言說創造善良的業力。四、正業，要求經營正當的事業，以正當的方式營生，不違法也不違背道德，過著符合佛法的生活。五、正命，追求清淨的生活，在食衣住行上潔淨儉樸，遠離世俗的喧鬧浮華。六、正精進，也稱正方便，在追求智慧成就道果的過程中，要積極努力，但是要以正當的方式來努力，可以善巧方便，但一定不離正道。七、正念，要求心理意識狀態保持在正確的意念中，對任何情境的感受與反應保持清淨單純，不散漫不散亂，不好欲任何事。八、正定，在調息禪定時要求正確的作法，要求安住此心，安坐此身，不散漫不亂動，逐步進入更深刻的禪定境界中，追求最終的涅槃。

在原始佛教的基本觀念中，八正道就是八條正確的行為之道，也就是佛教的工夫修行理論。其中各種修行方法的觀念雖然彼此相連，但是知識系統的說明尚不夠精確，還有待後來的理論系統大力開發。

二、《四十二章經》捨離欲望的工夫修行觀念

佛教傳至中國後，則除了宗教活動之外尚有譯經的事業，譯經亦是一項龐大的社會工程，代表著佛教的思想得以正確地傳遞至中國。《四十二章經》雖然不必一定是中國最早的佛經，但它是屬於早期傳入轉譯的佛經是無疑的，而且它的工夫修行理論是很有代表性的，經中最重要的主題，就是工夫論的具體操作主張，大約經中四分之三的章節都是在說明具體工夫操作方法的，這些具體操作方法的價值立場即是「捨離愛欲」，「捨離愛欲」才能離苦得樂，就此而言，《四十二章經》中以捨離愛欲為中心觀念的具體操作

工夫命題是很多的，並且都非常值得介紹。以下說明《佛說四十二章經》所言說的工夫操作方法，所用材料為晚唐改版。

　　《四十二章經》首章指出「離欲寂靜，是為最勝。」，即是工夫操作方法的指陳。至於如何離欲？全書中即是不斷提出以「離欲」為主旨的工夫操作方法的觀念指陳，又提到「常行二百五十戒，禁止清淨，為四真道行。」，雖然經文中未對二百五十戒的具體項目有所說明，但是守戒就必定是止欲之事，可以說整部經書所提出的工夫修養方法主要的就是離欲、止欲一型的。

　　第三章談「乞食及一宿」：「乞食及一宿」是出家沙門應有的生活方式，其中要求捨棄世間財貨、以乞食維生、且日中一食，甚至樹下一宿，都是明確的修行方法的具體要求，至於為何應如此行止呢？這是因為財貨、飲食、居舍都是人類愛欲的對象，故應捨之，以免滋長愛欲。第四章提出「十善行」：「十善行」的提出卻是以「十惡行」的禁止的形式而提出的，所以本經實際上是提出「十惡行」。「十惡行」以殺、盜、淫為身之三惡，以兩舌、惡口、妄言、綺語為口之四惡，以嫉、恚、痴為意之三惡，此十惡事都是任何人平日生活中常有的事，本經之止此十惡即行其十善之要求，即便在今日都仍為各宗教哲學的價值系統的基本道德倫理命題。此十惡事之發生，當然都是人們的貪念愛欲所致，可以說對於人之所以為人的種種好惡欲求之生命型態的特質，佛教哲學是掌握精準的，甚至是主要用心於此的。佛教哲學對於惡事的型態分析，以及逐一對治之法，都是認真探索的問題，並不是簡單的去惡行善的主張而已，它是深入惡行之中，作知識析類，說明惡行的種類差異，以進而安排斷惡的修養進程。即如本章之分類，顯然身惡易止，應先止之，進而再自我要求於止口惡，最後再止意惡，而身口意三惡又皆愛欲使然，因此止十惡當然亦即是行十善的修養工夫。

　　《四十二章經》各章都強調了非常具體的捨離止欲觀念，包括：「改過消罪」、「毋以惡反」、「毋以罵反」、「賢不可毀」、「助人施道」、「供養修證者」、「人有二十難」、「淨心守志斷欲無求」、「有愛欲者不見道」、「不應貪求世間聲名」、「捨財色」、「捨棄妻子舍宅」、「應捨棄色欲」、「不捨愛欲必有災禍」、「佛不為色誘」、「精進無為」、「勿與色會」、「勿視女色」、「見欲當遠」、「斷欲在斷心」、「離愛無

憂怖」、「修道要精進勇銳」、「學道應急緩得中」、「去心垢染」、「興信心、發菩提」、「守戒才能得道」、「信順一切佛所言說」、「心行第一」、「直心念道不顧情欲」等等，可見《四十二章經》幾乎是全篇都在講以捨離精神為主的具體操作工夫，而這也正是《四十二章經》編著的目的，因此仍是極具原始佛教的觀念特色，可以說是對於「八正道」工夫的最具體的發揮。

三、《大乘起信論》的六度工夫修行觀念

大乘佛教以救渡眾生為修行的最終意境，因此在工夫理論方面所強調的重點就與以捨離精神為主旨的原始佛教稍有差異，但並非不能相容，反而是有前後的傳承。六度是大乘佛教十分普遍的修行觀念，一般認為是在中國創作的佛學專著《大乘起信論》書中顯著地討論六度修行觀念，其以「修行五門」說之。即布施、持戒、忍辱、精進、止觀五種，禪定為止，智慧為觀，禪定智慧合為一種，稍有別於一般之六度說，但宗旨無異。以下藉由《大乘起信論》的說法介紹六度觀念。

㈠布施工夫修行法門

「施門」者，人類皆因執著而受束縛，不得解脫，造成眾生輾轉輪迴，布施法門藉由與其他眾生之互動，卸除法我二執，追求解脫。當他人需要我所擁有之財物時，捨之，當他人有所恐懼畏怖時，助之，當他人有智慧上的困境時，告知之，告知後亦不得要求他人要對自己恭敬，若企求恭敬，則又製造業力，因而再度輾轉輪迴。一切布施都是去除自己的執著所造成的修行障礙，因而都是自利的事業。

㈡持戒工夫修行法門

「戒門」者，一切現象世界有種種可欲可樂之事，都是我法二執之無明薰習、造業之因緣，修行者皆應捨之，戒之即是捨之，戒除的方法以隨所遇之事而戒之者最有利益。就出家眾而言，根本上就應該自我隔離於外務誘惑的機緣，所以要離群獨居，力修苦行，遵守佛祖所制的禁戒。

(三)忍辱工夫修行法門

「忍門」者，所有別人對我們的評語，都有種種因緣作用在其間，或將為因或已為果，人們對此不應起念相應，宜隨來隨掃，消除它在因果上的造業力量。一般說來，愈是情節嚴重的惡語相向，愈是幫助自己證道向上的助力因緣，反而愈是恭敬推崇的禮讚，愈是自己的障道因緣，因為這些評語反而容易激起名利的貪念心，因此不論惡言善語都應忍住，而不予回應，讓它過去，不留下任何影響。

(四)精進工夫修行法門

「進門」者，為消除多生多世的種種痛苦，人人皆應勤修功德，力求清淨，並協助他人，以共同遠離諸苦。在修行中，若有業障現前而障礙信心時，更應發大誓願，藉由禮拜諸佛的儀式，誠心懺悔，勇猛精進，不眠不休，以免障礙成熟，導致善業消退，而應力求清淨，增長善根。

(五)禪定智慧工夫修行法門

「止觀門」者，禪定、智慧修行法門即止觀法門，禪定為止，智慧為觀，一動一靜合為一門。「止門」論於坐禪的方法與其所可能發生的問題及解決之道，「觀門」談如何以理性、智慧的方式學佛。止者止息現象世界種種相狀對心意識所起之無明薰習，觀者觀察因緣生滅現象之本來是空，而生智慧，滅一切障。此二門同時修習，以觀助止，以止行觀，漸漸成熟，即能親證佛與眾生乃平等一體。

修行者於坐時行時皆得使用止觀工夫，坐時修止，念想皆熄，若心馳散，當即攝住，使此心意識始終清淨不染雜念。一旦坐起，又隨順修觀，於一切行中注意念頭，一步不離，念念伺服，如此將使意識逐漸猛利，隨時處於智慧清明的狀態，終於消伏種種煩惱。最後，隨其利根增長，智慧大開，終於親身感知整個法界皆共為一大緣起，我與眾生、眾生與佛皆是一體中事，皆在一眾生心中，此時得生更大智慧，得有更大功德，能將眾生之癡迷轉迷為智。

於止觀工夫修習過程中，必發智慧，得大利益，但因無明薰習業力尚未消盡，在獲得大利益後的境界中易起邪執，例如於見諸異相、辯才無礙，這

些殊勝的能力反而會再度引起人我法執，因而激起各種貪念，此時應仍正觀心意識，知其一切種種皆仍虛妄現象，不受誘染，否則會墮入外道氛圍中，而障礙成佛功德。

精勤修習止觀法門者，只要能不起傲慢執著，其必得種種利益，例如：為諸佛護念、不受恐怖、不受惑亂、遠離毀謗、沒有疑惑、信心增長、遠離憂悔、捨棄驕傲、沒有煩惱、不受驚動等等。

止觀法門乃止觀並修，若是有止無觀，容易懈怠，只見自己，不見眾生，不欲助人，這不是大乘精神，此時應勤其修智慧觀門，使其理解世間一切逸樂之事皆非真實，而一切眾生皆受無始以來的根本痛苦，而不覺知，領悟及此，便生大智慧、發大誓願、行種種善行功德、渡一切眾生，依於此念而行，才有真正成佛之可能。總之止觀二門必缺一不可，因眾生雖有業障，但真如根本卻本不壞失，然決應除惡淨盡，才能不退轉，否則於一切生活境界中都會有無明薰習，而成為障道因緣，以致隨時都有墮落的可能。

四、禪宗的工夫理論

禪宗是中國佛教哲學中最重視做工夫的學派，它所依據的經典為《楞伽經》及《金剛經》，都是極高明的說工夫的經典，而《六祖壇經》以及數不盡的禪宗語錄則更是說工夫的主要典籍。禪宗是中國佛教後期興起的大教派，這個新的佛教教派的觀念重點就是直接做工夫，有別於其它諸宗派都在佛理談說中用力過猛而忽略了自家心性上的真實修養工夫的新型態，故而特別強調「不立文字，教外別傳，直指人心，見性成佛。」，這個一超直入的直截工夫的重點表現在行誼與作品中多矣，遂開啟中國禪宗燦爛輝煌的大時代。不過在禪宗後來的發展裡，卻又走回了理論辯證之途，這當然是哲學史發展的正常現象，我們在此要先說明的是，禪宗並不是否定佛教基本教義的新宗派，相反地禪宗是繼承了一切佛教基本教義的標準佛教宗派，只是在修行法門的操作路徑上禪宗建立了一個直截強悍的風格而已，並且不再創造新理論，而是掌握直接實踐的精神，這個精神，其實也是繼承自兩部大乘經典的，那就是，《楞伽經》及《金剛經》，達摩祖師即依《楞伽經》傳教而提出「二入四行觀」，六祖慧能則依《金剛經》開悟而建立了他自己的《壇

經》。

(一)楞伽經的要求做工夫

　　實踐哲學的理論了解得再多也不等於主體有實際修行成效，因此在理論燦然大備之後，各學派便自然會發展要求做工夫的思路，《楞伽經》中就有這樣的思路，並為禪宗堅實地繼承並發揚出來。《楞伽經》全文中最重要的哲學概念應該就是「自證聖智境界」，即是修證主體在清淨位上將自性展現的境界狀態，此即修證的終點目標，它其實就是成佛境界，然而因為它是眾生修行的終點目標，因此說為「自證」「聖智境界」，「聖智境界」是「自證」之結果。此一概念之提出，當然是就著修證者的活動而提出的，修證者一路去除人法二執、復救渡眾生而不入涅槃，則能終成「自證聖智境界」。「聖智境界」本在「主體自證」之中之義，此即佛不在外求乃在自證之義。成佛在自證，不在概念義理之知性認識，知性認識是知識性活動，自證則是工夫之實做，工夫之實做是作用在主體的心識意境中，因此佛法知識之認知之根本目的是在實證，此即《楞伽經》另一重要觀念的意義所在，即《楞伽經》中之以「第一義」概念說此「自證聖智境界」之義者。

　　「第一義」者即是一「境界」而非一「言說」，言說佛法得有多種經論、教義、命題、知識之鋪陳，但是無論如何演譯皆仍非真實「第一義」者，真實「第一義」即工夫實證之成就者，實證之而達至「自證聖智境界」才是言說佛法之「第一義」，其它一切佛法觀念皆非「第一義」。此義又導出《楞伽經》之另一重點觀念，即其對於「言說佛法」與「實踐佛法」之區分者，即語言知識與修證活動的分別。

　　《楞伽經》對於大量的經典文字在成佛運動中的作用提出了明確的意見，主要是對於修證者依經學義之事業的提醒，提醒修證者在經書的文字語言之學習過程中，文字語言是一回事，實際的修證是另一回事，甚至語言文字對於真實修證境界的描寫，隨著作者與讀者間的差異是會有誤解的情形的，因此更應重視實際修證的活動，不要被文字所過度地限制。文字作為陳述義理的媒介，義理是陳述者自己的境界，文字只是一有效的媒介，媒介有時會失效，此時即需回返至陳述者的境界本身，而不是捨棄陳述者而遷就只是媒介物的文字系統，即應依義不依語者。

對於這樣的觀念，《楞伽經》甚至還建立了專有術語來稱說，即「宗趣法相」及「言說法相」者，前者實即修證主體的自己的境界，後者即修證主體之言說文字，後學者當然應該藉由經論文字之教法勤於修習，這是「言說法相」的一路，但是所謂的修習就是主體自己的真實實踐，這是「宗趣法相」的另一路，顯見《楞伽經》對於文字本身與實踐活動的差異是極有警覺的。這一個差異，《楞伽經》也以「如實法」及「言說法」表述之，「言說法」是方便教化的方法，隨時取義，「如實法」則是實在的修證經驗本身，是「自覺聖智所行境界」，經中言此二法皆為菩薩當學者，實際上即是提醒修證者故應依文義而修，但更重要的是要真實實修。實際上以上兩套概念在四卷本《楞伽經》中即為同一套概念，即是「說通」與「宗通」者，「說通」即「言說法」「言說法相」，「宗通」即「如實法」「宗趣法相」者。「宗通」與「說通」的分別方式一般較為流通，世人多習此說。禪宗哲學即是緊守宗通、如實法、宗趣法相一路者，這也就是要求要做工夫的意旨。

㈡金剛經的境界工夫

《金剛經》作為禪宗重要典籍及民間佛教信仰活動中的重要經書，當然是中國大乘佛教中相當重要的一部佛經，佛教民間信仰強調它的福報靈驗，禪宗祖師關心它的修心方法，這都是使它在中國佛教史上大放異彩的關鍵事件。為何得以如此？關鍵即在《金剛經》的義理型態問題上，它所顯現的是般若心法在成佛位境界上的展現，即是佛教境界哲學的課題，它在語句的表述上固然與一切佛經之所說皆適成對反，然而這卻正是般若心法的主體展現的境界狀態，它與佛教哲學的其它重要義理都是相通相容的。更因為此，《金剛經》中敢於大談功德，也得透過修行活動而實證功德，因而在宗教活動中，一直受到信教者的依賴。

《金剛經》的知識表述重點有三，其一為對於無相境界的陳述，其二為對於無相境界作為工夫心法的實踐方式之要求，其三為對於《金剛經》功德的陳述。

首先，對於「無相境界」的陳述，即是「一切相盡是非相」之陳述，「一切相盡是非相」本來就是般若觀念之實義，本來就是空觀之實義，此一「一切相盡是非相」之義不僅是面對現象事務的命題，甚且是面對佛法之命

題，面對佛教知識體系、概念名相、成就境界之同一命題，佛教哲學以意識的對象義說現象，因此現象沒有永恆實存性，認識現象的智慧方式就是對其存在不採執著，資訊意義上知道現象，但在感受活動中卻能不執著於現象，包括這個不執著的智慧也不應緊緊意識著不放，因此，《金剛經》經文中出現著大量的此類命題，例如：「實無眾生得滅渡者」、「無有定法名阿耨多羅三藐三菩提」、「無有定法如來可說」、「實無有法名阿羅漢」、「如來無所說」、「如來不應以具足色身見」、「實無有眾生如來度者」、「一切有為法，如夢幻泡影，如露亦如電，應作如是觀。」以上命題亦即為《金剛經》知識內涵之最主要最核心的部分。

　　「無相境界」即是主體在進行了化除心識執著之後的最智慧的自由任運的心識狀態，所謂自由即是不受現象、事件、感受的侵擾，所謂侵擾即是主體自己對著現象、事件、感受進行認取的立場，此一認取立場一出，主體即伴隨著現象、事件、感受而束縛了自己，使主體自己即恆久地處在虛妄的現象世界中流轉，這一切的歷程皆因主體的認取心力而構成，撤銷此一虛妄歷程之後即應無任何認取心識，「無任何認取心識」即是一「無相境界」的心理狀態，「無相境界」即是主體成佛境時的真正展現狀態，此一展現狀態並非就著宇宙論知識意義說著存在的情況，如涅槃觀念或法界觀念之所應說明者，此一狀態展現是就著主體作為一正在活動中的存有者的真實活動心態而說之展現者，所以是一個本體論觀念意義的境界狀態之展現，此一展現即是展現出主體之不對一切現象、事件、感受進行認取心的心態。而《金剛經》所要強調的不認取的關鍵即在佛教徒修證歷程中的「法障」，所謂「法障」即對修法中的階段性成就之我執，修法即是去除我執，除去一我執得一成就之後又會對這個成就產生執著，我執一出，即復跌入認取心識中，即復陷入虛妄世界之生命流轉中，修證者於修證途中得一果位即獲喜感，此一喜感一出即為一我執心識，是故總說為「實無眾生得滅渡者」、「無有定法名阿耨多羅三藐三菩提」、「無有定法如來可說」、「實無有法名阿羅漢」、「如來無所說」、「如來不應以具足色身見」、「實無有眾生如來度者」、「一切有為法，如夢幻泡影，如露亦如電，應作如是觀。」。

　　實際上就著知識的脈絡說，一切果位確實發生，因此確實有佛，佛確實說法，確實說法渡眾生，確實有眾生得滅渡，確實成就無上正等正覺，佛

確實有三十二相八十種好，佛確實莊嚴了國土，菩薩確實有大功德，然此種種皆是就著知識來說，知識是實，但就著是實之知來理解其展現於存有者的狀態而言時，一切證佛境界即只是一「無相境界」而已。說「無相境界」只是就著主體對待生活經歷的不認取之心態而說，並非說一切現象、事件及感受作用的不存在、或不出現，主體其實是依然處在種種紛紜擾攘的現象、事件、感受中，只是此一最高修證心法的操作者「對境無相」而已。有以為我們說修證工夫是蘄向著本體的心理活動，此一蘄向是否即為有相？事實不然。佛教哲學本體論觀念以般若空性為終極意義，蘄向本體即蘄向空性，蘄向空性就是「對境無相」。再從現象知識的進路言說，現象中的一切相來自主體虛妄識取的結果，一切相只是主體自作之相，修證活動正是撤銷此些虛妄構作之相，撤銷虛妄之相而進入之清淨之無相境界的活動卻並非向著某相之活動，反而是趣向無相的活動。因此《金剛經》經文可以說「一切有為法，如夢幻泡影，如露亦如電，應作如是觀。」。

同時，一切修證者皆在自己的有為法的現象世界中自做撤銷的對境無相的修證活動，此即一「無為法」的活動，一切「無為法」的活動卻都在個別主體的有為法歷程中進行，故而經文謂之「一切聖賢皆以無為法而有差別」。

作為成佛主體的境界展現時的心態作為，也將同時作為修證者求學成佛時之工夫心法，「無為法」既是主體境界亦是主體工夫，因其為佛之境界，故其為學佛者之工夫，此一工夫由「應無所住而生其心」說，簡說之即「不住生心」工夫。《金剛經》經文前段皆為宣揚佛自身之「無相境界」，後段即為說明求證佛道者之應「不住生心」之修法。並且此一修證心法更是為求「最上乘佛道」者之心法，因其本就是以佛乘自身之境界心法為蘄向的。

由於《金剛經》中的工夫修行方法已經是佛教工夫修行的最高心法，即「境界工夫」階段，故其效用猛利，配合佛教世界觀，《金剛經》因而大談修習此經經義的功德，民間學佛者則以誦讀與實踐併行，而亦流傳出不少功德效用事蹟，故而傳播更廣，姑不論慧能是否因聽人誦讀此經而開悟，《壇經》經義確實與《金剛經》有完全的相通。

(三)達摩祖師的二入四行工夫

　　達摩祖師相傳有二入四行工夫的著作留世，此書是否真為達摩所說尚不能定論，但此書確實是流行於禪宗教內的著作，也確實是符合佛教基本理論的著作，值得介紹。

1. 修行活動的理入與行入的兩種層次

　　書中說要學習成佛之道就要明白有兩種方法，一個是在智慧上的理解，一個是在生活上的實踐。在智慧上的理解就是認知到我們自己的生命本來就是一個在於宇宙實相中的例證，只是隨著緣起流轉而在智慧透悟上受到遮蔽，如能當下醒悟，棄黜一切無明意識的造作，那麼我們的生命情境即能當下證入宇宙實相之中，所以我們的學習功課即在自家心田上的照顧，在自性中不起任何意識分別的好惡執著，就是最正確的智慧開啟的作法，也就不需要還跟隨經典文字做知識性誦讀。在心理意境的智慧觀悟中當下實踐般若性空的境界即是學習成佛功課的根本關鍵，這一種學習的方法就是從智慧上觀悟的方法。另一種學習之道是在生活面上的實踐，也就是把在智慧上的理解放在生活中來實踐，這時需要一些可以把握的要領，這裡有四個要領，其實個個要領都是彼此義理相即、環環相扣的，而其它沒有提到的方法也都可以歸納入這四種實踐的方法中。這四種方法就是：一、不要報復世人對我們的傷害，二、不要因為生命中美好的事務而興奮不已，三、不要欲求人間世界一切的價值利益，四、一心向道依法而行修習六度功德。更簡單的敘述即是：一、不拒絕厄運，二、不貪享福報，三、對人間世事無所求，四、一心修行。

2. 不要報復世人對我們的傷害

　　第一是「報冤行」：佛教世界觀中對於一切生命型態的生存活動都當成是宇宙全體同體運行中的一個環節，於是此起彼滅，緣起無盡，彼此互有，息息相關，得於此者失於彼，一切生命活動皆在一個永恆的平衡中，一切生命的歷程皆在一個無止息的彼此牽連中，沒有多也沒有少，這就造成了一個生命輪迴、因果報應的生命實相，每一個生命皆在一個無止境的歷程中藉由意識聯繫而輾轉無盡地糾結互動著，這是佛教價值觀中對中國傳統價值觀極有影響力的一個觀念。事若果然，則人生一世中所有的遭逢便都是過去生中善惡諸業的臨在，惡業無數於是冤仇無窮，智者體此以消業為尚，不對無謂

的橫逆予以反擊，將之視為公平地償還業障之事，而不在人間這個單面相的世界求償正義，因為在更廣大無盡的世界中，一切的事務將達到絕對的公平，也才有終極的正義。人間正義的彰顯不應只看到眼前現象的是非對錯，所以，不會要藉正義的彰顯來遏阻惡勢力的強迫，而是要由更大範圍的世界實相的認識而了解正義的絕對公平性。因而表現出當下對厄運的自我承擔，使得人們不因自我的反擊而使正義只成了一種止惡的工具，也不因自我的不反擊而喪失正義的信心，相反的更因自我的不反擊而更深切地認識到邪惡的必遭懲處，心中當下棄絕一切惡事，更深刻地栽培了清淨的福田，在修行者的心理上時刻觀察自己的欲望與業力的牽染因果，隨時警惕，時時警覺，感謝遭逢，承擔惡緣，一切公平，一切平等，一切放下，一切了結。藉由承擔橫逆而證入佛道。

3. 不要因為生命中美好的事物而興奮不已

第二是「隨緣行」：每一個生命歷程中的各種情境都不是獨立無因的偶然事件，都是過去無盡歷程的因緣果報的結果，自有定數地或來或去，所以我們如果發生了什麼樣的特別有福氣的好事的時候，我們千萬不要沾沾自喜，要曉得那是過去多少正道的行為還報於我的結果，既然是因修行而有的好事，豈可沾沾自喜傲慢侮人，自己激起貪念欲望而導致善業消減，而應該當下體悟因果之理之為真實，而警悟今生一切所得乃宿緣所予，而對自己在聰明才智、富貴權勢上的一切不再驕傲。每個人在不同的境界會遇到不同的誘惑與挑戰，人性現象中處處是陷阱，不要興奮、不要驕傲，業來業轉何其速也，既然一切都是公平的，既然生命的境界還有那麼多的層次等待上爬，豈不應該更認真地進行修行成佛的實踐工作呢。

4. 不要欲求人間世界一切的價值利益

第三是「無所求行」：人間世界是生命歷程的一個中途站，是宇宙緣起的一個偶然性的歷程，這其中一切的是非善惡榮譽恥辱都不是終極境界的真實情況，但是人生苦樂眾多，欲求眾多，繽紛多彩之際不能不引人神往，一不警覺，就落入了人類貪欲的網羅中而與世人牽染造業不已，全然忘記宇宙實相的緣起緣滅，而假想這世界是堅實的場域，企求於此世實現欲求的滿足。其實人間世界是一個修行的道場，是引起一切情染情執的最激烈心性鬥爭的場所，看似氣吞山河般地勇者無懼實則暗藏虛偽懦弱的私心欲望，表面

平淡無奇的簡單行為其實蘊藏承擔天下的真性真情，人間世俗的價值追求看似五彩繽紛卻虛偽多於真實，修行者當下冷靜、自我議定、不為所動、不假外求、惟於自心性情內的自作功課為修行之要，對於世人的欲望爭奪，一概放下，無所企求。

5. 一心向道依法而行修習六度功德

第四是「稱法行」：體解佛法根本之道後的修行活動，就是一個不染著的空慧之把握，也就是以空性智慧而行之本體工夫。佛法不在自我一己生命的情執業染中，自我一切的執著皆宜放下，於身命財貨親族朋友皆應視為情執染著，皆應不再執著造業，一切行誼惟以提升境界為主。一般大乘佛法以「六度」為法門，就是布施持戒忍辱精進禪定智慧六項要領，但是任何修行皆是以空慧體悟為本體工夫，因此皆應行於無所掛懷、不有情執，信法、稱法而行，不有遲疑、不假造作，是真修行。

㈣六祖壇經的無相工夫

禪宗有經典、有祖師，但真正使禪宗大放異彩而推向中國佛教大高峰的，卻是慧能及其傳下的弟子，慧能弟子將其所說編為《壇經》，影響深遠。論《壇經》的工夫哲學，要點有三：一、知識往工夫裡講；二、工夫從境界上說；三、境界在證悟中談。首先，就「知識往工夫裡講」者，即慧能對一般佛教儀軌之真正義涵的界定，是從工夫實修中取義的，例如其談「法身、化身、報身；懺悔；三皈依；西方淨土」等觀念都是從如何真實實做上界定的，而不是還停留在基本知識上說明的，沒有實做就沒有知識認識上的實義，所以慧能以工夫實做之要求說知識的定義。其次，就「工夫從境界上說」者，即慧能對於工夫實修的根本義涵之界定，是直接拉到成佛悟道的真實狀態中來標定工夫的情狀的，並不是在階段、次第、過程等的操作上作分疏的，也不是在工夫的形上義涵中來解明的，也就是一個「境界工夫」的「功力展現」，如其言「禪定、坐禪、風動幡動心動說、摩訶般若波羅蜜——大智慧到彼岸、頓漸之分」等工夫觀念的討論方式即是如此，仍不是以如何做工夫介紹這些工夫，而是以如果真正做好了工夫，那會是一個怎樣的展現意境來說這個工夫，所以是工夫往境界上說。第三，就「境界在證悟上說」者，是指慧能以境界狀態說工夫持守時的歸結，是直在悟道證入的最高

定境中說此境界的，是以最高悟境的情狀說工夫的標準的，如其言說「真如自性起念、般若三昧即是無念、自性清淨、真如本性、定慧等」等諸觀念，都是直接以成佛意境的內涵來說此些觀念的意義的。因此，《壇經》就是繼承《楞伽經》、《金剛經》、菩提達摩的精神旨趣，而強調直接做工夫，並且是在最高證悟境界中做澈底的工夫實踐之要求。禪宗確實為一工夫論中心的佛教宗派，談佛教工夫論不可不談禪宗。

㈤禪宗語錄的實踐活動記載

　　禪宗雖主教外別傳不立文字，但禪宗卻是中國佛教各宗中留下最大量典籍的宗派，關鍵即在禪宗有大量的教學實修活動的文字記錄，是為《語錄》，以下將藉由《景德傳登錄》中的若干「公案」進行禪宗工夫實做方式之知識意義之解析，公案中所述者為禪宗的師父弟子間的對話，此一對話當有記載上的出入，但當對話經過編輯整理之後所形成的教本就是一種新的創作，它展現了編作者的禪學程度，它提供了編作者的禪學觀，就在這個意義上，它可以成為哲學研究的直接對象。此外，公案中對談的形式所反應的是：禪師並不是以一個知識意義的答案在回應弟子的問題，而是以一個指導處理的態度在訂正弟子的心態。也就是公案中的教導者是在進行操作的鍛鍊，而不是在做知識學理的陳述，因此通常答非所問，但卻對弟子產生刺激思考的重大震撼力，因而有教學的成效。這也正是《楞伽經》宗通、如實法、宗趣法相的精神。以下是梁武帝與達摩的公案：

> 　　帝問曰：「朕即位已來，造寺、寫經、度僧，不可勝紀，有何功德？」師曰：「並無功德。」帝曰：「何以無功德？」師曰：「此但人天小果，有漏之因，如影隨形，雖有非實。」帝曰：「如何是真功德？」答曰：「淨至妙圓，體自空寂，如是功德，不以世求。」帝又問：「如何是聖諦第一義？」師曰：「廓然無聖。」帝曰：「對朕者誰？」師曰：「不識。」

　　本文是一流傳甚廣的達摩與梁武帝的對話，對話的重點在凸顯真正學佛的實踐活動是不能著相的，這也是《金剛經》經文中的要求，即「不住相布

施」者，本文即在問答之際，由達摩展現了「不住相布施」的實做方式，此外，亦展現了「否定一切定法」及「無我法」的實做方式。首先，帝問曰：「朕即位已來，造寺、寫經、度僧，不可勝紀，有何功德？」武帝的問題顯示了一般的學習者只掌握了佛教布施精神的表面形式，做了這許多事情，當然是有功德的，但是如果相較於佛境界本身的話，這本來就是佛必然救渡眾生中的如來本願行，因此並不會在內心的世界中對於這樣的行為有所掛心、計念、甚至產生興奮、驕傲的感受，所以對於學習者學習布施活動的法門，教學者要教導他要以「無相境界」做「不住工夫」，因此達摩當下以要求的口吻真切地說出：「並無功德。」，此時如果學習者當下理解「無相境界」，則已領悟大法而將頂禮而謝，只是當時梁武帝似未領悟，繼續問道：「何以無功德？」接下來達摩的回答就是一個正常的知識上的回應，並予以價值上的判斷：「此但人天小果，有漏之因，如影隨形，雖有非實。」因為一般的行善事業自然會有它的正常福報，但福報是有限的，又因為行者的心量有限，清淨心時進時退，因著心識中仍有的執著，主體境界的升進仍只在人天世界之內，尚不能超出三界的束縛。學習者的學習目標還應再予提升，不可只以此為滿足，就那個最高境界而言，此種有相布施實是「並無功德」的，如果確有高境界的功德，那定是因為學習者的心境中能即在布施中即達致「並無功德」的境界。達摩實是以最高成佛境的實做方式在展現學佛精神，對於武帝沒有任何個人的批判，展現佛境予學習者時本來如此。

　　接下來的武帝的問題與達摩的回答由於對於情境描繪的文字著墨不多，我們很難判斷武帝的領悟程度，但是我們仍可明白見出達摩所示的成佛境界的實做方式之展現狀態。武帝問曰：「如何是真功德？」達摩答曰：「淨至妙圓，體自空寂，如是功德，不以世求。」這是說在世間法中的任何有相功德都不是真正的成佛境，真正成佛境界的一切行止只是如其本來而已，「體自空寂」之中是不做任何多餘的功德意識的。武帝又問：「如何是聖諦第一義？」武帝應該是理解到達摩所傳遞的是一個極高明的清淨心法，因此如此提問，而達摩也確實是在傳遞那個高明的心法，佛法中是有聖諦，但是在心行實做中是不要有聖俗諸諦之分別心的，因此回答說：「廓然無聖。」學習者主體心境中對於最高智慧心法的把握就是破除一切二法執著，即便是連自己正在進行最高心法這件事情的執著也要破除，「不取法亦不取非法」，更

應行「無我法」。武帝似乎在理解上未能跟上，只一昧在自我意識中構作，不解我相、人相、眾生相諸相虛妄，正是入迷執著之事，居然狠狠地問說：「對朕者誰？」，這是直接衝擊教學者的提法，以為達摩一無功德、二無聖諦，或許根本是個不學無術之人，殊不知達摩始終在清淨心行的境界中實做著主體的工夫，實際地展現著「無相境界」，因此也回答說：「不識。」，不識即是不執著自我的虛妄存在，相較於最高證佛境而言，人間世中的生命歷程只是一個等待解構的事件而已，如此不真，則又何須定名，任何名相之定位都是多餘與虛妄，此即「無我觀」，「無我」即是去除那仍在虛妄現象世界中的我執，故而達摩對自己就是不識。這就是以操作處理問者而不是以知識回答問題的公案精神，以下是達摩與弟子神光的公案：

> 光曰：「諸佛法印可得聞乎？」師曰：「諸佛法印，匪從人得。」光曰：「我心未寧，乞師與安。」師曰：「將心來，與汝安。」曰：「覓心了不可得。」師曰：「我與汝安心竟。」

本文中學習者與教學者的第一段問答是一個正常的知識性的問答，學習者問：「諸佛法印可得聞乎？」教學者答：「諸佛法印，匪從人得。」諸佛法印當然從諸佛中得，諸佛提出法印即是要給眾生來得，所以一般學習者即可得之，但是一般眾生之所以可得，卻是需要實做工夫之後方可得之，此一得之並非只一知識上的聽聞之知，而是心行中的實有境界。達摩禪法對於只論知見而不實證之學習是否定的，因此欲得法印，即直接在自己心行中做著成佛者的工夫即是，故而法印「匪從人得」。在學習者的第二個問題中，教學者就不再是提出一個知識上的答案來回答，而是直接進行一個作用在學習者身上的鍛鍊活動，學習者問：「我心未寧，乞師與安。」學佛即是學智慧，智者心中無有憂慮、恐怖、悔恨、痛苦，這些情緒都是佛教世界觀中所說的虛妄人生中的現象，人生中是充滿了種種痛苦的，這些痛苦是因為對於生命真相的不了解並過於執著所導致的，假如能在自己的心境中對於一切的欲求皆予放下而不執取，那麼痛苦自然消失，並且能以智慧幫助他人免於痛苦。面對這個學習者的大哉問，教學者不再從知識的說明上來回答，他當

下進行了一個對於學習者的實踐活動的要求，要求他要：「將心來，與汝安。」，這實際上是在要求學習者把自己的心理意識中的種種境界進行一次逐一的清查，有智慧的人就會發現，實際上沒有哪一種心態中的執著情緒是絕對地非如此不可的，那些在主體心理狀態中的種種感受經過這樣的檢查之後，學習者便可以發現那個本來在憂慮、恐懼中的心理因素，因著它們的不絕對、不永恆、不必然性而終究不是心性的真正本質，此時這個學習者即回應地說：「覓心了不可得。」，既然學習者自己發現那些心識皆為虛妄而非本質，學習者繼續經營此一心境，就是學佛境界的展現，於是教學者目的已達：「我與汝安心竟。」

　　由以上兩段公案可知，禪宗工夫直接在言語之際的心念轉折中進行完成，予以記錄而成語錄，因此語錄確實是講禪佛教修行工夫的材料。

五、結論

　　前述「八正道」、《四十二章經》中的捨離工夫、及「六度」法門者，已經是大小乘佛學談修行工夫理論的主要宗旨，特別是禪宗哲學整個地就是工夫理論，並且以龐大的語錄體裁記錄保存工夫活動的實況。至於中國大乘佛教各宗派所談的修行工夫，項目繁多，系統不一，不能徵引。總之，佛教倫理學的議題不只是人際關係之間的行為準則，更是人類與無始劫以來所有型態類別的眾生生命的關係準則，它的幅度廣大，方法多元，且為涉及身體與心理兩路並進的修行工夫，顯見在中國儒釋道三教之間談倫理學議題，確實存在著問題意識的不同，而不僅只是意見主張上的差異。

第十一章
形上學簡介及基本概念

在西方的哲學文獻裡，柏拉圖（Plato）以前沒有形上學（metaphysics）這門學問，只有在亞里士多德（Aristotle）的著作中，我們才發現他寫了一本稱之為《形上學》的書。但其實這本書的書名不是亞里士多德取的，他僅稱之為第一哲學（first philosophy）。在亞里士多德的哲學中，除了第一哲學、倫理學、物理學、政治學、詩學、邏輯等外，是沒有形上學這門學問的。不過，在亞里士多德死後，後人整理他的著作時，把第一哲學的文章放在物理學之後，因為它是討論物理學的基本原則，亦即物理學之所以可能之原則。對於這些原則，亞里士多德稱之為第一原則或第一原因。由於第一哲學放在物理學之後，而且是討論物理學預設的基本原則，因此後人稱這門學問為metaphysics，意即在物理學之後。後來，中文將之譯成形上學。

亞里士多德的物理學（physics）不是目前所說的物理學。目前的物理學是以數學方式探討物體在時空中的運動，但在亞里士多德，物理界的東西不是在時空中作著空間運動的物體。古人尚未有數學物理學的觀念。對他們而言，物理界是直接看到的具體自然事物或自然現象（nature），它們是在變化中的事物。如種子變成樹，花朵變成果實，這是種子—樹—花—果實的變化規律。又如水和石頭之往下掉，火和氣之往上升。這是在自然界基本元素的變化規律。又或在天空中的星球，它們總是按照圓形運動的。從這個觀點看，自然界各種事物似乎都有它們的規律，這是亞里士多德物理學要說明的自然物的規律。但是，這些所有規律的基本原則是什麼，有沒有一個或一些更基本的原則，足以說明物理界的一切變化呢？

亞里士多德認為是有的，他以目的論來說明所有自然物的變化。他認為，一切自然物的變化都是要實現（actualizes）它們的內在目的或本性（essence）。如種子的本性是要成為樹，而樹的本性是要開花，而花的本

性是要結果。它們的生長變化是由自己的本性決定,而且是為了實現它,因此,才有種子—樹—花—果這種自然變化。同理的,水和石頭的本性是往下掉,因此當沒有東西妨礙它們時,它們便會往下;火和氣的本性是往上升,因此當沒有東西妨礙它們時,它們便往上升。凡自然界的事物,都是為了實現它的內在目的(本性)而變化的。由此,所有事物似乎各有不同的變化,但它們卻根據一個更基本的原則:目的論。

從以上的說明,我們大概可以看出,形上學的工作是希望提出一些基本或最後的原則,以對宇宙的現象作出一個整體和融貫一致的說明。我們知道,即使在亞里士多德以前,古希臘人已提出不少理論來對宇宙作整體的說明。Thales認為萬物皆由水所變成的,這亦即說,宇宙構成的基本原則是水〔當然,他說的水不是我們今天說的H$_2$O,而是充滿著神(god)的水〕。Democritus的原子論認為宇宙的基本構成原則是不可分割的極細微物質——原子,而一切可見的事物皆由原子的不同組合及在不同的運動中構成。Heraclitus說一切都在變化中,在流變中,事物永遠不跟它自己同一。Parmenides認為變化僅是幻象,是感官欺騙我們,根據理性,其實一切都是靜止的。柏拉圖認為經驗世界是不真實的,唯有理智把握的世界才是真實的。這些理論其實都是形上學的理論。在亞里士多德以後,中世紀的神學家或哲學家,提出神的觀念來說明整個宇宙的生成、結構和變化。中世紀以後,最大的形上學體系或許就是黑格爾(Hegel)的絕對唯心論了。他試圖以精神和辯證法來說明宇宙的一切現象,無論是自然現象和人文現象,甚至是歷史事件的變化。

中國哲學也有很豐富的形上學思想,當儒家認為「道是生生不息」的,這其實是一個形上學述句。「道」是指宇宙萬物的變化原則,「生生不息」是指宇宙萬物的變化方式。用較簡單的語言說:一切事物的變化,是不斷擺脫它的舊有形相以顯出新的形相的過程。並且,這個生生不息的過程是在「一陰一陽之謂道」的方式下進行,亦即變化不是前後斷裂的,而是在呈現(陽)與隱藏(陰)的相繼過程中。中國哲學又有所謂「形而上者之謂道,形而下者之謂器」,這是說,可見的或可直接經驗的事物(器)是根據一個不可直接經驗的原則(道)而變化。基本上,以上的主張都是對宇宙作一個整體的說明。所以,當哲學家反省整個自然界或物理界,企圖找出一些基本

原則來對它作一個合理的說明時，那就是形上學的工作了。

西方哲學在兩千多年來，發展出很多不同體系的形上學。在這部分，我主要介紹現代哲學以來的三個主要陣營：物理論（physicalism，又可稱為唯物論）、唯心論（idealism）和二元論（dualism）。在介紹它們時，我主要指出它們如何說明宇宙萬物的基本構成原則，這是說，宇宙萬物雖然各自不同，但它們是不是由一些更基本元素構成的呢？若是，則基本元素是什麼？這亦即討論：「宇宙中的實有（reality）是什麼？」在進行討論之前，我們先介紹一些基本的概念。

一、二元論、物理論及唯心論

一般而言，當觀察宇宙各種不同的東西時，無論它們是有生命的人或沒有生命的事物，我們都會認為，這些是宇宙中真實的東西。但我們仍可追問：他們雖各自不同，是否由一些更基本的元素構成呢？這些基本的元素又是什麼？

首先，宇宙中所謂實在的、真實的東西（reality），可以指那些被知覺的或被經驗的（看到的、聽到的、摸到的、聞到的、嚐到的）、具有形體的東西。對於這些東西，我們通常稱為物質或物體。我們難以否認它們真實地存在。但對那些所謂神、鬼、飛馬、金山、海市蜃樓等，我們都不認為它們是真實的存在，這是說，我們不稱之為真實的（real），而僅認為它們是幻覺或想像。對於那些可以被觀察、知覺或經驗到的具體事物，我們才稱之為真實的存在或實有，它們是物體或物質。

另一方面，只要我們內省一下，也會發現心中的各種活動亦是非常真實的，例如我心中的愛、恨及其它感受，甚至是單純的知覺活動，也是真實得無法否認。我看到很久沒碰面的朋友而感到興奮，這時的「看」和「興奮」是活生生地在我心中，難道我能否定它們，稱之為幻覺嗎？當我的手觸摸到熱的東西而有燙的感受時，這時心中的「燙」也是非常真實的。這些「愛」、「恨」、「看」、「興奮」和「燙」都是非常真實、無法否認的。它們是出現在心靈中，因此我們也認為心靈是真實的。於是我們通常認為，在宇宙中，除了物質外，尚有心靈的存在。宇宙是由這兩種基本元素構成

的，對於這種主張，稱為心物二元論。

以上是對宇宙頗為直接或常識性的理解。可是，根據目前的科學知識，可以對宇宙的實有產生不同的主張。根據目前的科學知識，心靈現象（人心中的種種感受）其實都是大腦的活動，例如人心中感到痛，這是指他大腦有某個活動。人有痛，表示他有這種大腦活動。我們可以藉著醫院裡的儀器，測知他是否有這種大腦活動，由此斷定他是否有痛。並且，我們更可以對這種活動作更深入的分析，就可以測知他有多痛。若要他不痛，就以某些藥物去抑制這種活動，當活動停止，痛立即消失。因此，痛僅是大腦的活動而已。但大腦是物質，是可以被知覺經驗的事物。因此，痛僅是大腦的物質活動而已，不是在大腦以外，尚有一個稱之為心靈的東西在忍受痛苦。於是，離開物質活動，沒有另一個所謂心靈的東西，更沒有所謂心靈現象或心靈活動。

同樣的，人感到興奮，也是另一種大腦活動。觀察他的大腦活動就可以理解他的興奮——它是否非常興奮或一般興奮。再者，要人興奮或不興奮，完全可以用物理知識測驗和控制。我可以根據物理知識，給人一些迷幻藥去刺激他的大腦，使它產生興奮的大腦活動，則他會感到興奮；給他一些鎮靜劑，大腦的那種活動停頓，則興奮消失。以後假若物理知識更進一步發展，它甚至可以說明和控制人的愛和恨。那麼，說明和控制心靈現象就正如說明和控制物理現象一樣，只要根據物理知識便足夠了。那麼，所謂心靈現象就僅是物質現象了，它不是物質以外的另一些實有。於是，在宇宙中，一切都是由物理知識說明的物質，物質才是真實的。若有人認為在物質外尚有心靈或心靈活動，請問：它們在那裡？那個所謂物質以外的東西，到底是如何的？它或許僅是一個人人都摸不到，看不見的幻象而已。只有那些能觀察到，而且能由物理知識說明的物質，才是真實的存在，是宇宙的實有。然而，物質是由現代物理學知識說明的，所以這種理論又稱之為物理論（physicalism）。

不過，我們可以再從另一種方式去省宇宙的事物。我們的確可以觀察到宇宙有種種不同的物體，而且它們又的確是存在的、真實的。不過，為什麼我會承認它們存在呢？例如在我前面的桌子，我為什麼承認它是存在的，是真實的？我根據什麼說它們是存在的，是真實的？一個非常直接而簡單的答

案是：那是由於我看到它，摸到它或知覺到它。假若我看不到它，也沒有在任何方式下知覺它，我當然沒有證據、也不能說它是存在的。這正如我把眼睛閉起來，停止一切感官活動，我的面前一片黑暗，沒有一物，我當然不能說有桌子存在。可是，當我張開眼睛，看到桌子，這時我有證據確定它是存在的、是真實的。再來，假若我永遠閉起眼睛、永遠沒有知覺，則我永遠不能確定有真實的東西存在。若我能確定東西是存在的或真實的，乃表示我在看著它或知覺它。所以，是由於我知覺它，才可以確定它存在。因此，我們可以獲得一個結論：它存在，由於被知覺（to be, to be perceived）。

再者，知覺是心靈的活動，因此，宇宙的事物所以存在，是由於有心靈活動在知覺它——無論這是我的或別人的或神的心靈。總之，若我們認為有非心靈的事物存在，則是由於它被心靈知覺。那麼，非心靈的東西存在要依賴心靈的存在。於是，宇宙中最基本的存在是心靈，其它非心靈的東西要依賴它的知覺才能存在，換言之，宇宙中最基本的實有是心靈，由此，這是唯心論的主張：心靈是最基本的實有，其它非心靈的東西皆要依賴它才得以存在。

二、物質與心靈的基本差異

二元論、物理論和唯心論其實是爭論物質和心靈在宇宙構成中的優先性。二元論認為物質和心靈是同等優先的，物理論主張物質的優先性，而唯心論承認心靈的優先性。然而，在說明它們的爭論時，我們必須先說明，什麼是物質？什麼是心靈？換言之，它們各有那些基本性格？

對於物質和心靈，我們會作出不同的描述，只要分析它們，就可以找出物質和心靈在性格上的差別。在描述物質時，我們用物理述句（physical statement）；在描述心靈時，我們用心靈述句（mental statement）。例如在說明一個人的身體時，我們通常會用以下的述句：「他是173公分高，重70公斤，黑髮，個子高大，站著在課室中不動」。在以上的描述中，我們說出物體的高度、重量、顏色、大小、空間位置和速度。再者，我們也可以用物理述句描述物體的溫度（冷的或熱的）、硬度（軟的或硬的）、粗糙性（粗的或滑的）、味道（香的或臭的）和氣味（甜的或酸的），對於物理述句描

述的這些性質，通常是指可以被我們感官知覺的或以數字說明（可被量化）的性質。

　　不過，在說明心靈現象時，我們不會用以上的描述方式。首先，我們不會說：「我心中的痛苦是173公分高、重70公斤、黑色、很高大、站著在課室中不動」。由此，我們知道，心靈現象沒有高度、重量、顏色、大小、空間位置和速度。其次，我們也不會說：「我心中的痛苦有多少溫度、多大的硬度、多強的味道和氣味」。基本上，心靈活動不能被感官知覺，所以沒有感官知覺的性質。它是由內省而知，是主體向內反省而得。並且，心靈現象也不能被量化，因為它不占有空間，那就沒有任何空間性質或基於空間而來的種種性質了。

　　總之，由於物質占有空間，故它有各種空間性質（如大小、形狀和位置）及由空間而來的其它性質（如速度和硬度）。再者，由於物質可以由感官觀察，則它具有各種感官而來的性質：重量、顏色、粗糙性、氣味和味道。心靈與物質的性格完全相反，由於它不占有空間，因此它不能量化，我們不能用數字去說明它，也不能用空間性質去描述它。再者，由於心靈不是感官的直接對象，它是由內省而得，因此它也沒有感官性質。心靈是精神的，不是物質的。心靈與物質的性質完全相反。

三、心靈的獨特性格

(一)主體內的意識

　　當描述一個心靈現象時，是描述發生在主體內的一個意識狀態。例如，「陳先生非常害怕他得到癌症」。這是對陳先生的一個心靈述句，因為它說出了他的「害怕」，而害怕是一個心靈現象。然而，害怕是陳先生心中的一種意識，它發生在他個人主體內的，不是在主體外。並且，陳先生意識到他的害怕。他不可能沒有意識到害怕，否則他沒有害怕。或許，陳先生不僅只有害怕，他也有一個信念：他相信自己得到癌症。「相信」是一個心靈現象，而且也是一個意識狀態。因此，一個心靈語詞所指的心靈現象，是內在於主體中，是主體的意識。

相對的，一個物理述句，例如「陳先生得到癌症。」這是描述陳先生的身體狀態，它是物理的。它不是指陳先生的主體，也不是他個人的意識，而是一個可以由別人觀察、外在的客觀事件。它可能被意識到，也可能不被意識到。無論陳先生知道或不知道他有癌症，他的身體中仍然有癌症。但心靈的現象卻無法被別人觀察，僅由主體個人所意識。

(二)非空間性（non-spatial）

陳先生的害怕是發生在他心靈或主體內的一個事件。對於這個事件，它沒有空間性質，這是說，我們不會說它的體積有多大，形狀是如何的，或在那個地點───一個物理空間中的位置，也不會有由空間引申出來的其它性質，如它的重量或硬度。同樣的，心靈的其它活動，如思考、快樂、憂慮、意向等種種意識活動，都不占有真正的空間位置及其它空間性質。

可是，我們有時會說：「我的心中充滿痛苦。」這似乎說出了痛苦的空間位置───它內在於我的心中。但這樣的描述不是說出痛苦的「真正空間位置（real spatial location）」，因為既然人的心靈不占空間，則心中的痛苦當然也不占空間的。然而，我們時常用「內心」來說明自己的心靈，而「內心」一詞正好說出心靈是內在的，既然是內在的，則這就是它的空間位置了。但是，即使我們說心靈是內在的，這依然不是說它的空間位置，因為我們無法找到它真正的「內在位置」。請問：心靈在身體內的那裡？這顯然是無法回答的。因此，對心靈現象的空間描述僅是一種譬喻（metaphor），不是實在的描述。

不過，我們有時也會說：「我感到脊椎的最後一節非常痛。」並且，當我用手去揉它時，它的痛苦減輕，那不是正好證實，當時的痛有一個相當明確的空間位置嗎？那怎能說心靈現象沒有空間位置呢！然而，即使痛是有位置的，但這仍不是真正的空間位置，因為假若它正如一張桌子那樣，有真正的空間位置，則我們可以明確說出它的形狀和大小。可是，我們不能說我的痛苦是2公分高、3公分寬和4公分長。因此，即使有時我們可以指出心靈現象的位置，但這僅是一個彷彿的位置，不是真正的空間位置。為了將它與真正的空間位置區別，我們稱之為現象位置（phenomenal location）。

然而，當我們以物理述句去說明物理事物時，卻可以明確描述它們的體

積、形狀、地點及各種空間性質。因此，它們占有真正的空間，也在真正的空間位置中。基本上，相對於心靈，物質的基本性格是空間性，笛卡兒稱之為「擴延（extension）」。在笛卡兒以降的現代哲學裡，大體上認為物質的本質是擴延，而心靈是非擴延的。

㈢心靈活動及其相關的內容

　　心靈是活動的，沒有一個死寂的心靈。心靈活動（mental act）有一個獨特性格：心靈活動一定關連某個內容。任何心靈述句，假若它完整描述一個心靈現象，則它一方面要描述當時的心靈活動，另方面要描述它相關的內容。例如「我高興」，它看起來是一個完整的心靈述句。但是，我不可能無端高興，而必然為某事物才高興。例如，我考試得到滿分而高興。因此，「我高興」不是一個完整的描述，而「我考試得到滿分而高興」才是完整的描述。又如我擔心，我一定為某事物而擔心；我想像，我一定是想像某物；我懷疑，我一定懷疑某些東西。因此，心靈述句一定是描述心靈活動及其內容。不過，心靈活動的內容不一定實際存在。正如「我想像飛馬」，即使飛馬不存在，這個心靈述句依然是真的。

　　不過，物理述句卻不同。首先，物理述句可以僅描述一個事物，不用涉及其它的事物。例如「白雲飄得很快」，它只描述白雲，不用涉及其它事物。再者，當物理述句涉及物理事物的關係時，其中各物理事物必須存在，它才是真的，否則它是假的。例如「一張桌子在課室中間」描述桌子和課室的關係，它之可以是真的，必須桌子和課室都存在。

　　以上我們從物理述句和心靈述句的差異，說明物質和心靈在性格上的差異。綜合而言，心靈是內在的和個人的，它是別人難以觀察和通達的。對它的活動和內容的察覺，通常藉由內省（introspection）。相反的，物理事件是外在的，由感官觀察去把握。它不是個人的，是別人都可以觀察的。其次，心靈或心靈現象不占空間，也沒有隨空間而來的其它性質，如速度、硬度、顏色、質量等。然而，物理現象占有空間和擁有隨空間而來的各種性質。它有大小、位置、速度、質量和硬度等。第三，心靈現象是一個心靈活動，它關連一個內容，但其內容無需一定存在。物理現象不一定關於另一個事物，而當它關於另一個事物時，它們都需要實際存在。

四、心靈治療及其相關問題

　　在討論宇宙的實有到底是心靈或物質時，會涉及另一個頗為重要的課題。若人的實有是心靈，則當他的精神狀況有問題，治療他的方式主要是針對他的心靈，試圖用各種方式改變他的心靈狀況，使之痊癒；但若認為人的實有是物質，當他的精神狀況有問題時，這是由於他的身體機能發生毛病，而醫療他的方式就要偏重物理的藥物，以改變他的身體狀況，使之痊癒。這是兩種不同的取向，我們要討論這兩個取向的理論根據。

　　在醫學上，我們通常認為，心理與物理是密切相關的，這是說，有些身體疾病由心理引起，也有些心理疾病由身體引起。例如，有些人的身體過胖或過瘦，是由貪食症或厭食症引起的，但所謂貪食症或厭食症是由心靈中難以抑制的欲望造成。病人看到食物時，心中有一種無法抑制的欲望，一定要把它吃掉或拒絕吃它，這個病症（過胖或過瘦）是由心理失調引起的。另外，有些心理病是由身體引起的，例如精神不振，甚至陷入幻覺中，是由於過度飢餓，身體缺乏營養。其次是嗑藥問題，吃了某些藥品引起大腦有某些反應，產生興奮的心理狀態。這是身體狀態引起心理疾病。

　　不過，物理論者認為，一切心理疾病都只是身體（大腦）發生異常導致，所謂心理疾病，基本上仍是身體的問題。在以上的貪食症或厭食症的例子中，物理論者認為，只要給病人吃藥就可以治療他們，因為吃藥可以改變大腦狀態，抑制他們的欲望，讓病人恢復正常。但唯心論者認為，心理疾病來自心靈的異常，因此要治療的對象是心靈，不是他的身體。醫生要改變他的心理、想法或人格，才能真正根治這些疾病。唯心論甚至認為，很多身體疾病是由心理做成的，如由擔心或緊張過度會引起胃痛、食欲不振等。只要心情放鬆，就可以回復身體的健康。

　　從上述的爭辯可以看出，物理論和唯心論在心靈和身體健康問題上，都似乎有證據支持自己的論點。對於物理論者，由於他認為物質是最根本的，則他會認為，所謂由心理引起的疾病，是不能成立的，因為人的根本結構或實有是物質，不是心靈。所謂心理，是不存在的。所以，心理疾病的最後原因是身體的問題，把身體醫療好，心理疾病自然痊癒；但唯心論者卻認為，心靈是實在的，如果它實際存在，則它亦會生病，所以對於心理疾病，要直

接治療心靈，因此心靈的治療才是最關鍵的，物質的藥物不是最重要的。

(一)心理治療的神話

在目前重視自然科學的時代中，有些哲學家和醫學家認為，心理治療基本上是神話，因為根本沒有心靈述句所指的心靈現象或心靈活動——憂慮、興奮、憂鬱、不安等等。心理治療這門科學必須預設心靈現象是真實的，而描述它們的心靈述句必須得到客觀的證據支持，否則心理治療不能成為科學。不過他們提出兩個理由，認為心靈現象僅是神話，不是事實，而心靈述句無法得到客觀證據的支持。

1. 心靈述句沒有客觀證據

對於心靈述句，我們無法找到客觀證據去支持它們，這是說，心靈述句描述的心靈現象，是無法由客觀證據證實的。我們曾指出，心靈現象是個人的，它是主體內的意識，別人永遠無法觀察它，因此，心靈活動及其內容是一些觀察不到、摸不到、看不到的東西，它們完全沒有客觀性。心靈現象似乎是虛無飄渺的主觀圖象，我們對它永遠沒有客觀證據，也永遠無法證實它。

例如，假若某人有一些非常怪異或危險的行為，我們採用唯心論者的主張，認為這是因為他的心靈受到嚴重創傷。那請問：「他的心靈受到嚴重創傷」這個描述是根據什麼證據去證明的？我們有沒有看到他的心靈？有沒有看到他心靈上有一個傷口？基本上，心靈的本質是個人的、在主體內的，它無法被別人觀察，也因此無法有客觀的證據。如果沒有客觀的證據，那我們怎能說他是心靈受到嚴重創傷呢？所以，這個述句僅是主觀的、非科學的猜測。但另一方面，假若我們說，「他的大腦受到傷害」，那我們可以根據科學儀器和物理知識，獲得客觀的證據，證實他的大腦有沒有受傷。

由於心靈述句無法得到客觀的證據，則它無法被證明為真。即使我們說它是真的，這也僅是猜測而已。但心理治療是以心靈述句說明病人，因此這些說明都不可以成立，也不是真的，故心理治療不能成立。

2. 無法以科學方式說明心靈現象

對於心靈現象，我們無法精確理解它的因果關係，也無法得到它的定律，因此無法對心靈現象作出精確的解釋（explanation）和預測，進而無法

控制心靈現象及人的行為，那麼，也就無法作出心理治療了。

在科學而言，假若要解釋一個事件，我們要知道有關它的因果關係和定律。例如我們要解釋A球撞到B球，而B球會往前衝，則要根據物理運動定律，及A與B球的因果關係──A球的運動是B球往前衝的原因。由於A和B的運動有因果關係，而且是根據運動定律的，才能準確解釋它們的運動，甚至可以預測和控制它們的運動。

不過，對於心靈現象，我們不知道它們的因果關係，也不知道它們的定律，因此無法解釋它們的出現。再者，我們更不知道心靈現象與行為的因果關係和定律，則亦無法解釋、預測和控制它們了。我們不知道憂慮（心靈現象）是由那些原因產生的，也不知道它會產生那些心靈現象，更不知道它與其它心靈現象的定律。並且，我們不知道憂慮與行為的因果關係，亦不知道它與行為的定律。有些人無緣無故憂慮起來，有些人失敗時會憂慮，更有些人太高興後才憂慮；有些人憂慮時會哭，有些會沈默，有些會去散步，有些會瘋狂。憂慮似乎沒有規律，也不與行為有固定的因果關係，則我們無法對它作出解釋、預測和控制，而心理治療成為不可能。

同理的，當我們看到人的某些怪異行為，也無法確定是那種心理使他如此。我們對他的行為有客觀證據，但對他的心靈卻沒有。例如有人拿著刀子亂揮，有誰能確定他心中那種想法使他如此呢？是憂慮、恐懼或人格分裂等？我們不知道行為與心靈現象的因果關係和定律，因此無法解釋、預測或控制，當人有某種行為時，它的心靈現象是什麼？所以，認為人的行為是由心靈現象產生，在科學上是不能成立的。研究人的心靈活動，只是假科學（pseudoscience）而已，因為根本沒有心靈述句所描述的那個領域，更沒有這方面的科學知識。

可是，我們卻可以由物理論來解釋人的行為。在科學研究裡，人的行為由大腦控制，大腦活動是行為的原因，它們有因果關係。並且，研究大腦可以知道某種大腦活動會導致某種行為，它們之間的定律。再者，以各種物質條件（如藥物式環境控制）可以控制大腦活動，再導致有某種行為。這些都可以由定律和因果關係去解釋和準確預測。由這種客觀方式去治療人的行為，才是真正治療所謂心理疾病。因此，根本沒有心理疾病，而只有物理疾病而已。所謂心理有問題，其實是大腦有問題，是可以由客觀科學方式去研

究和治療的。因此，只有行為科學，沒有心靈科學。心靈科學是假科學。

有些哲學家認為，對於心靈述句描述的心靈現象，我們往往以另一種方式去理解它。對於人的心靈感受，不一定要找出它的因果關係和定律才能理解它。例如「泰山崩於前而不亂」是描述一個非常鎮定的心靈現象，我們若要理解它，不是根據它的原因和定律去解釋它，而是要體諒它，這是說，盡量將自己處身於作者的環境和感受中，領略當時的心靈狀態。理解心靈述句是要體諒說話者的心靈。對於這種理解，不稱之為解釋（explanation），而稱為體諒（understanding）。

㈡物理述句與心靈述句的證據（evidence）問題

物理述句是由客觀證據來證實的。物理述句描述物理界的事物，事物是外在的，因此它們的真假，是由於它們描述的對象是否存在。對於物理事物的存在，可由經驗觀察來決定。而且，這不僅是我個人的觀察，別人也可以觀察。只要大家的感官和處境相同，則人人都會得到彼此承認的結論，因此，它們之真假建立在客觀的證據和客觀的承認上。例如，「美國在北美洲」、「地球繞太陽一週是三百六十五天」或「這個課室中有五十人」。這些物理述句可以由客觀證據去決定其真假，也可以得到客觀的承認。

可是，心靈述句描述主體內的心靈活動及其內容，它在個人意識內，故是主觀的和個人的。要證實一個心靈述句，只能藉著個人的或第一人稱（first person）的內省（introspective）證據。這樣的證據稱為主觀證據（subjective evidence）。例如「我牙痛」是心靈述句，對於這個痛，只有我才有證據去證實。別人不可能經驗我的牙痛，故無法得到證據證實它。他最多只觀察到我的牙齒壞掉，進而推測我的牙齒痛，但他經驗不到我的痛。他或許能證明我有痛，但他的證據是間接的，這正如牙醫可以根據他的觀察和知識，推測我的牙在痛，但他的觀察所提供的證據不是直接而強烈的證據。相對於我直接經驗到自己的痛而言，我的證據是較強的，牙醫的證據是較弱的。因此，能夠證實心靈述句的證據，是主觀證據。同理，對於別人的心靈述句，也只有他本人才有強烈的證據去證明，我擁有較弱的證據。因此，關於別人的心靈述句，我無法確定證實。在證實心靈述句時，客觀證據沒有主觀證據來得更為可靠。

　　再者，由於心靈述句的證據是主觀的，只有當事者才能得到，因此，心靈述句的意義，也只有當事者才能理解，換言之，關於我的心靈述句，只有我才能真正理解它的意義，別人無法擁有相同的意義。同理的，關於別人的心靈述句，只有他才能真正理解其意義，其他人無法得到相同的意義。於是，對於心靈述句，由於其意義只能由主體掌握，限制在個人的理解中，這使得別人的心靈成為一個永遠無法真正理解的領域。不過，雖然我們對別人的心靈沒有真正的理解，但這不是說，我們對它一無所知。而是，由於各人的心靈有類似的經驗——相同的事物往往給出相同的經驗，因此當別人描述他們的心靈現象時，我們可以有類似的理解。

　　再進一步，由於心靈述句只能由主體在內省中理解，無法藉由客觀觀察而得，那麼，對於一個心靈現象，假若別人從未曾經驗過，則無論我們如何說明，別人依然無法理解。例如一個小孩子從未經驗過愛情，他對愛情一無所知，則無論我如何描述，都無法讓他理解。反過來，對一個曾經深深體驗過愛情的人，他可以理解愛情的描述。同理的，假若一個色盲的人從未經驗過紅色，即使我對他描述我心中的紅色感受，他也無法理解。再者，即使他後來治好色盲，經驗過紅色後，他根據我的描述在心中興起了紅色感受，但這只是類似我的紅色的感受而已，他的感受不可能與我的感受完全等同。

五、結論

　　二元論、物理論和唯心論的爭論，出於它們預設物理述句和心靈述句的描述是完全不同、互相排斥的。物理論認為物理述句描述一個空間的、量化的領域，而且是感官經驗把握的外在世界。我們可以得到它的客觀證據，因此物理述句可以被客觀證實，建立物理世界的科學知識。心靈述句描述主體意識的領域，它是一個內在的世界。我們對它僅有主觀證據，無法建立確定的知識。由於我們僅對物理事件有知識，無法證實心靈事件的存在，因此只有物理的存在才是真實的。

　　唯心論承認心靈述句和物理述句的差異，但它認為，由於有心靈活動，才能知覺物理世界，肯定它的存在，因此心靈活動更有優先性。他承認心靈述句建立在主觀的證據上，但主觀證據也有主觀的確定性，因此可以確定心

靈的存在。

　　二元論承認心靈述句和物理述句所描述的，都是同樣真實的，不過，它們依然是兩個澈底不同的領域。

　　我們要繼續探討，既然物質與心靈澈底差異，它們各有客觀和主觀的證據，則物理論怎能否定心靈的獨立存在呢？同理的，唯心論又怎能否定物質的獨立存在？它們的理由是什麼？再者，二元論肯定物質與心靈的獨立存在，但它們又如何互動呢？這是以下三章的工作。

第十二章
物理論（physicalism）

　　在形上學，物理論的基本主張是：在宇宙中，實有（reality）基本上是物質的或物理的。這種主張主要受到現代時期自然科學發達的影響，因為自然科學的成功讓人們相信，宇宙的一切現象都可以用數學物理學的方式說明，而在數學物理學的觀點下，所有現象被還原成物質性的自然事物。即使是心理現象，也被視之為物理的。因此，物理論反對心靈或心靈現象存在。

　　在反對心靈現象而言，物理論有兩個方向：1.完全否定心靈事件（mental facts）的存在。宇宙中只有物理事件，沒有別的。所有關於心靈的描述都是錯誤和不適當的，例如，「他心中非常**憤怒**」和「他**喜歡**看電影」，因為宇宙中根本沒有所謂「憤怒」和「喜歡」的心靈現象。它們完全沒有描述事實。宇宙中的一切現象，即使是我們說的心靈現象，其實都是物理或物質的。2.雖然有心靈事件的存在，但在更深入的理解後，會發現它們根本是物理事件。所以，即使宇宙中有心靈事件，但這是膚淺的看法，因為深入的理解會讓我們明白，它們其實是物理的，所以，只有根據物理的方式，才是真正和澈底的理解它。

　　第一種主張嚴格維護物理論的立場——宇宙的實有是物質，除了物質外，不可能有別的。它完全排斥心靈現象的存在。第二種主張承認物理論的基本主張：唯有物質的存在，但它也承認心靈現象存在，不過它認為物質才是最基本的，故要以物理學的方式去理解它，才能真正說明它。這種立場較為折衷，因為它承認心靈現象，但卻視之為物理的。

　　這兩種主張的不同是，前者認為，唯有以物理的方式才能說明宇宙的事件，完全不容許心靈語詞的描述，因為根本沒有所謂心靈事件。另一種是容許以心靈語詞去描述宇宙的某些現象，因為它承認心靈事件存在，但卻認為這樣的描述不是澈底的，最澈底的描述是物理的，因此它認為根本的事實依

然是物理的。在討論這個問題前,我們先要討論語詞與事實的關係。

一、表式與事實（expression and fact）

　　若兩個表式（expressions）的意義是相同的,則它們一定指謂相同的事實。例如,「老師」和「教師」的意義完全相同,故它們指謂相同的對象。「好人」與「善人」的意義完全相同,故也指謂相同的對象。但兩個意義不同的表式,也可能指謂相同的事物。最有名的例子是「晨星」（morning star）和「晚星」（evening star）,它們意義不同,但都指謂相同的金星。又如「雲」和「天空中聚集起來的水氣」意義不同,但都指謂相同的東西。即使我們只理解「雲」的意義,卻不理解「天空中聚集起來的水氣」,而不知道它們是指相同的東西。但實際上,它們依然是指相同的東西。因此,當兩個表式的意義不同,我們不能據此認為它們指謂的對象一定不同。反而,我們要深入探討它們,決定它們是否指謂相同的東西。若一旦明白雲的結構後,就知道它們的指謂是相同的。

　　在形上學問題上,我們碰到相同的問題:心靈述句和物理述句的意義是不同的,但是否都指謂相同的對象呢?例如說,「A很害怕」和「A的大腦在beta狀態中」分別是心靈述句和物理述句,它們意義不同,但是否都指謂相同的對象呢?如果在深入探討後,認為它們的指謂不同,一個指謂客觀事件,另一個指謂心靈現象,而且兩者都有其描述的對象,這即肯定心靈與物理的存在,這是二元論的主張。假若經過深入探討後,發現只有物理述句才有指謂的對象,而心靈述句沒有,則這是物理論的立場——只有物理的存在。又假若經過深入探討後,發現心靈述句所指謂的東西才是最真實,則最基本的實有是心靈,這是唯心論。在本章討論形上學時,我們根據以上的線索來進行。

　　物理論的基本立場是:宇宙的實有基本上是物質。根據這個主張,嚴格的物理論者認為,只能以物理述句描述宇宙的現象,完全不能用心靈述句,所有涉及心靈的現象都是虛幻的,唯有物質才是真實的。除物質外,再沒有別的東西存在。另一種較折衷的物理論認為,雖然宇宙的實有基本上是物質,但依然有心靈現象,不過所謂心靈現象,基本上依然是物理的。於是,

我們不僅能以物理述句描述宇宙的現象，也可以用心靈述句去描述某些現象，不過，心靈述句描述的，根本上依然是物理事件，亦即心靈現象根本上仍是物理的。換言之，它們都描述了事實，但這個事實根柢上是物理的。這個較折衷的主張沒有絕對排斥心靈現象，而僅是認為：所謂心靈現象其實是物理現象。它雖接納心靈現象，但仍以物理論的立場來說明心靈現象。

二、嚴格的物理論：物理事件是唯一的實有

嚴格的物理論只承認物理事件的存在，它認為只能用物理述句來描述宇宙現象。可是，在日常生活中，我們時常採用心靈語詞描述自己或別人，例如「A很害怕」。「害怕」是指什麼？它描述了什麼？嚴格的物理論認為，如果我們認為心靈語詞是描述心靈現象的，則這是不正確的、誤導的。我們只要觀察一下，無論如何都看不到A的「害怕」，因此根本沒有害怕的心靈現象。在觀察中只能看到A的身體的物理事件。我們時常有一些錯誤的描述而不自知，正如我們描述太陽時會說：「日出了」。其實這是一個錯誤，但我們還以為是正確的，因為根據物理事實，這是地球轉過去，不是太陽升起來。如果我們根據真正的事實說，則不能說「日出」，而是說「地球東轉讓我們看到太陽光。」這才是真正的科學描述。

我們日常描述日出的方式是錯誤的，這正如日常描述「A很害怕」也是錯誤的。正確的描述是科學的描述，而科學的描述是以物理的方式去說明A當時的物理狀態——這才是描述真正的事實。例如我們要說，A心跳加速、臉部流汗、臉部肌肉拉緊、發抖和口吃等，這是說，正確的或科學的描述是描述A當時的物理反應或身體狀態，而不是以心靈語詞去描述她。因此，只有物理述句的描述才能指出真正的事實，才是正確的或科學的。

嚴格的物理論認為，根本沒有所謂心靈事件，而只有身體表現出來的物理事件。在描述一個人時，心靈描述是誤導的、不正確的，正確的描述是要說明他的身體事件或物理事件。例如「A很傷心，」這是誤導的，不正確的，因為在觀察裡，根本無法發現「傷心」這回事，而只有：A不斷流眼淚、擦眼淚、臉部有某個變化等。我們不能說：A有一個心，心中很傷心。我們只能說，A有種種物理或身體表現。

　　對於這種主張，我們可以給出兩個批評：1.它犯了錯誤定義的謬誤。嚴格的物理論者雖然主張心靈述句是誤導的、不正確的，但他們又承認心靈述句是有意義的，否則他們看不懂心靈述句，無法描述它所指的身體表現，換言之，他們明白「A很害怕」這個述句，也承認A真的有害怕。但他們為了維護物理論的立場，進而認為「A很害怕」的意義是指物理事件，亦即指A的身體表現或物理表現。

　　從這裡我們可以看出，嚴格的物理論是要重新定義「A很害怕」的意義。但在重新定義時，卻把它原來所指的心靈意義，改變為物理意義，換言之，它把原來具有心靈意義的「害怕」，改變成物理意義的「心跳加速、臉部流汗、臉部肌肉拉緊、發抖和口吃等」。但這樣的重新定義是否成功呢？顯然，這是失敗的，因為一個正確的定義是要說出被定義端的相同意義，不能歪曲它原來的意義，但物理論的重新定義背離了它原來的意義。「A很害怕」原來是指A的感受，某種強烈的感觸，這是關於心靈現象的意義，但在新定義中，卻成為一連串的物理事件，完全失去A當時的感受。因此，這樣的定義其實是玩弄文字的遊戲，以文字遊戲來把兩個不同意義的語詞，使之看似相同，卻實際混淆了它們。

　　我們用一個例子來說明，有一個牧師因為無神論的傾向被人懷疑，以致可能失去他的工作。這時他的信徒問他：「你認為神存在嗎？」他回答說：「神是存在的」。但在心中卻偷偷說：「我剛才說的神是指數千年來欺騙人民的一個幻象。」這時，這位牧師重新定義了神，以逃避他原來要面對的問題：神是否存在？不過，神本來的意義是指全善全能全知的完美者，但他卻把神定義為欺騙者。他混淆了神的意義，以玩弄文字遊戲的方式來逃避他要回答的問題，愚弄他的信徒。

　　同理的，當物理論者被問：「A很害怕」是什麼？這個問題要求他回答A當時的心靈狀態，他的回答是：「A流汗，臉部肌肉拉緊，發抖，口吃等。」他沒有正面解釋A的害怕，而是重新定義它，但這個定義卻把心靈意義轉變成物理意義，而以為是真正回答了問題。這是由玩弄文字來逃避他要解釋的工作——害怕是什麼？而且這樣的定義顯然違背了「害怕」原來的意義。所以，嚴格的物理論者把心靈事件解釋為物理事件，顯然由文字遊戲來混淆心靈與物理的基本差異，使它們的差異性失去，也使心靈現象的意義失

去。因此，它給心靈語詞作出錯誤的定義。

其實嚴格的物理論若要堅守它的立場，它應該主張：心靈述句是絕對虛無的、完全沒有意義的，它沒有描述任何事實。然而，嚴格的物理論卻不願意這樣做，反而認為心靈述句是有意義的，但其描述的是物理事件，這使它犯了錯誤定義的謬誤。

2.嚴格的物理論認為沒有心靈狀態，只有它的物理表現或身體表現，這導致一個非常嚴重的困難。我們難以否認，有些心靈狀態沒有身體表現，最明顯的是一般所說的「沒有表現出來的感情」（unexpressed feelings）。有一些陰險的人，可以隱藏或完全不在身體上表露自己的心思。我們也相當容易控制自己的身體，設法不表露自己的想法。這時，我們有心靈狀態，卻沒有外在的物理表現。甚至有一些演員，他們有某種身體行為，卻沒有內在感情。他們可以淚流滿面，內心沒有悲哀。所以，把心靈狀態解釋為物理表現顯然不對。

三、行為主義：心靈語詞與行為性向（behavioral disposition）

另一種嚴格的物理論針對「沒有表現出來的感情」提出一個解決的方式。行為主義認為「沒有表現出來的感情」不是指心靈的內在感情，而是指複雜的行為性向（complex behavioral dispositions）。每一個人都有一些獨特的行為性向，有些較為單純，有些較為複雜。例如「A很暴躁」，這不是說暴躁是他內心的某種感情，也不是在他身體表現出來的某些行為，而是說，他有一種獨特的行為性向，例如，當人狠狠瞪他一眼時，他就會立即罵人或揍人，而罵人和揍人都是行為性向的表現。「暴躁」這個心靈語詞是指，當在某種環境下，他會有某種行為模式的反應。又例如，「A的心思很細」，那不是說他的心靈有一種慎重考慮的能力，而是說，當他過馬路時，他會前後左右都看好幾遍，確定到沒有車子時，才過馬路；在做任何事情時，他都先觀察環境中的各個條件，認為可以實行時，才會去做。換言之，這是指他在某個環境下，會有某些相當固定的行為模式。正如我們說，糖可溶於水，不是說在糖的物質裡，有一種沒有表現出來的性格，稱為可溶性。而是當糖

碰到水時，它會溶化；熱水溶得快，冷水溶得慢。同樣的，當用心靈語詞描述一個人時，只表示他在某些環境中會有某些行為性向。有些性向很簡單，有些是較複雜。例如「他喜歡聽笑話」，那不是說他心靈中有某種特質，而是表示當有人講笑話時，他會走過去聽，而且會聽到不願意走開，邊聽邊笑。然而，對於一個人的「陰險」，則就非常複雜，難以預測在那些環境中他會有那些行為，但這依然是說他在某些環境下會有難以預測的行為反應而已，而不是說他有「陰險」的心靈特質。

有些哲學家批評行為主義，他們認為當有人說：「我很痛」，不表示他有某種行為性向，而是向別人作出一個報告（report）：他現在有某種心靈感受。他說出他的心靈感受，沒有表現出任何行為性向，因此「痛」跟行為完全無關。所以，把心靈語詞解釋成行為反應或行為性向是不合理的。

不過，在以上的攻擊下，行為主義者依然維護他的主張，他認為，當人痛苦呻吟說：「我很痛」時，根本不是一個報告他心中的感受。說「我很痛」的說話本身，就是痛的行為，它是以語言方式表現出來，不是以一般的身體行為來表現，亦即這是一個言說的痛的行為（verbalized pain behavior）。換言之，所謂某人的「痛」，不是指他心中有痛的感受，而表示他在說：「我很痛」。說出「我很痛」這個行為就是他的痛。痛不是心中的感受，而是以語言行為說：「我很痛」。

有一些批評者反對行為主義這個解釋。人為何會說「我很痛」？顯然的，他不會無端說「我很痛」。他不僅是做出行為，他當然是有這個感受才會如此說。所以他除了說出「我很痛」外，尚有一個痛苦感受。雖然他的感受只有主觀的證據，無法被別人觀察，但我們不能因為它無法被別人觀察，就認為它不是證據。的確，主觀證據有它的限制，但卻不能因為它是主觀的，就把它完全忽視。它是非常鮮明的、千真萬確地在感受者之中。

四、折衷的物理論：心靈事件其實是物理事件

折衷的物理論不是僅堅持物理論的立場，完全絕對排斥別的主張。它希望根據自己的立場，容納其它的意見和給出適當的說明。它雖然承認物質是宇宙的基本實有，但仍承認心靈現象存在，不過，所謂心靈現象，根本上依

然是物理的。那麼，它不認為只能以物理述句去描述宇宙的事件，也容許以心靈述句作出描述，但它卻進一步認為，心靈述句所描述的，其實是物質。所以，一切現象基本上仍是物理的。同一論（identity theory）是這種主張的代表。

同一論認為，無論心靈述句和物理述句，都描述相同的事件——大腦事件。例如，「我感到冷」或「我在慎重的思考中」。兩者都是指大腦的某些狀態，不是指身體外心靈領域中的狀態。對於大腦的狀態，也是物質性的神經狀態，例如某神經在beta或gamma狀態。那麼，心靈述句（我感到冷）與物理述句（神經在beta狀態）都描述相同的物理事件。

的確，心靈述句與物理述句在多方面是差異的，但這不妨礙它們都是描述相同的事件，正如本章第一點所說，意義不同的述句，仍可以指謂相同的事件。同一論根據以下三方面來證實自己的主張。

(一)意義上的差異

我們曾說過，心靈述句與物理述句在意義上是不同的。前者描述非空間性的心靈現象，後者描述空間性的物理現象。那麼，這豈不是說，由於兩種述句各有不同的意義，故它們各自描述不同領域中的對象！那麼，心靈現象怎能同一於物理現象呢？

然而，意義不同的表式（expression）可能描述一個相同的事件。「晨星」（morning star）和「晚星」（evening star）的意義不同，但卻描述相同的事件。「我的父親」和「我孩子的祖父」雖然意義不同，但卻是指相同的人。同樣的，「我感到冷」和「我的大腦在beta狀態」兩個句子在意義上不同，仍可能描述一個相同的事實——大腦中的某個狀態。因此，心靈述句和物理述句可能描述相同的事件。

(二)證據上的差異

我們說過，心靈述句建立在主觀證據上，物理述句建立在客觀證據上，這是說，要證實心靈述句，是靠個人的內省；要證實物理述句，是靠外在的觀察。「我感到冷」是由個人內省而知；「我的大腦是beta狀態」是由外在觀察而得。那這豈不是說，心靈述句所描述的，是內在和個人的；物理述句

所描述的,是外在而公眾的!它們描述的對象各在不同的領域中,故不可能同一。

　　但同一論者認為不是。他承認心靈述句的證據是內省的,物理述句的證據是觀察的。可是,這種證據上的差異,並不妨礙它們兩者描述的,都是大腦的相同事件。在內省心靈述句「我感到冷」時,我內省到冷,但這個冷就是大腦的beta狀態。另一方面,在觀察物理述句「大腦的beta狀態」時,即使是用機器去觀察,觀察到的也是大腦的beta狀態。故兩者描述的都是一個相同的事件。它可以讓我們內省,也可以被我們觀察。兩種不同的證據,都是把握一個相同對象。這正如我用鼻子去聞一個麵包的氣味,也可以用舌頭去嚐它的味道。一種是由嗅覺去獲得證據,另一種由味覺去獲得證據,兩者雖不同,但都是關於一個相同的東西。我們不能由於不同的證據,便以為它們來自兩個不同的東西。反而,兩種不同的證據,可能來自相同的對象。

(三)知識上的差異

　　如果根據同一論說,內省與觀察都是相同的物理事件,則為何在內省時,卻沒有讓我知道當時大腦的物理狀態呢?我們由內省和觀察而來的知識是完全不同的,那怎能說它們描述相同的事件呢?例如,「我感到冷」和「我的大腦在beta狀態中」是完全不同的兩種知識,那怎能是相同的事件呢?前者是我的冷,後者是我的大腦,怎能說它們是相同的東西!

　　同一論者認為,得到的知識不同,不表示它們來自兩個不同的東西,因為同一個東西也可能有兩個不同的知識。例如,Oedipus知道他與他的妻子同床,後來他又知道他與他的母親同床。「他的妻子」和「他的母親」是兩個不同的知識,但卻是一個相同的女人。因此,對於一個相同的東西,可以提供兩個不同的知識。所以,「我感到冷」和「我的大腦在beta狀態中」可能是大腦的一個狀態的兩個不同知識。它們可能同屬於相同的大腦事件,只是對它有兩個不同的知識而已。因此,我們不能因為得到的知識不同,就武斷地說它們是兩個不同的東西。

五、對同一論的批評

(一)心靈與物理是兩個激底不同的領域

　　同一論認為，心靈述句和物理述句都描述一個相同的事件——大腦的物理事件。不過，根據我們以前的分析，心靈述句描述的是心靈事件（mental event），它不占空間，也沒有由空間引申出來的種種性質。另一方面，物理述句描述的是物理事件（physical event），它占有空間和具有由空間引申出來的種種性質：長、短、寬、質量、位置，甚至是顏色等。這兩個性質互相排斥，不可能同在一個相同的東西上，那怎能說它們描述相同的事件呢？一個東西怎能具有占空間的物理性質，又同時是不占空間的心靈性質呢？

　　有些同一論者反駁以上的批評，他們認為心靈現象其實也可以正如物理現象那樣，具有空間性質的。因為顯然的，心靈現象發生在某個人身上，而人是占有空間的，因此心靈現象所在的空間就是人當時的空間。例如，我在課室中感到冷，則我的感到冷這個心靈現象是在課室中。雖然這樣的地點尚不是很確定——在課室中的某一點，而僅是模糊的（vague）。不過，我們若要更明確一點，則可以說，感到冷的心靈現象是在我的大腦中某個物理狀態上。

　　不過，這個論點其實非常彆扭、太造作或硬套的，因為我們根本不是觀察到心靈現象的位置，然後把它描述（describe）出來，我們似乎是憑己意規定（stipulate）它的地點。在正常描述一個東西的位置時，是先發現它的位置後，才描述它的，但對於我的冷，我根本沒有發現它的位置，但卻為了說出它的位置，便硬套一個位置給它。所以，硬說心靈現象擁有空間性質，似乎是過分獨斷的。

(二)心靈述句不能被修正（mental statements are incorrigible）

　　心靈述句描述的對象，是由內省得知。如果個人是真誠的，則他對心靈現象的知識是不會錯誤的，別人無法根據他的觀察要求修正它。例如「我很痛」，只要我是真誠的，這是不會錯誤的，也是別人無法修正的。於是，即使有人發明一個觀察腦波的儀器，偵測到我的腦波中有痛的反應，但我當時

若沒有痛，則他不能說我錯了，要求修正我的心靈述句，因為有沒有痛只有我個人能夠確定，別人無法幫我確定。

　　然而，根據同一論的說法，由於心靈現象相同於物理現象，則如果我們能肯定某人的大腦中有某種物理活動，則必然有相應的心靈活動。根據剛才的例子，若我們能由儀器觀察到某人大腦有beta活動，則可以肯定他一定有冷的感覺，因為前者與後者是相同的。即使他當時無法內省自己的冷，但同一論仍認為，他實際是感到冷的。因此，根據同一論，它可以修正由內省而來的心靈知識。不過，這種主張是難以接受的，因為根據心靈述句的性格，它是不能被修正的。

(三)心靈現象是主觀的

　　根據以前所說，心靈現象是個人的感受，只有感受者個人才能擁有和理解它，例如紅色的感覺（心靈現象），只有感受者才能擁有和理解它，沒有親自感受過紅色的人，是無法擁有和理解紅色的。紅色感覺是個人的、主觀的事件。物理現象是另一種事件，它是客觀的，可以被別人理解的。例如感受紅色時的大腦狀態A，它是客觀的、是別人可以觀察和理解的事件。它們是兩種不同的事件，是不能等同的。

　　同一論認為，在感覺紅色時，紅色感覺是當時的大腦活動A。它們是等同的、同一的。但是，大腦活動A可以由色盲的人去研究、觀察和理解，但對於紅色感覺，由於色盲的人對它無法有個人經驗，故他無法擁有和理解它。即使他知道大腦活動A是紅色感覺，企圖努力研究和理解它，但他依然無法理解紅色感覺。若根據同一性理論，由於大腦活動A是紅色感覺，因此，理解大腦活動A就是理解紅色感覺。但實際上，色盲者所理解的，只是大腦活動A的客觀事件，而沒有紅色感覺的主觀事件，所以，大腦活動A中沒有紅色的感覺，而大腦活動A不能等同紅色感覺。那怎能說它們是同一呢？

　　而且，若一個色盲的人真的要理解紅色的感覺，得到這個心靈現象，他不能只靠研究大腦的活動A這個物理事件，而是先要把色盲醫好，再親自去經驗紅色，得到紅色感覺的心靈事件。因此，心靈事件是主觀的，只能由個人感受而得知，而物理現象是客觀事實，是在別人能客觀觀察的領域裡，兩

者是完全不同的事件，它們無法同一。

六、心理健康問題

　　基本上，物理論者認為宇宙中最真實的是物質，是可以由物理定律說明、預測和控制的。對於心理疾病，他們認為根本上是物理問題。嚴格的行為主義者認為，根本沒有心靈疾病（mental illness），只有行為疾病，亦即行為偏差（behavioral disorder）。要使人的行為合於正常，可以用糾正行為的方法處理。例如，當他行為正常時，就給他快樂或舒適；當他行為偏差時，就給他痛苦，經過長時間和一致的糾正後，就可以改正他的行為。又或許，我們可以由藥物去控制他的行為，甚至是改變他的基因，把他從一個暴躁的人改變成溫順的人。

　　折衷的物理論者承認，人是有心理疾病的。例如，某人的疑心使他認為有人暗中要謀殺他。他的疑心是真實的，不過，這只是大腦活動的偏差。所謂心理偏差根本上仍是大腦偏差而已，因此要改變人的心理，就是要改變他的大腦活動。這可以由物理方式進行，各種醫學知識和藥物可以改變人的心理。

　　由於以上兩者都是物理論者，它們都否認有所謂心理治療的方式，由心理學家去糾正病人的心理。所謂心理健康問題，全部要由物理方式去解決：行為治療、藥物或大腦治療。

第十三章
唯心論（idealism）

在形上學，唯心論是指：宇宙的一切實有，最基本的是心靈。對一般人而言，這是難以理解的，因為只要我們睜開眼睛，就可以看到很多物質，它們非常真實地存在。正如我眼前的桌子、椅子，和手邊的電腦，都是非常真實的物質事物，它們無需依賴心靈就可以獨立存在，那怎能說宇宙的基本實有是心靈呢？

一、唯心論的兩個論證

㈠物理事物的存在依賴心靈的存在

無可否認，只要我們睜開眼睛，就可以看到很多物理事物存在。然而，假若我們問：事物如何才能得到它的存在，成為宇宙中的實有呢？或許我們可以說，那是由於我們知覺它們、看到它們。因為，假若我們沒有、而且永遠不能知覺任何事物，那當然不能說有事物存在。這樣又怎能有事物存在呢？正如我們問：隔壁課室的黑板和講台如何才能得到它的存在，成為宇宙中的東西？假若我們現在沒有知覺它們，那當然不能說它們存在、是宇宙中的實有。但是，一旦我們跑到隔壁去，知覺它們，這時我會說它們真實地存在，換言之，它們得以存在了。又假若我們完全沒有知覺，那當然不能說有任何東西存在，這時，宇宙中沒有事物和實有。同理的，任何在知覺外的事物——亦即不能被知覺之物，它們都不可能成為存在。可是，一旦我們有知覺，又知覺到事物，這樣它們才能得以存在、成為宇宙中的實有。因此，我們可以說，事物之所以存在，是由於我們知覺它們。知覺屬於心靈的活動，

因此，宇宙的實有之所以能存在，要依賴心靈。心靈是宇宙的最基本實有，其它非心靈的東西，皆依賴心靈才能存在，這可以證明唯心論的主張。

(二)唯心論可以避免成為懷疑論（skepticism）

這個論證是要指出，唯心論的主張可以讓人得到事物的知識，不致陷入懷疑論（一切信念都是可疑的）的泥淖裡，因此它是更合理的理論。

顯然，知識來自經驗。對於一個沒有感官、無法經驗事物的人，他當然無法得到知識。並且，我們只能肯定經驗到的事物，對於沒有經驗到的或無法經驗的，則對它們沒有知識，也不能對它們作出任何判斷。因此，對於任何心靈外的東西，我們沒有它們的知識，也無法對它們作出判斷。即使我們最後對它們作出判斷，一切都僅是猜測和武斷而已。

於是，假若我們認為宇宙的實有獨立或外在於心靈，則它是心靈無法知覺的，這樣我們不能對它有知識，也永遠無法認識它。於是，我們既不知道它，但又肯定它的存在，這顯然是武斷的。同樣的，我們對它的所有說明或知識，都是可疑的、不確定的，這即成為懷疑論。因此，要避免成為懷疑論者，一定不能承認獨立或外在於心靈之物，而只能承認，宇宙的實有都在心靈之中，是心靈知覺的事物。既然它們被心靈知覺，則表示我們可以得到證據去肯定它的存在。並且，由於心靈可以認識它，也就可以得到它的知識，這則不致成為懷疑論了。因此，物理論主張事物獨立存在於心靈外，這立即陷入懷疑論的泥淖裡，是一個不可取的理論。反之，唯心論主張事物存在於心靈內，它保證我們能得到事物的證據，獲得它們的知識，這才是能夠接納的理論。

二、嚴格的唯心論

對於唯心論，大致上可根據我們以前的進路，分成嚴格的和折衷的兩個主張。嚴格的唯心論認為，只有心靈存在，沒有物質。它只肯定自己的立場，完全排斥其它立場的意見。折衷的唯心論認為，物質是存在的，但其存在依賴心靈，是心靈中之物。它接納其它的立場──物質是存在的，但卻在唯心論的立場（心靈是基本的實有）去解釋它。我們先說明嚴格的唯心論。

㈠事物是感覺性質的組合（a complex of sense qualities）

當我們追問：宇宙的實有是什麼？或者說，宇宙有很多東西，它們根本上是什麼？真正是什麼？顯然的，要知道它們是什麼，不是去幻想它或想像它，而是要去觀察或去看看它們。在觀察東西時，我們若不是看到它的顏色、形狀、大小，就是摸到它的軟硬、冷熱、粗糙或光滑、動的或靜止的，或是聽到它的聽音、聞到它的氣味、嚐到它的味道。換言之，在觀察中，我們根據自己的感官，得到各種感覺性質。無論我們如何觀察，都無法觀察到超過感覺性質的東西。所以，我們不能說有超感覺性質的東西存在。

而且，不同的感覺性質會組合起來構成各種事物，對於感覺性質的組合，我們給予不同的名稱來命名它們。例如，由圓的、紅的、甜的、重的、硬的等感覺性質組合起來的東西，我們稱之為蘋果。由白的、高的、硬的、沒有氣味的、沒有味道的、易碎的等感覺性質組合起來的，我們稱之為粉筆。於是，宇宙的山河大地，花草樹木和其它一切東西，都是感覺性質。在感覺性質外的領域，沒有東西存在。

㈡感覺性質的存在依賴心靈的存在

然而，感覺性質如何得以存在？顧名思義，感覺性質是在感覺中，是被感覺的性質，並且，感覺是心靈的活動。當我說，「某些感覺性質存在」，這表示它們是被心靈感覺到，亦即在心靈中，作為心靈的內容。例如，一個蘋果的感覺性質——紅的、硬的、甜的、香的、圓的、涼的等——之得以存在，是由於我看到它們。假若我知覺不到它們，那我怎能說它們存在呢？故它們的存在依賴我心靈的知覺，是心靈中的內容。同樣的道理，我聞到事物的香味，嚐到甜味，摸到某個硬度，這些感覺性質之所以存在，都是依賴我的心靈去知覺它們。它們是心靈的內容。但是，這些紅色、圓形、重量、甜味、硬度等感覺性質就是蘋果，而既然感覺性質是心靈的內容，要依賴心靈才得以存在，因此，蘋果也要依賴心靈才能存在。同理的，既然一切事物都是感覺性質的組合，而感覺性質要依賴心靈的知覺，因此，一切事物之所以能存在，都要依賴心靈的知覺。於是，宇宙中所有事物，都是心靈的內容。沒有事物能獨立於心靈的知覺外存在。除了心靈和心靈的內容外，沒有超出心靈的東西存在，這是說，沒有純粹物理的、不作為心靈內容的單純物質存在。

(三)批評

1. 違反現象與實有之區分

對於出現在心靈中的內容，我們稱之為現象（appearance）。根據字面，現象是呈現出來的影像，而呈現出來的影像，當然是呈現在心靈之前，是心靈的內容。根據唯心論，所有事物都是現象，而我們對事物的正確或完整描述是：「我看到A存在」或「我經驗到A存在」，而不是「A存在」。前者說出事物呈現在心靈前，作為心靈的內容，這是心靈述句；後者是指事物的存在與心靈無關，是獨立的存在，這是物理述句。在唯心論的主張裡，實有就是現象（出現在心靈前的影像，是心靈的內容），要由心靈述句描述。由物理述句說明實有是不適當的，因為它誤以為事物獨立於心靈存在。唯心論認為，在現象後，沒有東西存在。換言之，在現象中的，就是實有，亦即現象就是實有。唯心論沒有現象與實有兩者的區分。

可是，我們一般認為，實有（reality）與現象是有區分的，這是說，實際的那個東西與我看到的東西（或在我的知覺中的東西）是兩種不同的東西，亦即，「我看到的那個東西」（what I see）和「呈現在我看到的」（what I seem to see）是有區別的。前者是東西的自身，後者是我看到的影像。同理的，「我看到的那隻蜜蜂」和「呈現在我看到時的蜜蜂」是不同的。前者是那隻蜜蜂本身，它會吃花蜜和產卵；後者是我看到的影像，它只是出現在我心靈中的內容，它不會吃花蜜和產卵，只要我閉起眼睛，它就不再出現。若說它們是相同的，我們難以接受。再者，那隻真正的蜜蜂可能是黃色的，但我看到的蜜蜂卻可能被我看成是白色的。這有必要區分出來，因為如果我看到的就是蜜蜂本身，則錯覺是不可能的，亦即我不會發生看錯的情況，但這顯然違背我們的常識。因此，唯心論者把心靈的內容（現象）等同事物本身（實有）是難以成立的。

2. 獨我論（solipsism）

嚴格的唯心論會導致獨我論的主張。唯心論認為只有心靈及其內容才是存在的，沒有在心靈及其內容外的東西存在。然而，心靈是個人的、主觀的，它無法被客觀觀察。我們只有證據證實自己的心靈存在，卻沒有證據證實別的心靈存在。因此，我們只能說我的心靈及其內容存在，至於有沒有別的心靈，則無法肯定。於是，宇宙中只有我的心靈是存在的，其它的心靈我

不能證實，這成為獨我論的立場。

　　於是，我們只能接受描述我自己的心靈述句，例如「我看見有一張桌子在課室中間」，它是有證據去證實的，這可由我的內省去證實它，別人無法證實。關於描述別人的心靈述句，例如「他看見有一張桌子在課室中間」，由於只有當事人（第一人稱者）才有主觀證據去證實它，我無法得到支持它的證據，因此，我無法肯定或否定它。於是，只有我自己的心靈及其知覺的一切，才是實有，才能被證實；其它心靈及其知覺的一切，我一無所知，不知真假，無法確定。由此成為獨我論——只有我自己的心靈和心靈現象才是真實的，其它的心靈，我一無所知，不能肯定或否定。

　　當我往外看時，雖然看到很多人在行走，我能確定的，是我的心靈中有「看見」這個心靈活動，及在其中出現的人的身體在行走。但這些人的身體有沒有心靈，我不能確定。他們是否有感情、思考、判斷力等等，我也不能確定。換言之，他們是不是人，我無法確定。世界上只有一個我，其他的是不是「我」（一個可以自稱為我的人），我無法肯定。宇宙中只有一個唯一的「我」。

　　獨我論者是難以反駁的，因為他總是封閉在自己的立場裡，強烈反對與他稍有不同的主張。即使一些很明顯、而且幾乎是人人都接受的事實，他都不願意接受。例如，在與別人對話時，我們總認為，面對著我們、正在與我們談話的人是有思考的，他的心靈在理解我們的話。若我們不承認他有心靈，則不會跟他對話。可是，獨我論者依然會質疑，「你有看到他的心靈嗎？」只要他堅持自己的立場，他的理論是難以反駁的。

　　其實，嚴格的物理論和嚴格的唯心論都犯了類似的錯誤：把證據的標準制定得太狹隘了。前者只承認客觀證據，反對只有由個人得到的主觀證據，它認為只有人人都可以得到的，才是可靠的證據，因此完全不接納主觀證據；後者只承認主觀證據，認為它可以提供必然確定性（「我看到有一把椅子在前面」是不可能錯誤的），而客觀證據有錯誤的可能（「有一把椅子在前面」是可能錯誤的），故完全不接納它。嚴格的物理論否定主觀證據所證實的心靈現象，僅承認客觀證據所證實的物質——大腦活動；嚴格的唯心論正好相反，它反對客觀的證據，只肯定主觀證據所證實的心靈現象。並且，更進一步，主觀證據是關於個人心靈的，因此，它不接納個人心靈以外的其

它東西存在：別人心靈和外在事物的獨立存在。其實，它們都是太獨斷地限制在自己狹隘的立場中，不開放自己去考慮我們日常生活所承認的證據或知識，由此導致它們的主張違背常識。

三、折衷的唯心論

嚴格的唯心論認為宇宙的實有是心靈或心靈的內容，完全沒有物理事物或物質的存在。折衷的唯心論不否定物理事物的存在。它認為，物質是存在的，不過它的存在依賴心靈，換言之，心靈是更基本的實有，物質要依賴心靈才能存在。

在日常生活中，即使我們沒有知覺事物，仍可正確描述它們。例如，當我下課離開教室回到研究室後，我雖然沒有知覺教室中的椅子，這時它已不是心靈中的內容，但我依然認為它是存在的，而能對它作出正確的描述。例如我說：「有一把椅子放在教室的講台前」。所以，我們難以承認，只有在心靈知覺中的東西才能存在。

為了逃避這個困難，有些唯心論者承認，「一把椅子放在教室的講台前」和「我知覺一把椅子放在教室的講台前」是描述相同的事實，前者是物理述句，描述一個物理事件（講台前的那把椅子）；後者是心靈述句，是描述一個心靈事件（講台前的那把椅子是我心靈的內容，是在我的知覺中）。它們同樣說出了宇宙中的實有。不過，為了維護唯心論的立場，他們指出，前者是由後者引申或建構（construct）出來的。

根據唯心論者，宇宙的實有之所以得以存在，是由於它被心靈知覺，或它是心靈的內容。因此，在描述講台前的椅子時，完整而澈底的描述是心靈述句：「我知覺一把椅子放在教室的講台前」，椅子的存在依賴心靈的知覺。由於有知覺，講台前的椅子才得以存在。然而，有時我們描述這把椅子時，會忽略了它的存在是依賴心靈的知覺，反而直接用物理述句說：「一把椅子放在教室的講台前」。在聽到這個描述後，往往使我們誤認為，椅子獨立存在於講台前，它無需心靈的知覺就足以存在。但是，我們之所以有這個誤解，是由於忽略了心靈或知覺的優先性，才以為椅子是獨立存在的物質。

又如當我摸一個東西時，我說：「我摸到它很硬」和「它很硬」基本上

都是描述一個相同的東西。這裡沒有兩個不同的硬——一個是我摸到的（在我的知覺中），另一個是放在外面被摸的（獨立於我的知覺外）。我摸到的東西就是被摸到的那個東西，兩者相同。但是，「它很硬」這個物理述句建立在心靈述句「我摸到它很硬」上。兩個描述都是合理的，但是後者的描述是更基本和更完整的；前者的描述建基於後者，因為有了後者才能有前者。再來，由於我和其他人都摸到它很硬，因此，我們都說「它很硬」。於是我們便以為它的硬與我們的摸到它是無關的，亦即以為它的硬是屬於它的，與我們無關。於是，我們以為「它很硬」是它自己的，是它的物理性格，或是離開我們的知覺、獨立自存的性質。但其實不是，因為它的硬是由於我們摸到它，才能得以存在，才能出現為硬的。若我們都摸不到它，怎能說它有硬的性質呢？換言之，它的物理性格，其實是由於我們在說明它時，忽略了它的存在是由於心靈知覺它。我們忽略了心靈知覺的優先性，才把它建構成一個獨立自存的物質事件，所以，物理性質其實是我們忽略了心靈的優先性所建構出來的，它不是獨立自存的。

正如我們通常認為空間是獨立自存的，其實是由於我看到兩個東西，發現它們有空間的關係，才讓空間得以存在。例如對面的兩個房子，因為我看到它們有遠近，高矮，長短，上下等關係，這些關係正如其它東西一樣，其實是由於我知覺到它，它才能存在。若沒有我的知覺，怎能說出所謂遠近、高矮、長短等關係呢？而且大家又知覺到它們，於是大家都說：「有一個房子較遠，另一個房子較近」。大家都承認這樣的描述，我們就以為遠近是屬於事物的，是客觀的，而且，又認為既然它們有遠近，故是在一個獨立自存的空間中占有不同的位置。其實，這是由於我們知覺它們的空間關係，再基於空間關係而忽略了心靈知覺的基礎性和優先性，才建構出一個獨立自存的物理空間。這些都是由心靈事件而來的建構，故最後的實有依然是心靈。

所以，無論物理述句和心靈述句，雖然文字上的意義不相同，但它們所描述的，依然是相同的東西。只是前者的描述忽略了後者描述的一部分——心靈活動的部分。

巴克萊（G. Berkeley）清楚指出，宇宙的一切，日月星辰、山河大地、花草樹木，的確都是真實的，它們都是存在，但它們的存在要在心靈的知覺下。這即是他的名言：「存在即被知覺（to be, to be perceived）」，這是

說，宇宙的事物的確存在，但它們的存在是在被知覺下。只說它們存在，是忽略了它們的被知覺。因此，它們的獨立存在是由於忽略了它們的被知覺才被建構出來的。

四、事物的繼續存在

巴克萊的名言「存在即被知覺」有一個非常嚴重的困難。如果存在是要被知覺，則只有在被知覺的情況下，事物才能存在。假若有一件東西，我現在知覺它，則它是存在的，但假若我馬上閉起眼睛，不去知覺它，則根據巴克萊，它的存在要立即消失，成為不存在了。如果我再張開眼睛，看到它，則它似乎又由不存在變成存在了。這似乎是說，我的知覺可以創造、毀滅和再創造它的存在！這是難以接受的，因為我們無法相信，知覺可以創造事物，而不去知覺它則會毀滅它。並且，在日常生活中，我們總認為，即使一個不被我知覺的事物，它依然是存在的，正如在教室裡的椅子，到了深夜，即使沒有人知覺它，它依然存在。那麼，巴克萊的理論無法妥當說明，「不被人知覺的事物依然繼續存在」。

巴克萊面對這個困難，最後只能訴諸全能的上帝。他認為，存在的確是要被知覺，但知覺不一定是指人的知覺，它也可以指上帝的知覺。上帝是全能全善的，祂保證事物繼續存在。因此，一個不被人知覺的事物是可以繼續存在的，因為上帝在知覺它。上帝的知覺保證事物的繼續存在。

巴克萊訴諸上帝來解決他的哲學困難，當然難以令人滿意。這沒有表示他的困難被解決了，反而更證明他的理論無法得到哲學的支持，最後只能設計出上帝來解救。在哲學上，這種訴諸上帝來解決困難的方式，稱之為deus ex machine，這是說，唐突地搬出上帝來解決一個難以解決的困難。

另外，人的知覺與上帝的知覺不同。人的知覺根據他的感官特性：肉眼看到顏色、形狀，觸覺感到痛、熱、冷，鼻子聞到香和舌頭嚐到甜等。在人的知覺裡，事物具有獨特的感覺性質。上帝的知覺不同，他不用眼睛、觸覺、嗅覺和味覺等去知覺，因此，即使祂有知覺，但在祂知覺中的事物顯然與人的知覺中的事物不同。然而，在知覺的過程中，當我突然停止知覺，又再次知覺時，我們認為，在知覺空隙中的事物，與前一瞬間和後一瞬間的事

物相同。但若由上帝的知覺去保證事物的繼續存在，則在空隙中的事物與前一瞬間和後一瞬間的事物不同，那怎能說上帝保證了事物的繼續存在呢！

面對以上的困難，巴克萊提出另一個答案。他指出，知覺空隙中的事物沒有消失，它還是繼續存在，但它不是獨立於知覺的存在，而是：「假若我們去知覺它，就可以知覺它的存在」，這是說，事物依然存在，只要我們去知覺它。這依然是唯心論的立場——事物的存在依賴知覺。

不過，這個答案依然有困難。巴克萊承認事物的繼續存在，但它的存在是：「假若我們去知覺它，就能知覺它的存在」。這是一個條件句，換言之，只有在某些條件下，事物才存在。在這裡，事物不是一個真實的存在，而僅是一個可能的存在，這是說，它不是真實的事物（actual thing），而僅是可能的事物（possible thing）。這正如我說：「假若現在下大雨，外面馬路會積水」，這個描述沒有指出，外面馬路有真正的積水。它僅是說，在某個條件（現在下大雨）下，積水才存在。因此，巴克萊僅是指出，有一個可能的事件繼續存在，無法保證它真實地繼續存在。然而我們認為，在知覺空隙中的事物是真實地繼續存在，它不是可能地存在，因此巴克萊的反駁是不成功的。

五、沒有表象與實有之區分

通常我們認為，宇宙的事物有表象與實有之分，例如在我的知覺中，我看到桌子上的蘋果是紅色的。但是，我看到的蘋果與真正在桌子上的蘋果是不同的，它們是兩種東西。因為在桌子上的蘋果可能不是紅色的，其實是青色的，只是在紅色的燈光下，使我看到它是紅色的。換言之，桌子上的蘋果有它自己真實的、屬於它自己的性質，這是蘋果的實有。在我的知覺中，也有蘋果性質，但這是在我的知覺中的性質，是我看到的性質，它僅是蘋果的表象，不一定是蘋果的實有。假若在當時知覺中的表象與實有相同，則我得到實有的知識；假若它們不同，則我的經驗是幻覺，不是對蘋果的知覺。

根據唯心論，沒有獨立於感官經驗外的事物，事物存在於感官經驗中，則凡是經驗到的，都是事物的性質。換言之，沒有表象與實有之區分，因為只有感官經驗直接感知的表象，沒有在表象後的實有。出現在表象中的性

質，就是事物的性質。這引出一個非常嚴重的困難。

我們承認，感官經驗有時是錯誤的，有時是正確的。錯誤的感官經驗我們通常稱之為錯覺，正確的感官經驗則稱之為知覺。不過，如果沒有表象與實有之別，則如何區分錯覺和知覺呢？如果承認實有的存在，則可以根據實有的性質，檢討感官經驗中的性質是否與它相同。如果不相同，則是錯覺；如果相同，則是知覺。不過，如果事物沒有實有，而它的性質是感官經驗中的性質，則無法區分那些經驗是錯覺，那些是知覺。一切經驗中的性質，都是事物的性質，這顯然難以接受。

巴克萊指出，錯覺和知覺是可以區分的，但不是訴諸事物具有真正屬於它自己、獨立於心靈外的性質（這是物理論的立場），而是因為錯覺和知覺是兩種不同的經驗。我們只要分析它們，就可以找出它們的差異。相對於錯覺，知覺得到事物的真正知識，它的經驗是強烈的、鮮明的、有秩序的及一致的。但在錯覺的經驗裡，事物的印象較為昏暗無力、不穩定和凌亂的。當我知覺桌子上的蘋果時，當時的紅色、圓形、香和甜的感覺性質都是強烈和鮮明的，當繼續看下去時，整個過程的經驗是有秩序的，彼此一致，不會互相衝突。例如，我看到紅色，清清楚楚是紅色，是非常強烈有力的感受，繼續看下去時，紅色不會突然變成白色，圓形突然變成方形，而是漸漸由紅色轉淡一些或轉深一點點，它的圓形依然是圓形，或許稍扁了一些。這些經驗互相組成一個連貫一致的經驗。但假若是錯覺，我沒有那麼強烈肯定它是紅色、圓形和其它的感覺性質，它只是看似是這樣的，這是說，當時的經驗是昏暗無力的。並且，整個過程的經驗不會如此有秩序和一致，有時或許變得彼此衝突，難以構成一個連貫一致的經驗。

在知覺中，我的意志無法改變我的經驗，我不能想看到白色就有白色出來，想看到方形就得到方形。知覺是由事物的某些規定和定律來限定我的經驗，這是意志無法改變的。但錯覺的經驗卻往往受到個人意志的支配，想要它圓就看到圓，想要它白就看到白。

可是，以上的區分只能用在白日夢或自覺想像的錯覺上，但別的錯覺是不適用的。例如夢遊和由藥物引起的錯覺，也是非常鮮明和一致連貫的。有些人可以在夢遊中做事，他當時或許不在正常的知覺裡，但卻可以連貫一致把事情做完。並且，這也不是個人意志做成的，夢遊者不在意志的支配下完

成他的經驗，故這與正常的知覺沒有差異。瘋子和催眠中的世界或許也是強烈鮮明和一致的，而且也不是故意做出來的，所以巴克萊的主張無法區分錯覺和知覺。

六、心理健康問題

唯心論否定有知覺外的實有獨立存在，實有必須呈現在知覺中，是心靈的內容或經驗，則我們難以區分正常的知覺和不正常的幻覺，因為無論知覺和幻覺都是心靈的經驗，其中之物皆是心靈的內容，故它們都是真實的。如果有一個獨立的實有，則我們可以把知覺和幻覺中之物來作對比，只有符合實有的，才是真正的知覺，這樣可以區分知覺和幻覺。一旦否定獨立的實有，而且知覺和幻覺也可能是可以同樣強烈，都有自己的規律、秩序和一致性。那麼，我們無法確定那些是知覺，那些是幻覺。同理的，在唯心論裡，我們無法區別誰是活在知覺中，擁有真實世界的正常人，誰是活在幻覺中，擁有一個幻覺世界，有精神疾病的人。

有些心理學家認為，這根本不是一個困難，因為治療一個病人，不是要他承認他的世界是一個幻象，也不是把心理治療家擁有的真實世界，強迫病人接納。其實，兩者的世界都同樣真實。心理治療家要承認病人的世界也同樣是真實有效的，要尊重他們的看法。只是，如今病人對他的世界不滿，不能與他的世界協調，無法在其中生存，所以心理治療家的工作是要幫助他改變他心中的世界，讓他可以接納它，與它和平共存。因此，心理治療無需區分真實與表象的世界。只是改變病人和他的世界之關係，讓他們彼此協調，病人就痊癒了。

第十四章
心身二元論（mind-body dualism）

通常我們認為，人不僅有身體，也有心靈，而且身體與心靈彼此差異、完全不同。人由身體和心靈兩個不同的元素構成，這是心身二元論的立場。從嚴格的心身二元論而言，這涉及一個非常困難的問題：在一般常識裡，心靈與身體是互動的：心靈可以作出決定，使身體往前走，並且，身體受傷會使心靈感到痛苦。可是，心靈與身體既是兩個完全不同元素，則它們如何互動呢？我們知道，心靈不占空間，沒有形體和質量，則它如何能推動有形體和有質量的身體往前走呢？同理的，有形體和有質量的身體受傷了，如何使沒有形體和質量的心靈感到痛楚呢？這些問題是難以說明的。

為了解決這個困難，有些較為折衷的哲學家認為，心靈與身體雖然彼此差異，但並不互相獨立。它們結合成一個整體，各自為整體中的部分。由於它們互相結合、構成一個整體，則當然可以互動了。折衷的心身二元論者認為，心靈與身體雖然差異，但由於它們是統一的，故它們是互動的。

一、嚴格的心身二元論

(一)心靈與身體是兩個不同的實體

笛卡兒（R. Descartes）認為，宇宙由兩種不同的元素構成。一個是心靈，另一個是物質。人同時擁有它們，他的心靈是他的人格（或自我），他的物質是他的身體。雖然人的身體正如其它事物一樣，都是物質的，但他不同於事物，因為他是一個思考者。他能夠思考，正好表示他具有心靈。並且，人之所以是人，不是由於他的物質性，而是由於他能思考，所以心靈才

是他的人格。人在世界中，他的心靈必然與身體結合，互相影響。心靈能指揮身體，身體把外界的訊息傳到心靈中。在人死後，他的身體腐敗，心靈繼續存在，西方人稱之為靈魂不滅。這時，身體與心靈分離了。

笛卡兒的心身二元論建立在他的知識論上，這是說，建立在他對知識的分析上。他認為，心靈的知識是非常確定的。心靈的知識由內省而得，內省的知識是不可修正、不會錯誤的。例如，「我感到很痛」或「我想起昨天的足球比賽」是由內省而得，只要我忠誠報導，是不會錯誤的。我不可能把內心的痛苦誤解為快樂，也不會把「想起昨天的足球比賽」誤解成「觀看昨天的足球比賽」，所以心靈的知識是絕對確定、不會錯誤的。

但外在事物的知識卻不是絕對確定的，因為心靈只能直接意識到心中的內容，無法跨越它，到達外在世界的事物。對於外在事物的知識，我只能依賴心中的意識，進而推論引起我的意識之事物。例如「馬路對面人行路上有一張椅子」這個外在事物的知識，是由於我心中有「看到馬路對面人行路上有一張椅子」的內在經驗。我是從這個內在經驗，推論出它所指的外在事物：「馬路對面人行路上的一張椅子」。其實，根據我的內在經驗，我最多只能說，有一些原因引起我的內在經驗，但對於這個原因，由於我無法直接把握它，所以我對它沒有絕對確定的知識。在這個情況下，無論我推論出什麼結論，它都不是絕對有效的。

於是，心靈的知識是絕對確定的，外在事物的知識卻可能錯誤，這是兩種不同的知識。由於我們從心靈得到絕對確定的知識，但從外在事物卻是可能錯誤的知識，因此它們是兩種不同的東西（實體）。前者的性質是內在的，它是精神的、非空間的；後者是外在的，它是物理的、空間的。

㈡二元互動論（dualistic interactionism）

笛卡兒認為人由心靈與身體構成，它們的性質非常差異。但當人存在時，我們難以否認，心靈與身體是互動的。例如心靈決定往前走，身體便會站起來往前走；身體受傷時，心靈感到痛。但它們如何互相影響呢？二元互動論者認為，它們是以因果關係直接影響的，即心靈可以作為原因直接影響身體，換言之，它的抉擇直接推動身體站起來往前走；身體也可以作為原因直接影響心靈，這是說，身體的受傷直接影響心靈感到痛苦。不過，互動論

在理論上是難以成立的。

三批評：機器中的鬼魅（ghost in the machine）

「機器中的鬼魅」是G. Ryle對笛卡兒二元論的批評。在笛卡兒，身體是物質，是物理的，它根據物理定律活動，正如機械根據機械定律活動一樣，因此身體似乎是一部機器，根據機械定律活動。但在笛卡兒，心靈是精神性的，它不是物質，是無法觸摸的，它似乎是一隻精神性的鬼魅，控制著身體機器。然而，一個非物質的精神，如何能操縱物質性的機械（身體）呢？心靈如何控制身體往前走？如何命令它去開門？心靈是不占空間，沒有形體的精神，它無法產生能量去推動物質性的身體。那麼，這隻鬼魅如何能推動機器呢？這是一個無法解決的困難。笛卡兒為了解決這個困難，便根據當時的生理學知識，認為心靈不是分別直接推動身體的各部分，而是直接影響大腦的松果腺（pineal gland），由松果腺把訊息傳遞給大腦，再由大腦把訊息傳遞到神經，由此推動身體各部分。

笛卡兒的理論是難以成立的，因為我們可以繼續追問：心靈如何直接影響松果腺呢？笛卡兒的理論不是澈底解決他的困難，而是把困難往後挪，這是說，他把心靈直接影響身體各部分的困難，轉成心靈影響松果腺，但是，松果腺依然是身體，則心靈如何影響它呢？這仍是尚待解決的。這正如說，我們難以解釋一隻鬼魅如何推動車子，於是我們說，它只推動油門和方向盤而已，沒有推動車子其它部分。但是，既然它在理論上難以推動車子，則它也是難以推動油門和控制方向盤的。

同理的，身體機器也難以直接影響心靈。身體是物理性的，它的活動可以影響物理事物，使之產生物理活動，但它無法影響不具形體的心靈，因為心靈活動不是物理性的。心靈活動不能從這邊到那邊，生氣或憤怒的精神活動不是物理的改變。

然而，有些心理學家認為，心靈活動可以改變事物的物理狀態，他們提出超越心理學（parapsychology）（例如特異功能）。在心理實驗中，他們發現有些人可以用念力弄彎一隻湯匙，這個現象稱為遠距傳動（telekinesis）；也有鬼魂可以向人說話或打人，這證明心靈活動能直接影響物質。並且，超感官知覺（extra-sensory-perception）宣稱矇著眼睛也可以看到事物，則似乎

可以證明事物不用透過身體，能直接觸動心靈，讓心靈看到它。不過對大多數學者而言，這些主張都違背目前的科學定律，因為用念力彎曲湯匙，亦即能從虛無中創造能量，這與能量不變定律矛盾。對於違反科學定律的現象，我們是難以接受的。

㈣其它主張

二元互動論的最大困難是心靈與身體的直接互動，其它的嚴格二元論為了避免這個困難，一方面依然承認心靈與身體的嚴格區分，另方面又承認心靈與身體是相關的，但卻不是直接互動，而是在別的關係上。

1. 平行論（parallelism）

有些二元論者認為，心靈與物質的確是真實存在，但它們不直接互動，而是彼此平行發展，這是說，物理事件在自己的因果關係上發展，心靈事物也是在自己的因果關係上發展，彼此沒有互動。但當發展到某些類似的物質事件，會平行地發展出類似的、對應的心靈事件；或當發展到某些類似的心靈事件時，也會平行地發展類似的、對應的物理事物。例如說，我的手拿起一根針慢慢刺進我的身體裡，然後愈刺愈深，這是一個物理事物的發展過程。這時心靈事件也在發展中，它從平靜不痛發展到一點點痛，然後愈來愈痛。可是，針刺進身體裡不是痛的原因，這是說，不是針刺進身體裡使心靈產生痛，它們沒有因果互動關係。的確，手的活動是把針拿起來的原因，而針刺到身體內是果，愈刺愈深是繼續產生的後果，這是物理事件自身的發展。另一方面，平靜不痛的心靈現象是原因，它使下一個痛的心靈現象出現，再使更痛一點的心靈現象繼續出現，這是心靈現象自身的發展。身體與心靈的兩個因果系列互不相干，平行發展。同理的，當我的心靈發展到害怕時，我的身體也平行地發展到的心跳加速的物理現象。這是兩個互不相干、平行對應發展的事件，不是我的害怕（心靈現象）使我的心跳加速（身體現象）。

這種理論的困難是：為何某些類似的心靈事件，一定平行對應地發展出某些類似的物理事件呢？又為何類似的物理事件總是平行對應地發展出類似的心靈事件呢？為何每次我拿起針刺我的身體，都剛好發展到我的心靈感到痛呢？而每次我心中出現害怕，正好碰到我的身體發展到心跳加速，而不是

減慢呢？為什麼它們剛好如此平行對應發展呢？為什麼它們不會混亂呢？這是難以解決的問題。

2. 機緣論（occasionalism）

為了解決平行論的困難：無法解釋為何心靈事件與物理事件的發展是平行相應的，機緣論認為，這是由於神的干預。神把心靈事件與物理事件的發展，適當地對應起來。例如，當我的心靈發展到作出一個決定，要抬起我的手，則神會使我的身體發展到手要抬起來；同理的，當我的身體發展到被刺，則神會使我的心靈發展出痛的感覺。神全能全善，祂要求宇宙的秩序，所以祂使心靈和身體一致地對應發展下去。然而，當一個哲學理論碰到難以解決的困難時，便把神搬出來解救，這沒有表示它把困難解決，反而表示這是一個永遠無法解決的奧祕而已。在哲學裡，把神搬出來以解救難以解決的困難，稱之為deus ex machina。

3. 副現象論（epiphenomenalism）

副現象論認為，心靈事件雖與物理事物不同，但它沒有獨立的存在。它是物理事件產生出來的副產品，是依附於物質活動的產物，這是說，物理事件在因果關係下發展，但在發展的過程中，物理事件可以產生心理事件。不過，心靈事件不反過來影響物理事件，也不影響另外的心靈事件。

我們可以由流水與水聲的關係來說明物理事件與心靈事件的關係。在流動的河水，前面的流水是因，後面的流水是果。然後，水流動時會產生水聲。水聲是流水的副產品，它不會反過來影響流水，也不會影響其他的水聲。水不斷自流，聲音不斷產生。這就正如物理事件在自己發展的過程中，會產生心靈事件為它的副產品。由於它是副產品，不是獨立自存的實體，因此心靈事件不影響物理事件，也不影響別的心靈事件。它本身是沒有影響力的。

馬克斯（K. Marx）認為意識由物質產生，不同的物質活動使人產生不同的意識，但意識不能使人產生物質活動。物質活動在自己的法則下進行，並且產生人的意識活動。但意識活動不會影響物質活動，也不會影響下一個意識活動。這正如有一根針刺入我的身體，針使身體流出血，然後血漸漸停止，這是一個物理事件的因果過程，就在這個過程中，會產生相應的心靈事件，但心靈事件完全沒有影響力。例如，心靈起初感到很痛，後來當血停止

時，它就不痛了。從痛到不痛，是由針刺到身體直至流血停止時產生的一連串心靈事件。針刺到身體不是使身體上的心靈出現一個痛的心靈現象，而是它產生一個心靈現象的副產品。物理事件的過程產生一個心靈事件的過程。心靈現象是存在的，但它是物理現象的副產品。

這種理論認為物理事件可以作為原因，產生心靈事件，卻否定心靈事件能影響物理事件。可是，我們難以否認，心靈事件也會影響物理事件的，例如我的道德情操影響我對父親的行為，我的意志決定將我的手抬起來或停止。可是，副現象論卻說，我的行為和我的手抬起來是由物理原因決定，與心靈完全無關，這顯然違背我們的經驗。況且，既然承認心靈事件和物理事件都是真實的事件，那怎能只承認物理事件做成心靈事件，而不承認心靈事件會影響物理事件呢？

二、折衷的心身二元論

(一)心靈與身體是一個整體的兩部分

嚴格的心身二元論認為，心靈事件與物理事件在性質上互相排斥，它們是兩種澈底不同的東西。一旦當它們的性質截然不同，它們的直接互動就難以說明了。再者，認為它們彼此不相關的平行論，或由神來配合它們的相應關係的機緣論，或是物理事件產生心理事件，但心靈事件不影響物理事件的副現象論，都有非常嚴格的理論困難，不能適當說明心靈與身體的關係。於是，二元論的哲學家面臨的困難是：如何能說明心靈與身體是兩種不同的東西——二元論，但又可以互相影響呢？

折衷的二元論者承認心靈與身體不同，但彼此不互相排斥，因為它們構成一個整體，是整體中的兩個部分。由於它們結合在一個整體中，故它們可以互相影響。他們不採用心靈和身體嚴格區分的進路，不使它們分別在兩個不同、各自獨立的領域中。他們認為心靈與物質雖然不同，卻是結合為一的。因此他們一方面維護二元論的立場，另方面又能說明它們的互動關係。

例如，當我感到痛時，痛是心靈事件，是在我的內省中，但當時的事實不是只有痛，痛不能孤立存在，因為除了痛外，尚有大腦的某種狀態。所

以，當時的事實是：痛與大腦的狀態構成一個整體。天下間不可能只能痛而沒有大腦的某個狀態，也不可能只有大腦的某個狀態而沒有痛。痛與大腦的某個狀態是合一的，是一個整體。只是這個整體有心靈部分和物理部分。心靈部分由內省而知；物理部分由觀察而得。同理的，人的整個神經系統，其中每一個物理狀態都有一個心靈狀態，彼此不分離獨立，構成一個整體。反過來說，每一個心靈事件都與神經系統的一個物理狀態結合成一個整體。

　　對於一張桌子或椅子，它的整體全都是物理的，因為它們沒有心靈。但對人而言，尤其是他的神經系統，它的整體就是心靈與物理。所以，當心中出現一個意志要將手抬起來，不是意志本身直接推動手，使它抬起來，而是當時的意志與大腦的一個狀態結合為一，它們是整體，沒有所謂單獨的意志或單獨的大腦狀態，若它們各自分離獨立，才會產生意志影響大腦的問題。若它們合一，在意志中就有大腦狀態，則它當然可以影響大腦，做成大腦的一個狀態，因此意志可以影響大腦將意志的訊息送出，推動肌肉把手抬起來。

　　我們無法想像，當心中出現一個意志，而大腦沒有相應的物理事件。由於大腦有這個物理事件，則它會影響神經系統產生活動，使肌肉拉起我的手。同理的，當手碰到火，神經系統被影響，把訊息傳遞到大腦，做成某個狀態，但這個狀態不是單純的物理存在，它與心靈現象結合為一，因此我感到痛。我們可以看到，若心靈與身體是兩個獨立的東西，則難以解釋它們如何互動。但假若它們彼此結合成一個整體，則心靈現象同時擁有身體現象，它當然可以做成其它的身體現象。同理的，由於身體現象與心靈現象結合，則當身體活動使大腦產生一個物理現象時，那它同時擁有一個心靈現象了。心靈與身體的互動不是一個東西影響另一個東西，而是心靈與身體早已結合為一，則與心靈現象合一的大腦現象可以影響下一個身體現象，做成各種身體活動；身體活動也可以透露神經系統影響大腦現象，而大腦現象又與心靈現象合一，則身體活動可以影響心靈現象，因此它們的互動關係得以說明。

(二)冒出論（theory of emergence）

　　當一些事物互相構成一個整體，它有時會冒出一些性質。這些性質超出其組成事物具有的性質，這是說，當一些事物互相組織起來時，會產生一些

無法由它們推演出來的性質。例如在物理事物構成宇宙整體的情況裡，物理
事物本身是物理的，它們具有長、短、寬、質量等性質，但當它們構成宇宙
時，則會產生互有引力，但引力無法由物理事物本身的性質推演出來。無論
我們如何分析物理事物的長、短、寬、質量等，都不能推演出當它們構成宇
宙整體時，會出現互有引力這種性質。因此，當一些事物構成一個整體時，
它會出現一些不能由事物本身推演出來的性質，或超出它們本身具有的另一
些性質。對於這些性質，稱為冒出性質（emergent properties）。

　　C. D. Board認為，在人類數百萬年的進化中，大腦已經進化成一個非常
複雜的機器。的確，它的各部分若獨立起來，都只有物理性質，但當那麼
多的複雜部分組織起來後，它可以冒出另一種不同的性質──心靈性質。
而且，大腦複雜的運作已進化到不受物質定律的限制，它是自由的，所以人
具有自由意志。當大腦運作到某個狀態時，它會冒出心靈性質，產生心靈狀
態。大腦狀態不能沒有心靈狀態，而心靈狀態也不獨立於大腦狀態。因此，
在大腦活動裡，人有各種心靈感受。

　　這樣，我們可以解釋身體與心靈如何互動了。身體的某個狀態做成大腦
的某個物理狀態，物理狀態會冒出心靈性質，因此使人得到心靈現象，例如
被火燒到手這個身體狀態，會促使神經把訊息傳遞到大腦，使它產生物理狀
態，但物理狀態會冒出心靈狀態，因此人感到痛；同理的，當人的心靈作出
一個決定時，這即表示它是大腦的自由運作中冒出來的，而大腦的物理狀態
能把訊息經由神經系統傳到肌肉去，使人有所行動，所以心靈的決定能影響
身體。

　　冒出論與當代的一種人格理論（theory of person）是一致的，它認為人
是身體和心靈的結合，彼此構成一個整體。它反對笛卡兒所說，人是由心靈
與身體兩個不同、彼此獨立的實體構成。當我們描述心靈時，彷彿是描述身
體外的那隻鬼魅；當我們描述身體時，則彷彿是描述物理定律下的物質。例
如當我說A很愉快時，我好像是說他身體中的那個心靈（鬼魅）在愉快，與
他的身體完全無關；當我說他的身體被刺時，好像是說一個單純的物理事
件，完全與他的心中的痛無關。

　　人格理論認為，人是一個統一體，無論描述他的心靈或身體方面，都是
描述一個相同的統一體、一個整體的人。例如，在說他很愉快時，是說他整

個人都很愉快，他的身體舒服，心靈也舒服，整個人都在愉快中；當說他的身體被刺時，是說他的身體和心靈都感到很痛。人是一個整合的東西，描述他有某種心靈狀態，也是說出他的身體有某種狀態；描述他的身體有某種狀態，也是說出他有某種心靈狀態。人格不是如笛卡兒所說，是他的心靈——心靈是他的自我，身體只是被心靈控制的機器。而是，人是整體的，無論身體與心靈都是他的人格，身體有卓越的能力是我人格的光榮，心靈的高貴也是我人格的光榮。怎能說唯有心靈才是我的自我、我的人格呢！

　　人格理論還有一個優點。在笛卡兒哲學，由於心靈是獨立的個體，而且，人的自我是心靈，則我們難以區別各個不同的自我或不同的人格，因為我們無法觀察別人的心靈。我只看到不同的身體，看不到別人的心靈。再者，當我看到前後兩個不同的身體A和B，我無法辨別它們是不是一個相同的心靈或人格。這樣，我無法確定今天看到你，下次再看到相同身體時，這依然是你。然而，人格理論有一個好處，它認為人是心靈與身體的合一，它們結合在一起，是一個整體，則相同的身體總是與相同的心靈結合在一起。因此，只要我們能證明在時間上不同的兩個人，具有相同的身體，則他就是相同的人了。而且，人與人的區別，不需用心靈來區分，只要以身體來區分就可以了。這樣我們才能區分個別不同的人。

三、批評

　　笛卡兒的心靈與身體的嚴格區分，可以說明西方宗教的死後審判或靈魂不滅理論，因為心靈與身體是兩個不同的實體，在身體死後，心靈可以繼續存在，接受審判，而靈魂成為永久長存。但人格理論卻認為心靈與身體都是整體的部分，它們不能各自獨立，因此當身體死亡後，心靈不能獨存。正如在冒出理論中，一旦大腦無法活動，則無法冒出心靈狀態。因此，折衷的心身二元論無法說明西方宗教的死後審判和靈魂不滅理論。

　　另外，冒出理論使用了一些非常模糊的字彙，讓我們難以明白心靈與物質的關係。它認為大腦是一個非常複雜的物質系統，它的運動也非常複雜，因此會「冒出」心靈性質，但是，從物理性質如何能冒出（emerge）心靈性質呢？這是難以想像的。因為從占空間的、有質量的物質性質裡，如何能冒

出與之完全相反，不占空間的、沒有質量的心靈性質呢？這正如從虛無中冒出實有，同樣是難以想像的。而且，人格理論又認為心靈與物質是一體的，但如果它們在性質上完全不同，互相矛盾的，則它們似乎只會排斥，又怎能結合為一個整體，彼此和諧合一呢？再者，人格理論認為人是心靈與物質的結合，是一個整體。人經驗一個內在的心靈狀態，也經驗外在的身體狀態。這個內在與外在構成一個完整的人，可是，一個內在的、個人的領域，如何和一個外在的、公眾的身體狀態結合成一個整體呢？我們難以在身體之內找到一個心靈，也難以看到內心與身體結合為一。折衷的心身二元論無法清楚說明以上的問題，這表示它的理論仍建立在尚未澄清的奧祕上。

四、心理健康問題

心身二元論者認為，人由心靈與身體構成，它們互相影響，因此一個健全的人要在兩方面都是正常的。身體活動不正常，則心靈活動不健康；心靈不健康，身體活動也不正常。所以，他們認為，物理科學和心理科學都可以用來處理心理問題。當我們發現人的心理問題主要是由身體問題引起時，則用醫學和藥物解決；當身體問題是由心理問題引起的，則由心理學去解決。

第十五章
概念思辨的存有論

　　以下三章從中國哲學的角度談形上學議題，談中國哲學的形上學問題有三種進路，其一為談概念範疇的存有論、其二為談價值意識的本體論、其三為談具體時空的宇宙論。談中國哲學的倫理學問題可以直接就著儒釋道三教的價值哲學暨實踐哲學而談，那就是心理修養進路的儒家修養論、身體修煉進路的道家修煉論、身心並行的佛家修行論。談中國哲學的知識論就是就著這種特殊型態的實踐哲學討論其知識命題的理論建構之方式及其它相關問題，如從詮釋進路說的思考模式的建構、以及它的客觀性議題、從使用進路說的適用範圍的貞定、從檢證進路說的真理觀的證成、從選擇意識說的三教辯證問題。

　　談中國哲學的形上學當然還可以有其它的架構，例如從「天、道、理、性、氣」等概念範疇的架構來談「氣本論」、「心本論」、「理本論」、「性本論」等等，然就本書的考量而言，本書討論哲學概論時以「形上學」、「倫理學」、「知識論」的架構敘述之，這個架構本身就是哲學基本問題，因此就形上學問題在中國哲學的討論而言，亦應找出它的次級的哲學基本問題以為討論架構，就筆者對中國哲學研究所提出的解釋架構而言，除了工夫理論與境界哲學以外，則本來就有屬於形上學問題意識的哲學問題，那就是本體論、宇宙論及存有論三者，因此本書以這三個哲學基本問題來說明中國哲學的形上學問題。

一、談概念範疇的存有論的兩種進路

　　本章專論中國哲學的概念思辨的存有論，一方面討論各種概念範疇的類

型意義，另方面討論關於概念關係的存有論問題。就概念範疇的類型而言，宇宙論、本體論、工夫論、境界論各個哲學基本問題都有特定使用的概念，而儒釋道三教的各個學派亦有特定使用的概念範疇，此外，尚有擔任存有類別的存有論概念，以及扮演抽象功能的概念範疇，因此就存有論討論而言，意旨是相當豐富的，雖然這不是中國哲學的主流議題，但仍是在哲學史上發生過義理爭辯的重要課題。因此，談中國哲學的形上學問題中的概念範疇的存有論有兩個基本進路，其一是就著傳統各家學派的概念使用，單獨臚列之以為範疇學之討論。其二是研究傳統各家學派在概念使用、及概念定義、及概念關係等問題之觀點所進行之討論。前者是一個在當代的彙整的研究，後者是一個對傳統的詮釋的研究。

二、概念範疇研究的形上學意義

就概念之範疇學研究本來可以不必然是屬於形上學研究的課題，而是各類概念是在談什麼問題就在那種哲學基本問題的脈絡下討論即可，但是各類概念在系統的使用中鮮少不直接、間接觸及形上學問題，甚至本身就是形上學議題所屬的概念是占最多數的。更重要的是，各系統不只會使用概念及定義概念，而是會就概念關係進行討論，而這就是一個抽象的概念定義及義理建構的問題，這就不是知識論也不是倫理學而是形上學的問題了。

就傳統的概念使用之範疇學研究言，傳統概念範疇應可被歸納為幾大哲學基本問題的項類，並且在各個學派內都有這些項類，但卻各有各的概念群，這些概念基本上是各不相關連地在各學派系統內使用及定義著，就算有互用共用的情形，但仍有獨立的意義，雖然單獨討論各概念範疇時，常常會被不分學派歸屬地混在一起談，但理想上是要各學派分開談才能談清楚準確的。一般而言，價值意識的本體論、具體時空的宇宙論，及工夫理論與境界哲學所使用的概念範疇之間，後兩種概念則是有相當多數都已經在前兩種形上學問題中使用到，但也仍有特定的概念是專屬工夫理論與境界理論的。此外，針對各學派的本體、宇宙、工夫、境界問題所專為建立的各種概念之關係所進行的討論，即是存有論的討論，因此存有論討論中的概念即是上述各學派的各種哲學基本問題中的使用概念。但是，為著討論各學派的哲學問

題，又需要兩種專用功能的概念範疇，一種是特別作為各種存有類項的概念以為承載各種問題的表述範疇者，這就是各種存有類項的概念範疇，另一種是作為功能性連結的概念，以作為各種哲學問題的重要命題的建立之所需，這就是種種抽象功能類的概念。以上這兩種存有論討論的概念則更應是本章要討論的對象。

屬於價值意識的本體論的概念範疇需就著學派的差異而為呈現，如儒家的仁、義、禮、知、誠、善等，如道家的無為、逍遙，如佛家的苦、空，這些特定的價值意識的概念若不在學派內使用及定義，則其意旨都是混亂而不成系統的。

屬於具體時空的宇宙論概念則有學派間的共用與不共用的情況，關鍵即在各學派所規範的宇宙論是否具它在世界的特質，所謂它在世界即是論於鬼神存在及死後生命的活動的世界，如道教的鬼神所居住的它在世界及佛教的菩薩所居止的國土世界。一旦涉及它在世界，則個別學派的它在世界的宇宙論概念是難有共同使用性的。而當所論的宇宙論問題是就著此在世界而說時，則十分容易有共用概念的情況，如儒家的宇宙論概念與不涉及它在世界的道家宇宙論概念，可以說兩者有完全可以共用的宇宙論概念。而至於道教及佛教的宇宙論概念絕對是不能共用的，若有共用的情況，那就是抄襲，並將導致系統的混亂，因而並不是一個好的宇宙論知識系統。

屬於工夫理論的概念亦有不共用的情況，這是因為它們是決定於各學派的價值命題與世界觀，如儒家的慎獨、格物致知、誠意正心、修身齊家治國平天下，如道家的無為、守弱、心齋、坐忘、寶精、愛氣、節欲、練精化氣、練氣化神、練神還虛，如佛家的八正道、六度等。但是工夫理論若以存有類項作表述時，則會有用詞上的相同，只是它們的意旨仍須回歸學派系統的價值與世界觀，如盡心、明心、守心、盡性、見性、立命、窮理、練氣、求道、學道、守道、修道等等，這些工夫論的辭彙，三教都是共同地在使用著的，但絕不表示三教的意旨就是相同，真正的意思還需回歸各教之後才能確定。

屬於境界理論的各系統的最高級存有者的概念，如「聖人、君子、賢人、阿羅漢、菩薩、佛、至人、真人、神人、神仙」等，其中聖人、賢人、真人等詞可有其共用性，但雖共用亦是意旨不同，此外的其它概念都具有太

為鮮明的學派屬性，並且幾乎不可能有學派間的互為使用現象。

　　尚有兩類概念是本章討論概念範疇的存有論的主要對象，它們是涉及「存有類項」的概念及說明「抽象功能」的概念，前者如「天、道、理、氣、性、心、情、才、鬼、神、形、物」等，後者如「有、無、動、靜、體、用、本、末、虛、實」等。這兩類概念可以說是整個中國哲學各教系統中最常使用的概念，也是共同使用性最高的概念，因為它們就是純粹哲學討論中抽象性最高的概念。

三、作為存有類項的概念範疇

　　前述第一類論及存有類別的概念是本章要著重討論的概念，它們的特質是幾乎都是三教共用的，這是因為：中國儒釋道三教哲學討論理想的人生問題，建立了三教不同的價值意識、修養方法以及理想人格境界，為討論這些問題，需要有相關的概念系統以為統說論述的範疇，這就是眾多的關於「存有」的概念，也就是作為一類存有的整體的概念，它們是共通於各學派皆一致使用的，有別於因著學派的差異而有的不同概念，如「仁義無為逍遙苦空」的價值義本體論概念，以及「太極陰陽十法界三界十地」等的時空義宇宙論概念，以及「聖人神仙菩薩佛」等境界哲學的概念，以上這幾類概念都因著學派的差異而有各自不同的文化脈絡，因此有不同的概念系統，當然也偶有混用的情形，但別異性仍是高於共通性的。

　　不過，關於存有類項的概念就不同了，它們是各家共同使用的概念，這就包括「天、道、理、氣、性、命、心、情、才、欲、精、神、形、人、鬼」等等，這些概念範疇被直接使用在各教系統內，用以形成體系以建構理論型態。它們的功能是作為說明種種存有類項的概念範疇，有談整體存在界的、有談個別存有者的、有談人的、有談非人的，這些概念在單獨使用時只具備概念定義的功能，甚至本身已經是日常語言了，這些概念必須在和特定學派、特定體系的理論命題結合時才形成某學派的某套理論。然而，傳統上的理論辯爭，卻時常糾纏在這些概念的單獨使用義及與系統結合義的爭議之中。實際上，一切概念的意義都必須是在脈絡中的意義，亦即都必須是就著它的學派、它的系統、它的問題意識來定位它的意義。在同一學派內的不

同體系會有概念範疇使用義的差異，在不同學派的系統內這樣的情形更是普遍，因此並不存在以上這些概念的絕對性定義這樣的實況，只能有這些概念在哪一學派的哪一系統的哪一個問題下的使用定義，從而有著大略的鬆散的一致性。因為，說到底，哲學家並不是在創造字詞的定義，而是在創造哲學理論，而哲學理論是就著哲學問題而使用概念而提出主張的，因此哲學家首先面對的是問題，就著問題而使用概念以言說觀點，概念的日常意義可用時即直接使用，若概念的日常意義不足以表達所欲提出的觀念時，便會改變概念的日常意義而為一哲學上的新意義，此時哲學家尚且不是在創造概念而仍是在創造觀念，是觀念藉概念的新定義而為表達，而不是目的在為舊概念作新定義。當然，當一個概念在新創造的哲學系統中有了新意義之後，這個新意義也可能會落實成為眾家共同接受的意義，因而有了這個概念在中國哲學系統中的大致共識。但是，這個共識是不能太過執著的，關鍵即在儒釋道三教的世界觀、價值意識以及修養論、理想人格各不相同，並且在使用及討論這些概念的時候，不一定是在哪一種問題的脈絡中談，因此概念的確定性意義是難以定位的。難以定位不是完全不能定位，而是要就著那一學派那一系統來作分開的定位，而不能說有在整個中國哲學三教系統內的共同的定位。

　　本章對涉及存有類項的概念範疇的討論，是為介紹中國哲學各學派各系統共同使用到的存有概念而作的文字使用意義的說明，並不是針對學派內理論主張的討論，以下就「天、道、理、氣、心、性、精、神、物、形、鬼、情、才」等範疇作介紹。

　　「天」概念的日常意義眾所周知，但在哲學的使用時，就經驗現實世界的指涉而言，常與「天地」、「天下」的概念統用而為整體存在界的總稱，這是在儒家及不涉及它在世界的道家哲學系統的使用義。至於道家及佛家宇宙論中則另有涉及它在世界的「天」概念使用，那就是如佛家的欲界天、色界天、無色界天的「三界」概念，指涉未成佛的眾生所居止的不同清淨等級的國土，又有在欲界的三十三天的概念，而後為道教轉用之，指的是它在世界的世界結構。

　　「道」概念是中國哲學理論中使用義最為廣泛的哲學詞彙，最早為老子所使用的普遍原理義，兼具價值意識的本體論的義涵以及宇宙論的規律義的普遍原理的義涵，從此而後三教的價值義本體即皆稱為「道體」。而在隨後

的哲學史發展中，宇宙論的存在始源之角色也以道概念說之。主體修養的工夫論也以「修道」、「守道」概念說之，原始佛教「四聖諦」中的「道諦」所說之「八正道」即是工夫論的道概念使用義。至於境界論亦以「得道者」說達至理想完美人格者的身分，老子自己就用「善為道者」說此。因此，道概念可以說是中國哲學基本哲學問題中所有的問題都涉及到的最為廣表的概念。

「理」概念在法家著作中最早將之哲學化地使用，指涉的即是原理、道理的意旨，隨後在儒家及佛家著作中都成為了重要核心的概念，基本上「理」概念指涉原理的義涵，儒家存有論討論中以理與氣為整體存在界共構的二元，但理氣不離不雜；佛教華嚴宗以理事總說一切存在，但理事無礙。「理」作為存有原理的意義是十分確定的，不像「性」概念易於與「心」概念與「情」概念在使用上混淆，也不像「道」概念易於與存在始源或工夫境界問題的概念使用混淆，「理」就是一切現象事物運作變化以及存在特性的背後道理，至於這個道理本身的存在特徵以及它與現象存在事物的關係，那就是一個標準的存有論的議題，各家對此的不同意見正是顯示各家存有論哲學的重點。不過，這種純粹存有論問題的意見各家基本上差異不大，甚至相當地可以互為融通，而不如宇宙時空和價值本體問題的明顯分歧。

「氣」概念指涉存在物的物質元素，因此是宇宙論哲學問題中最首要的一個概念，細說之時，則陰、陽、金、木、水、火、土等皆是「氣」概念的分殊項類，道家宇宙發生論的太始、太初、太素等階段之說，就是就著「氣」概念的由無形至有形的逐步形質化的歷程而說的。「氣」概念在心理進路的修養論中亦有角色扮演，如孟子的養氣說、吾善養吾浩然之氣說、以志帥氣說、持其志毋暴其氣說等，但此種「氣」概念的使用並非宇宙論的物質元素義，而是指涉心理情緒之義，因此其實就是「情」概念的意思，所以孟子的養氣說仍是心理進路的修養論，與宇宙論脈絡的身體工夫是無關的。

「心」是行為主體的概念，特別是談價值追求行為時的主體的主宰性概念，一切追求價值的行為是主體的自做決定的活動，這個活動的主管即是主體的「心」，在儒釋道三教的價值追求活動中都是就著「心」的活動來談的，說「心」就是主要在說工夫活動中的主體，「心」就是要拿來做工夫的，並且就是本體工夫，若系統中說到不需做工夫的「心」，那就表示系統

是在談論境界，「從心所欲不逾矩」，是以「心」說境界的。當然，「心」作為一個存有的概念，則會討論「心」與「性」與「情」與「氣」與「才」與「欲」的關係為何，這便是一個概念思辨的存有論問題，因此「心」雖然主要是作為工夫主體的概念，但在境界論以及存有論上都仍是重要核心概念，甚至，在本體論的討論上，也會將整體存在界的價值原理擬人化地以心說之，如「仁者天地生物之心」，實際上就是說仁是整體存在界的價值原理。

「性」就是存有原理，特別指涉的是個別存有的原理，就此義而言，三教多是通用的。而「性」概念就價值義涵而言是與「道」與「理」同義的，「性」概念就實踐活動而言是與主體的「心」概念緊密結合的，它就是主體的心的價值主宰原理。「性」概念就存有論的概念定位而言是個別存有的存有性原理，而這個存有性原理就可能包括價值義的與非價值義的，不過三教討論主要還是在價值義的脈絡上，非價值義的脈絡通常只是提到而沒有正式展開討論，因為那就變成是物理、化學、生物學的課題了。

「精」概念在先秦道家著作中即已出現，本來在談氣的一種高級精細的形式，如精氣，但概念的發展亦轉出精神的意旨，那就是主體的精神狀態之意，總之它還是在氣概念脈絡下的主體狀態之描述語，同時指涉生理層面及心理層面的高級形式。

「神」概念首先是在宇宙論脈絡上談的，是指超越的存有者，亦即非人而具有大能的存有者，道佛兩教都會討論到這個意思的神概念，神概念與鬼概念連用而稱為鬼神時，則是道教宇宙論的重要概念。神有人死之鬼被稱為神者，神也有人之修煉而成神者，也有天地本有的先天之神者，有時也與仙概念合用，這些則是要看個別道教系統的定義而定。此外，「神」概念還有形容詞義，即在神化、神妙複合詞的使用中，神概念又有了作用的意旨，亦即並非指稱存有者而為指涉作用的狀態，並且是一高級圓滿的作用義。

「物」概念也是使用得極為廣泛及一般的概念，有指具體經驗的存在物質義，也有指人類行為的社會事務義，這就通常必須在文章脈絡中才能看出它的確定意思，因而「物」概念的物質義還是事務義是毋需先為確定的。

「形」概念也是氣概念脈絡下的概念，指在具體經驗世界的有形存有之義。

「鬼」概念則是屬於它在世界的存有者，傳統上以人死為鬼，指出人死體魄入土、鬼魂升天，所以鬼在存在上是人死後之氣之清輕上揚為天的部分。至於鬼在存在界的作用功能及活動情況就要看有它在世界觀的宗教系統的各自申說了。

「情」概念是就著主體狀態說的概念，情就是主體的狀態，無論是道德行為或非道德行為都是使用情概念來說的，道德問題的討論中會以情屬氣、以惡屬情來說明為惡之緣由，而在非道德性的討論中，情意的發舒便是核心問題，因而會是美學討論中的核心概念。

「才」概念亦是主體的狀態，但特別指稱主體的能力一面，在身體修煉及心理修養的工夫理論中都需要討論主體的「才」的問題。

以上涉及存有類項的概念，是整個中國哲學三教共用的概念，具體的理論性命題要在各教派的系統中才能見出，這些概念都是各教派用以表述意旨而作為整類存有的概念，所以使用的機率、出現的次數都是最多的。以上之說明只是作為一般使用意義的簡述，尚未形成命題。

四、扮演抽象功能的概念範疇

中國哲學傳統中使用的概念還有一些抽象的概念如「有無、動靜、體用、一多、本末、虛實」等等，它們是扮演種種抽象討論所需的功能性概念，這一類概念範疇是在各種哲學基本問題的討論中都會被使用到的，並且是各家學派及各個系統都會使用到的，因此它們自身的義涵界定更是不易進行的，不僅必須就著那一學派那一系統的脈絡來定位，更需就著那一種哲學問題來定位，甚至必須就著個別哲學家自己的特殊界定義來認識，它們的變動性最大，因此若單獨研究這些概念的義涵，那是絕無固定意旨可以確立的，它們都是在脈絡中進入學派系統以申說哲學家的特殊觀點而有著分殊別異的意思的，因此在理解每一個系統中的這些「體用、有無、本末、動靜、虛實」之特殊定義時都不需要再回頭追究這些概念的原義，以確定系統的使用是否正確，因為並沒有原義的這一回事，這些概念就是以它們日常意義而進入系統而作為系統中的特殊觀點的表述工具，它們的每一次出現的意義就是在這個系統內的意義，是系統使用它們以表達系統要表達的意義，而沒有

所有系統都是如何在使用這些概念以致有關於這些概念的共通定義可確定之事。

「動靜」用於談宇宙論及談工夫論，談宇宙論時指宇宙發展的動靜作用，談工夫論時指主體修養的動靜狀態。至於如何說為動如何說為靜，這在各系統中的使用界定是各不相同的，研究者不必強求一個固定的定義。

「體用」用於談本體宇宙論及談本體工夫論。本體宇宙論是就著整體存在界談價值意識的問題，通常在本體宇宙論的討論中是以「體」說本體、以「用」說現象。至於在本體工夫論中是以「體」說主體、以「用」說主體的工夫作用。但這仍只是一般通義，亦得有系統不守這個通義而為特殊定義，甚或顛倒其義都是可能的。

「本末」用於談價值意識的本體論及談倫理德目。通常以價值意識為「本」、以具體事務為「末」，此義下之「末」者並非否定性的概念；若為以符合價值之行為為「本」、以不符合價值之行為為「末」，則此義下的「末」者即是否定性的概念。「本末」也可能用在談本體宇宙論而有著與「體用」完全相同的使用定義，亦即以體為本、以用為末。

「一多」用於談存有論的概念關係或倫理德目間的概念關係。存有論談普遍原理分殊在現象界的個別事務之中而有著「一多」的關係，如「月印萬川」，以同一明月在萬川中皆有所顯現而說原理與現象的一多關係之意。儒家另有「理一分殊」說，本來是在說同樣的價值原理卻在不同的人際份際中有不同的多元的表現，此即「一多」的倫理德目間的概念關係，後來才引申其義為普遍價值原理在所有的存有者中都是完整的稟受的「理一分殊」說。

「有無」用於談各種哲學問題的原理，是被置放在最多的領域中來談的。談一切事務的存在或不存在則是「有無」範疇最一般的使用義，談宇宙發生論中的從無形之氣到有形之物質的階段也是「有無」範疇的使用區域，談存有論上的最終存在為「有」或「無」而為實在論、或非實在論也是「有無」範疇的一個重要的使用義，至於談本體工夫論意義上的持有或放下則是「有無」範疇的修養論使用義，此時為「有」為「無」不一定何者為是、何者為非，還要看文字脈絡而定。所以，並沒有有無的哲學問題，而是各種哲學問題中有有無的主張，以為有有無的問題，而去追究各學派的有無問題的立場，都是問題意識不清晰的作法。

　　「虛實」幾乎同時用於談工夫論、談本體論、談宇宙論、談境界論以及存有論。談存有論的最高存有是為「實」為「虛」是同於是為「有」為「無」的使用義，本體論談「虛實」時其實就是談本體的最高存有之虛實，也就是前述之存有論所談之虛實問題，其實一旦談到最高本體，它就必定是實的而不是虛的，說其為「虛」等於是說無此價值意識、無此最高存有了，而這絕非追求價值理想的實踐哲學的立場。從宇宙論談現象存在之為實存或非實存則為「虛實」一對範疇的較淺白的使用義。談工夫論及境界論時亦有為「實」為「虛」之稱，但何者為肯定性說法、何者為否定性說法亦要以文字脈絡另為決定。「虛實」概念如同其字義之模糊性一般，難定其義，研究哲學理論而碰到這一對概念時要十分靈活地緊緊就著眼前的文本以為意旨的解讀，而不要企圖尋求該文本以外的材料以為虛實的定位。

　　以上各種負擔功能性命題的抽象概念，是隨著各系統思想的發展而逐步開展其義的，並且是隨著學派系統而個別確定其義的，它們的功能性最強，因此抽象度最高，同時也就最缺乏確定性，也因此最不宜作為學術研究的主題，學術研究應以哲學基本問題為主題，就著命題立場的陳述而理解各系統的功能性抽象概念的使用義，而不是單獨挑出以作為研究主題，因為這種作法是最不易有確定性結論的，這就是這類概念的特徵。

五、建構理論的概念思辨的存有論

　　所謂建構理論的概念思辨的存有論，指的是針對上述諸概念範疇，進行概念定義及概念關係的討論時，這些討論已經進入學派內各系統的理論建構了，而本節對這些理論的討論，就是屬於當代學人對傳統理論的理解與詮釋的工作性質，是傳統理論中已經有這一類的理論，而為當代學人所指出並介紹的。

　　就概念定義的理論工程而言，有些是系統所需的核心概念的特殊使用以致需要定義，有些只是一般的使用但為顧及系統一致性而有所定義。其實，光定義並不是哲學創造，光定義而無創造性使用的討論對於理論的創新是沒有什麼貢獻的，有理論創新貢獻意義的定義通常是結合在概念關係的討論中。就概念關係的討論而言，大多時候就是哲學理論創作，有些系統直接創

造概念關係的新命題，因此直接是理論創造的表現，有些系統則是因使用之所需而定位這些概念間的關係。各系統其實都不可避免地要定義這些所使用的概念，並且要說明這些概念間的關係，至於是否有創造性的理論建構，就要看系統所真正處理的哲學問題是否直接表現在這些概念的定義及關係的討論上。通常，討論價值意識的本體論問題的哲學系統，會聚焦於「道、理、性」等概念的定義、使用及關係的問題，討論宇宙論問題的哲學系統會重視「天、道、氣、精、神、鬼、形、物」等概念的定義、使用及關係的問題，討論心理修養進路的工夫論問題的哲學系統會處理「心、性、理、道、情、欲」等概念的定義、使用及關係的問題，討論身體修煉進路的工夫論系統會使用「天、道、精、氣、神、形、物、魂、魄」等概念來談問題，並進行概念定義、使用及關係的討論，至於討論理想完美人格的問題就會在「天、道、心、性、情、精、氣、神」等概念使用中進行，而結合各系統的最高級存有者的概念一併處理，如「聖人、君子、賢人、阿羅漢、菩薩、佛、至人、真人、神人、神仙」等概念。

　　上述各概念顯然在各種哲學問題中都是核心概念，因此解讀文本時，哲學基本問題的分析能力是最重要的，否則會將同一概念在不同問題的意旨表述視為同一問題的意旨表述，因而錯解了文本的意思，從而錯解了哲學理論的要義。

　　上述各個概念之定義、使用及關係的討論，有其在同一學派內的異同問題，及在不同學派間的異同問題。

　　第一、同一學派的不同系統對上述存有概念的使用意義，會因著所處理的問題不同而有差異，例如從工夫論談「心性情道理天」與從存有論談「心性情道理天」會有不同的意見，這種情形就要以哲學基本問題的分疏來解消差異，它們其實是沒有根本差異的。就像在朱熹的工夫論與存有論的發言，對各概念間關係的界定是不同的，但仍是同一學派同一系統內的一致性理論。而朱陸「心即理」與「性即理」之爭，就是混淆了不同問題，而以為有主張差異之爭的例子。

　　第二、同一學派的同一系統在特定哲學問題的討論中，會有混同所有概念的意義的作法，例如從本體工夫談到境界完成時，會同一化「天道理氣性心才情」等概念的意義，這時候其實說的是這些概念在主體的切實實踐的

活動中，「天道理性」的價值意識完全在「心性情才」的結構中彰顯，因此「天道理性心情才」等概念在價值意識的彰顯中，其內涵完全一致了。就像明儒劉蕺山的諸概念合一說。

第三、就不同學派而言，有最高級存有的概念定義及其與天地萬物的關係的存有論意旨的共同性情形，例如老子的道概念的抽象思辨的特徵在三教都是適用的。雖然，存有論的概念思辨可以三教意旨相同，但本體論的價值意識內涵及本體工夫的蘄向仍是不相同的，例如孔老之間的「天道心性情」的概念定義及關係可以相同，但價值意識及本體工夫即是不同的，因為儒以「仁」為天道本體，以「行仁」為心性的本體工夫，而老子以「無為」為天道本體，以「損之又損以至無為」為心性的本體工夫。此義亦三教通用，亦即在境界哲學的討論中，諸概念同一。

第四、不同學派之間則是會有相同的哲學問題而主張意旨不同的情形，例如三教皆有本體工夫，但工夫意旨不同；儒釋道皆有聖人境界，但境界意旨不同；三教皆有宇宙論，但宇宙論的內涵不同；三教皆有價值意識的本體，但本體的意旨不同。這就是哲學基本問題之所以為哲學基本問題的重要性所在，作為哲學基本問題就是大家都有這種問題，只是各家的主張及使用的概念材料各不相同。

以下將展開關於傳統哲學本身發展的存有論討論，即是以上述第一及第三種情形為討論的對象，至於第二種情形直接說就是境界哲學，而第四種情形則非關存有論討論，而是哲學基本問題討論，因此不在此處進行。

在中國哲學的方法論討論中，中國哲學的實踐哲學特質是最被重視的一部分，因此與實踐哲學相關的哲學問題多被提出使用，如心性論、工夫論、境界論、本體工夫等，並且形成了檢視及解讀甚至判定中國哲學各家系統優劣高下的判準。在其中，具有抽象哲學討論性格的存有論問題反而被忽略甚至被批判，所謂抽象的存有論討論即是針對特定存有類項的概念進行概念定義及概念關係的討論，從老子論道開始，到朱熹討論理氣與心性情關係，都是這類的哲學問題。這類的哲學問題因為與直接實踐的話語有所區隔，就特別重視實踐以求圓滿的中國哲學的基本性格而言，反而似乎是不相干的議題。但是這類的問題卻是談實踐哲學問題的概念依據系統，應將其準確定位在談概念定義與概念關係的脈絡中來認識，如此則一方面這類問題的意旨

能與談價值意識的本體論問題有所區隔，而增進了中國哲學的形上學議題面貌，另方面更能與談工夫實踐的哲學議題做出區別而不致互為攻擊。

六、老子論道的概念思辨的存有論

存有論的思考即是針對概念進行定義的思辨，這個思辨僅在抽象的推演脈絡上進行，而不涉及價值意識，因此不是中國哲學討論中的大宗課題，但是卻從老子開始，就已經是中國哲學裡的一個重要問題。本書僅就老子及朱熹的哲學，提出存有論問題的思考在中國哲學領域裡的型態。

就老子而言，老子提出他的價值意識原理，即是無為守弱之道，而這個價值原理被老子定義為即是自然運行的原理的本身，「人法地，地法天，天法道，道法自然。」這就是對道概念的概念意旨進行的抽象思辨的存有論討論。這個作為自然的運行原理的道，它與萬物的關係是「淵兮，似萬物之宗。」（〈老子第四章〉）以及「象帝之先」（第四章）亦即它是萬物的根本，並且在未有萬物之前即已有之矣。因為它是「道生一，一生二，二生三，三生萬物。萬物負陰而抱陽，沖氣以為和。」（四十二章）亦即由它而有了萬物。既然它是如此的一個超越性的存有者，它自身的存有特徵為何呢？「視之不見名曰夷，聽之不見名曰希，搏之不得名曰微。」（十四章）「樂與餌，過客止，道之出口：『淡乎其無味，視之不足見，聽之不足聞，用之不足既。』」（三十五章）也就是它看不到、聽不到、摸不著，且淡而無味。「其上不皦，其下不昧，繩繩不可名，復歸於無物。是謂無狀之狀，無物之象。是謂惚恍。迎之不見其首，隨之不見其後。」（第十四章）也就是它沒有形象、沒有名字，甚至根本就沒有一個在經驗現實世界的這種東西，因此怎麼找都找不到它。至於它的功能呢？也就是它是怎樣作為萬物的宗主的呢？「有物混成，先天地生。寂兮寥兮，獨立而不改，周行而不殆，可以為天下母。吾不知其名，字之曰道。」（二十五章）也就是它先於天地而有，沒有具體形象，但永恆地作用著，而始終不變更亦不懈怠，因而得以作為萬物之母。

老子對道作為萬有的根本原理的討論是十分抽象但十分合理的，既說了它的角色、又說了它的特徵、又說了它的作用，作為統包萬有的原理性最高

存有者，它不是經驗中事物，但獨立不變地作用著而有了天地萬物，這樣的思考定位了一個哲學體系中扮演最高存有的概念範疇的意義。這種定位的思考完全可以作為其它學派的最高原理的共同定位，也因此有著儒家向道家學習形上思維的說法。但其實只是對於抽象的道概念的存有論的取法，而無關乎價值意識的移轉，這就是要有清楚的哲學基本問題的定位技術才不會混亂的。

七、宋明儒者的概念思辨的存有論

　　道家一開始就有純粹抽象的形上學思考，並且就是存有論的思路，這是老子論道的抽象思辨的進路，是一個類似西方形上學的思辨傳統的問題意識及觀點，這種型態的問題在中國哲學史上並不多見，在儒學史中要算是到了北宋的張載及程頤、朱熹的理氣說中才見到大力的發揮。張載說「心統性情」，是說心概念包含著性概念及情概念，朱熹大力發揮，配合「理氣說」，建立了人存有者在進行道德實踐行為時的主體結構理論。老子談的是最高原理的概念特徵，本身是個哲學理論的建構。而儒家關心的是人的道德實踐問題，既要要求人人都需行善，又要面對人們事實上會為惡的現象，因此要在理論上建立人們必須為善及必可為善的人性上的可能性，以及說明人會為惡的現象的原因，因此要建立進行道德實踐的人存有者的存有論，這是與老子的道論有別的討論方向。

　　張載提了「天地之性」及「氣質之性」的概念來解釋人性的為善為惡現象，人人皆有「天地之性」，因此必然能為善，但人人也都有「氣質之性」，因此有可能會為惡。而朱熹所建立的「理氣論」也就是要處理這樣的問題，張載的「天地之性」就是朱熹講的「理」，「理」是仁義禮知之純善的本性，也是天道賦命於人的共同本性，亦即是價值意識的本體論進路對人性的界定。「理」概念在存在上的特質與老子所說的「道」的特徵是相似的，就是無形、無象。而「天地之性」在「心統性情」的架構上就是「性」的部分。至於「氣質之性」就是受氣稟影響下的人的存在特性，說氣稟所影響的人性亦是人性的一個環節，宋儒程顥就說了先秦告子所說的「生之謂性」的概念，這一部分的討論就進入了氣存在的討論，也就是宇宙論進路

而說人性的部分，在「心統性情」的架構中就是「情」的部分。於是一套儒家的人存有者的道德實踐活動中的主體架構就完成了，道德實踐主體是「心」，心有「性」，是天地之性，是天理，是天道，因此價值賦命上是純善的。心有「情」，情就是心受氣稟影響下的主體狀態，背後是氣存在的人體結構，因著生理活動的需求而有耳目口鼻之欲，此欲非本惡，但過度了即為惡，因此若要追求行善，那麼以張載的話就是要「變化氣質」，讓「氣質之性」善反之而「天地之性」存焉。若用朱熹的話就是「存天理去人欲」，「天理」就是「性」的一邊，「人欲」就是「情」的一邊，多一分天理就少一分人欲。於是儒家便算是交代了人人可以為善的可能性，以及說明了人會為惡的現象，並提出了行善活動的工夫修養論。存有論上講「心」就是有理有氣的存有，有理保證必然可以為善，有氣說明為惡可能，而工夫修養論上就要講「心」就是要去做「存天理去人欲」或是「變化氣質」的工夫。

　　然而，當這一套道德實踐的存有論思路碰到了純講實踐活動的陸象山的工夫論系統時卻發生了誤解，陸象山說「心即理」，此說可有二義，一是就價值本體談心的價值本體即是天理的價值本體，此二事一事，是為「心即理」。另是就主體經由意志純守之實踐而達至心性合一的純善境界，是為「心即理」。前者是說得價值意識的本體論，後者是說得主體實踐的工夫論。但當朱熹就存有論做概念定義時，卻說了「性即理」的話，於是似乎出現了是「心即理」還是「性即理」的論辯，而學界則就或為同意「心即理」或為同意「性即理」亦展開了辯論，其實這就是沒有分清哲學基本問題而致生的誤解，因為這根本是兩種不同的哲學問題，無需衝突。就朱熹的思路而言，說「性即理」的這種話就是站在一個存有論的概念思辨的脈絡下進行的，存有論上說「心統性情」，「心」這個主體中有「性」與「情」的兩面存有在，「性」即是天理之在人存有者的賦命，因此朱熹說「性即理」，就是在說性概念即是屬於理概念的說價值本體性質的概念，若說「性即氣」的話，即是說人性中亦有屬於氣稟影響下的性格，因此說「性即理」並不是反對主體做工夫實踐時主體之心應即理如理而有「心即理」，所以朱熹一樣可以主張「心即理」，朱熹事實上也做了這樣的主張。所以一個看似重大的理論衝突，其實是存有論和工夫論兩種不同問題的不同主張，並無衝突。

　　以上的討論就是在說明要做中國哲學問題討論時，應該要分清楚命題的

意義及概念的使用是在哪一種哲學問題的脈絡下進行的，不論是老子說道，還是朱熹說理說氣，都會被放在或是本體論、宇宙論、工夫論、境界論甚至是存有論的脈絡上使用的，如果沒有分清問題，就不可能準確理解命題以及概念使用的意旨。本章討論存有論，就是要指出在特別著重於生命實踐的中國哲學理論體系中，依然是有著類似於西方思辨哲學傳統的存有論問題意識，它並不是直接談工夫修養理論，但卻是與工夫修養理論直接相關，但語句的表面意象會與工夫修養理論不同，準確地從概念定義及概念關係的存有論來理解，便能融會貫通而有正確的詮釋。

八、結論

將概念思辨的存有論作為中國哲學的形上學的一環，獨立地抽出討論，極有助於釐清中國哲學的各種問題，亦使得中國哲學的實踐哲學的解釋架構「宇宙論、本體論、工夫論、境界論」能更有效地作為詮釋各家文本的工具，從而準確地掌握文義。

第十六章
價值意識的本體論

　　在討論中國哲學的形上學問題中，一個極為關鍵的議題即是價值意識問題，我們以價值意識的本體論問題稱述之，本體這個詞彙是傳統中國哲學常用的詞彙，它所指涉的就是終極價值的意思。關鍵即在，儒釋道三教都是追求理想人生的哲學系統，因此必須定義理想為何，而這就是三教的價值意識，而三教的思維都是以終極意義為價值的同義詞，亦即是以整體存在界的存在意義以為其價值命題，就此而言，便說為本體，本體一詞是傳統中國哲學特別是儒佛兩家一直使用的概念，道家有時說為道，佛家有時說為實相、為法，儒家也說天道、也說天理、也說本性、本心等等，本書即以價值意識的本體論來說三教共同的終極價值問題。

　　然而，雖然本體一詞是共同使用的整體存在界的終極意義的概念，但是本體的價值意識內涵卻是三教各不相同的，儒家以「仁、義、禮、知、誠、善」等為本體，道家以「無為、逍遙」為本體，佛教以「苦、空」為本體，本體的觀念的出現，是三教創教者的智慧體證的結果，在隨後的理論發展史上，則有各家建構的理論系統以說明為何是這個本體，這就通常是由宇宙論的知識命題以為說明的。至於這個本體的觀念確立了之後，則即發展為主體的修養工夫，亦即主體的修養工夫的觀念即是以這個價值意識的本體以為心理意志的蘄向，拳拳純守，這當然也就是心理進路的修養工夫，一旦完成，亦成為本體的證成。也就是宇宙論為本體論的理據，工夫論由本體論所推演出，至於實踐的完成則反過來證成這個本體。

　　以下即分別就儒釋道各家說明其價值意識的本體論內涵。

一、儒家的本體論

儒家本體論的討論基本上是設定在社會體制內的人倫關係內，是經驗現實世界裡的價值意識，孔子、孟子、大學、中庸、易傳等系統中所確立的價值本體其實都是同樣的意旨，只是在不同文本系統中有不同概念的使用，並且在先秦儒學中定位了以後，隨後兩千年的發展中這個價值意識仍是永恆不變的，改變的只是有新的哲學問題的提出，而不會有不同的價值意識的轉變。

㈠孔子追求仁孝禮的根本價值

孔子是儒家的立教者，孔子理論建構的重點，首在於確立儒家的價值觀，其中仁與禮是孔子最為正面強調的兩個價值概念，其次則為對孝的重視。孔子不多談抽象的天道性命等存有類別概念，直接就著仁禮孝等價值意識說其在操作上的具體意義，藉由與弟子的問答，一一指出各種不同情境下對仁禮孝應有的具體作法。仁是感通的心意，對君王、父母、兄弟、百姓的現實有真誠的心意願意去付出，禮是合宜的行為模式，一旦出於仁心的感通，則所做出的行為必然是合於禮節的，所以合於禮節的行為必是要有真誠的仁心以為基礎的，一切行為必須是符合禮節的，一切行為也必須有真誠的仁心在感通的。「人而不仁，如禮何？人而不仁，如樂何？」「恭而無禮則勞，慎而無禮則葸，勇而無禮則亂，直而無禮則絞。君子篤於親，則民興於仁。故舊不遺，則民不偷。」仁與禮在孔子的價值意識裡是一體兩面的，沒有孰輕孰重，兩者二而一一而二，根本就是同一件事。孔子和他最喜愛的弟子顏回的對答即可清楚見出此義：「顏淵問仁。子曰：克己復禮為仁。一日克己復禮，天下歸仁焉，為仁由己，而由人乎哉？顏淵曰：請問其目。子曰：非禮勿視，非禮勿聽，非禮勿言，非禮勿動。顏淵曰：回雖不敏，請事斯語矣！」這段文字就說明了孔子對仁與禮的內在緊密關係的看法。至於孝，則是每一個人發展道德人格的基礎，一定是在家能孝順父母，才可能出了社會以後是國家的棟梁。「其為人也孝弟，而好犯上者，鮮矣！不好犯上，而好作亂者，未之有也！君子務本，本立而道生；孝弟也者，其為仁之本歟？」「弟子入則孝，出則弟；謹而信，汎愛眾；而親仁，行有餘力，

則以學文。」孔子認為孝順是君子建立人格的基礎修養，因此極為重視弟子的幼教。就儒家價值意識以仁為核心概念的定位而言，孔子則是併禮於仁而談，且以孝為禮與仁的基礎。

(二)孟子的性善本體

孟子在儒家價值意識的本體論哲學問題上是極有理論貢獻的，他不僅更具理論性地發揮價值意識概念而擴展至「仁、義、禮、智、及善、及誠」，他更進入了存有類項概念「心、性、天」的討論中。當代學者所談的「心性論」意旨實際上就是孟子哲學的貢獻，進入存有類項概念的討論就是進入普遍性的哲學問題的討論，也就是從價值概念到人性論再到本體論以及存有論。孟子倡言性善論：「人性之善也，猶水之就下也；人無有不善，水無有不下。」孟子說性善的意思是順著人性的自然就是善的，因為人性中本有惻隱、羞惡、辭讓、是非之心，發揮出來就是「仁義禮智」的德目。「乃若其情，則可以為善矣，乃所謂善也。若夫為不善，非才之罪也。惻隱之心，人皆有之；羞惡之心，人皆有之；恭敬之心，人皆有之；是非之心，人皆有之。惻隱之心，仁也；羞惡之心，義也；恭敬之心，禮也；是非之心，智也。仁、義、禮、智，非由外鑠我也，我固有之也，弗思耳矣。」仁義禮智就是人性中固有的德目。其中仁與義更是孟子屢為強調的價值意識概念，「仁，人心也；義，人路也。舍其路而弗由，放其心而不知求，哀哉！人有雞犬放，則知求之；有放心而不知求。學問之道無他，求其放心而已矣。」人心的本質就是有仁的德目，發揮出來就是義的行為，當孔子以仁禮為內外之合說，孟子則以仁義為內外之合說：「人之所不學而能者，其良能也；所不慮而知者，其良知也。孩提之童，無不知愛其親也；及其長也，無不知敬其兄也。親親，仁也；敬長，義也。無他，達之天下也。」孟子不僅將價值意識的本體概念界說清楚，更使用了談價值意識的存有類項概念以強化理論的系統：「盡其心者，知其性者；知其性，則知天矣。存其心，養其性，所以事天也。殀壽不貳，修身以俟之，所以立命也。」其中的心是主體的能動性主宰者，性是人心中固有的良知良能，天則是更普遍的本體原理。由於孟子將價值意識的討論拉到了人性論及本體論的基本哲學問題上來，因此使得儒家的形上學建構有了長足的進展。

(三)荀子的性惡說

　　人性論問題就是本體論問題就著人存有者而講的普遍性問題，荀子在本體論的問題討論上實質地建構了人性論的理論，他認為天生本來的自然人性就是說人性論的關鍵，「凡性者，天之就也，不可學，不可事。」「不可學，不可事，而在人者，謂之性。」這是對作為存有類項的性概念的定義，也正是對人性論問題的抽象討論，至於它的價值意識的內涵，荀子卻一反孟子性善說的立場，而提出性惡說，「人之性惡，其善者偽也。今人之性，生而有好利焉，順是，故爭奪生而辭讓亡焉；生而有疾惡焉，順是，故殘賊生而忠信亡焉；生而有耳目之欲，有好聲色焉，順是，故淫亂生而禮義文理亡焉。然則從人之性，順人之情，必出於爭奪，合於犯分亂理而歸於暴。故必將有師法之化，禮義之道，然後出於辭讓，合於文理，而歸於治。用此觀之，然則，人之性惡，明矣。其善者偽也。」荀子從現象上觀察人的行為，順著自然人性則沒有人不為惡的，若非用師法禮義之道強加其上，人類是不會守禮謙讓、行為合宜的。

　　因此人之本性即是惡，若有善行之表現，則是出於後天修正的結果。那麼，為何能有後天的修正呢？後天修正的價值是如何建立的呢？「凡禮義者，生於聖人之偽，非故生於人之性也。」荀子即提出聖人的概念說此，是聖人制訂出來而要求人們接受的，並不是人性中能自然體現出來的，「故聖人化性而起偽，偽起而生禮義，禮義生而制法度，然則禮義法度者，是聖人之所生也。」因此根本上需要靠聖人才會有禮義，而禮義也不是聖人自己的本性，聖人自己的本性跟一般人都是一樣的，「故聖人之所以同於眾，其不異於眾者，性也；所以異而過眾者，偽也。」聖人之所以能跟眾人不同，是聖人願意努力改變自己，因而在後天鍛鍊之後能有禮義的表現，「故聖人也者，人之所積也。」所以聖人就是一般人中願意持續努力而成功之人，但是為什麼一般人做不到呢？或者，聖人能做到是否有必然性呢？「聖可積而致，然而皆不可積，何也？曰：可以而不可使也。故小人可以為君子，而不肯為君子；君子可以為小人，而不肯為小人。小人君子者，未嘗不可以相為也，然而不相為者，可以而不可使也。故塗之人可以為禹，則然；塗之人能為禹，未必然也。雖不能為禹，無害可以為禹。」原來，荀子認為聖人是靠自己努力而得致的，人人皆可能成為君子、聖人、禹，關鍵還在要不要做。

　　但是，要不要做是一回事，能不能成功是另一回事，從能成功的角度說，那就是人性的本質的意思，說是人性也可以，但是荀子卻建立了性惡說，以致使得他的本體論跟他的聖人觀有了相當的理論脫節。總之，從人性論而言，荀子明確地建立了性惡論，但是禮義卻是聖人要建立的價值，聖人是能實現禮義的人，而人人都有成為聖人的可能，因此禮義也在相當的分量上成了荀子本體論的價值觀，荀子性惡論的立場也不是站得很穩的。

㈣《大學》的明德至善本體

　　《大學》著作中，講「大學之道，在明明德，在親民，在止於至善。」「明德」與「善」即是兩個價值意識的概念，即《大學》著作中的本體，重點則在就著「格物、致知、誠意、正心、修身、齊家、治國、平天下」的各個項目說這個「明明德」及「止於至善」的具體作法及其間的次第關係。

㈤《中庸》言誠的本體

　　《中庸》著作是孔孟以後最能言說形上學義的本體論的系統，《中庸》以誠的價值概念明說其為天道的普遍原理，亦即價值義的本體：「誠者，天之道也。誠之者，人之道也。誠者，不勉而中，不思而得，從容中道，聖人也。誠之者，擇善而固執之者也。」天道的價值內涵是誠，此即本體，本體既明，即知主體的本體工夫為何，故而說人之道是誠之者。至於聖人是已實現了天道者，故而從容中道，一般人則需擇善固執勉力為之。這個意旨同於說：「自誠明，謂之性；自明誠，謂之教。誠則明矣，明則誠矣。」亦即誠是天道本體，也就是人性的本質，由誠而發就是性中所出，由內而外，若由外而內，就是自我教育的培養鍛鍊，即是由明而誠，做工夫即是要實現此性中之誠，一旦以誠而行，深入實踐，則亦是對天道的彰顯，從而可說人類的作為即是天道的作為，故說參贊：「唯天下至誠，為能盡其性。能盡其性，則能盡人之性；能盡人之性，則能盡物之性；能盡物之性，則可以贊天地之化育；可以贊天地之化育，則可以與天地參矣。」人能實現自己的誠道的人性，便是能順成所有其他人的誠道的本性，更是能實現所有事務的誠道的價值意義，這當然就是協助了天地之化育而等於參與了天道的作為。

㈥《易傳》生生之謂易的本體

　　《易傳》是儒家解釋《易經》並發揮哲學創作的專著,就本體論思路而言,《易傳》實是繼承及創作皆有,就繼承而言,《易傳》使用「仁、義、誠、善」等概念說它的本體論,就創造而言,《易傳》提出「生生之謂易」的本體論觀念。如果再衍申到非直接相關價值意識的存有論問題,則《易傳》還有「變」與「神」的存有論觀念的創造。《易傳》在價值意識的本體論觀念的使用上,是繼承孔子言仁孝禮、孟子言仁義禮知、《大學》言明德至善、及《中庸》言誠之儒家道德意識本體論的路線。這一路的本體論思維在《易傳》中完全是繼承下來的,表現在《彖傳》、《小象傳》、《大象傳》、《文言傳》、《繫辭傳》、《說卦傳》、《序卦傳》、《雜卦傳》中的整體,其中《序卦》與《雜卦》是社會政治哲學的問題,將德性本體落實於社會政治領域中來發揮。《彖傳》及《小象傳》為解經學,即以道德意識貞定君子行為的最終蘄向。《大象傳》結合自然與人文之道,將自然現象的結構附和於道德意志的體會,六十四條《大象傳》文就是六十四項儒家價值意識的具體操作智慧。《文言傳》將乾坤作用原理用在社會人倫之際,也是一個道德意識的貫串。《繫辭傳》有較多的本體論觀念的繼承及使用,《繫辭傳》中有言:「繼之者善成之者性」、「顯諸仁藏諸用」、「成性存存道義之門」等。《說卦傳》中言:「立人之道曰仁與義」。可謂《易傳》是完全繼承孔子、孟子、《中庸》、《大學》之作中已明確建立的本體論價值意識觀念。

　　《易傳》在價值意識的本體論上有創造性的觀念即是「生」概念的提出,「生」是《易傳》對於天地萬物整體存在的生滅現象的最高價值定位。從經驗現象上說,說世界是生生或說世界是滅滅都是在現象上可以成立的,但是《繫辭傳》卻特持說生的立場,此即一價值意識的本體論的獨斷,說易道之生的原理就是在說天道以生為價值原理,說「生」就是要強調現象世界的出現與發展變化是有目的與有價值的。藉由「生生之謂易」和「繼善成性」的本體論命題,《繫辭傳》完全繼承了發揮在《中庸》的「誠」的形上學的本體論路線,《中庸》「誠」的形上學有二義,一為道德意識義的誠,一為至誠無息的不息義的誠,此正與《繫辭傳》中言「繼之者善成之者性、顯諸仁藏諸用、成性存存道義之門」等說及「天地之大德曰生、生生之謂

易」之說一致，這便是《繫辭傳》中繼承孟子、《中庸》一路的道德本位的本體論建構。儒家言「生」是理論上之必需，因為世界的存在是有意義及目的的，它們就是聖人君子化成天下的活動場域，活動場域必須是實存永恆的，現實世界的努力才會有意義並且有保證。《繫辭傳》中將「生生之謂易」之命題提出亦可謂對於儒學本體論有一創造性的貢獻，但這個命題的基本觀點是與《中庸》言不息之義有所會通的。

　　在此之後的兩漢、宋明甚至當代儒學史發展中，儒家本體論的價值意識的概念就沒有什麼新說了，可以說都是繼承的作法，形上學問題中的創造性思路是在存有論或宇宙論中，本體論不能再有新意，它就是「仁、義、禮、智、誠、善、生、孝」等幾個核心概念的使用，至於工夫論或境界論則創意更多，但是工夫論或境界論是可以獨立於形上學問題的討論之外，因此單就儒家本體論而言，可以說基本重要的價值意識概念都已出現，至於存有類項的概念定義及其關係的討論是屬於存有論議題，便不在此處多論。

二、道家的本體論

　　道家哲學是中國哲學一大學派系統，但是它卻是幾位不同的哲學家及更不相統屬的眾多道教教派的共名，就其價值意識而言，確實是各自不同的，因此需要一一分開述說。

㈠老子的無爲本體

　　老子哲學起於觀變思常，就宮廷官場及社會人際互動的實況，找出人事往來變化的律則。老子首先提出「有無相生」的律則，指出任何事物的出現都同時意味著相反事物的沒有出現，於是在人心的負面情緒的體會中，任何人的優異表現都同時意味著別人的沒有表現的自覺，因此一旦他的優異性過度張揚，那麼不優異的眾人的心理就非常不快了，這時就有可能對優異者進行傷害，所以優異者等於是因為他自己的優異表露而遭致傷害，這就引出老子的另一項社會人事變化的律則：「反者道之動」，其義為任何個人的優勢如果過於突出或私心的欲望過於張揚，就一定會招致周圍的反對，但若是不過度、不自私，就不會有這樣的情況，於是老子就接著說出另一條生存處世

的法則：「弱者道之用」，也就是在社會環境中的處世之道就是要謙虛、柔弱，這樣才不會引起眾人的反感甚至傷害。

「有無相生」、「反者道之動」、「弱者道之用」形成了老子觀變思常所獲致的結論，於是就從「弱者道之用」的律則中推出了他的價值意識的本體，亦即「無為」。老子提出「無為」的概念以作為他的核心價值，「無為」就是不為了自己的私欲而多有作為，簡單說就是不自私，老子並非主張對社會事業無所作為，因此不是一般人以為的老子是消極的，老子是主張處理社會事業要以社會本身的目的為宗旨，而不是為了人們自己的私人利益。人們通常用力於自己的私利而傷害公眾的福祉，所以老子要人們「為道日損，損之又損，以至無為。無為而無不為。」也就是要追求智慧與價值的生活，就是要對自己的私利無所作為，減少私欲以致完全沒有私欲之時，那就可以專注於追求公眾的福祉，只要是事關公眾之事即皆可全力而為，也就是「無不為」，並且易於成功，「為無為，則無不治。」。「無為」既然是作為這個眾人皆應追求的價值，它也同時被描寫成「玄德」，亦即深奧的最高智慧胸懷，老子言：「生而不有、為而不恃、長而不宰，是謂玄德。」就是說凡事只為了事務的完成本身，而不重視自己的功績及事後的獲利，所有的力量用在公眾之事，而不是自己的所得，這就是以「無為」所說的「玄德」的真諦。

「無為」成了老子的最高價值觀念之後，它並不與仁義價值相衝突，仁義價值完全可以在無為價值之下作個次德目。「失道而後德，失德而後仁，失仁而後義，失義而後禮，禮者忠信之薄而亂之首。」固然說出了道德仁義禮的價值滑落性差次，但是老子的本意是在要求要回復更純樸的道德，並非正面否定仁義禮的價值。「絕聖棄智，民利百倍。絕仁棄義，民復孝慈。絕巧棄利，盜賊無有。」老子是要求棄絕表面性的虛偽動作，這些動作都不是為了聖智仁義的本身，而是為了虛妄的美名及其所帶來的利益，棄絕了這些虛偽的行為，則能回歸這些理念的真正價值，因此仁義聖智在老子哲學中，可以說是無為價值下的次德目，雖然不是最高的本體，但畢竟還是有價值的德目。

(二)莊子的逍遙本體

　　莊子哲學固然有內外雜篇之別，但說到價值意識的本體論，則自始至終都仍是逍遙一義，只是外雜篇較多地用力於否棄仁義的主張上。莊子以逍遙意境作為價值意識的本體，它是來自好重思辨的結果，從社會政治問題說到宇宙論都直指一個逍遙的價值本體，逍遙之義為對社會政治體制的不予肯定，從而不欲涉入，而追求自己的精神超越的意境，對氣化構成的整體存在界視為一無目的不斷變化之載體，各種自然現象皆有其巧妙的造化安排，非以人意需求為意欲，人類的對待態度亦只需適性自由即可。莊子所說者確實為一明確有別於儒家的仁義道德之價值立場，因為他不以社會體制為理想實施的必要結構，甚至以之為人性的桎梏。以理想社會體制為價值目標的是入世的哲學，不以社會體制為理想目標的是出世的哲學，莊子哲學正是屬於出世的哲學類型，因此與老子的價值標的亦是有所不同的。

　　莊子首篇〈逍遙遊〉就是要指出他所追求的理想不在現實社會的體制之內，但是人們的心智都只能放在有限的格局之內，無法理解他的精神向度，因此藉由大而無當的說法，標示對立鮮明的意境衝突，企圖讓人們感受到他的價值定位與眾人的重大差別。莊子藉由對一般人所嚮往的社會賢達者的形象的輕蔑，說出自己的意境：「故夫知效一官，行比一鄉，德合一君，而徵一國者，其自視也亦若此矣。而宋榮子猶然笑之。」這些鄉官國君都是被束縛在一定成見下的角色人格，追求自由精神的宋榮子是不取此道的。宋榮子代表的是在社會結構內卻追求自己的超越價值的人，但是能力尚且有限，並不是真正自由的人。「且舉世而譽之而不加勸，舉世而非之而不加沮，定乎內外之分，辯乎榮辱之竟，斯已矣。彼其於世未數數然也。雖然，猶有未樹也。」宋榮子以自己的需求經營自己的生活，不理社會議論，不受社會褒貶的絲毫影響，但說到真正的精神自由及最高智慧，宋榮子尚有極大的距離。而列子則是更進一層：「夫列子御風而行，泠然善也，旬有五日而後反。彼於致福者，未數數然也。此雖免乎行，猶有所待者也。」列子高明於宋榮子的地方是列子與自然為一，他能利用氣化宇宙論進路的身體鍛鍊工夫使自己御風而行，類似於仙人的意境，但尚不是神仙，因為他也還是有所依賴。若是真正意境最高的仙人則是：「若夫乘天地之正，而御六氣之辯，以遊無窮者，彼且惡乎待哉！故曰，至人無己，神人無功，聖人無名。」當莊子說到

列子的境界的時候，這已經是需要宇宙論的特殊知識才能理解了，但是莊子並未能在知識的供應上竭盡清晰之可能，只是明確地站在藉由身體鍛鍊則可以御風而行的知識立場，至於最後的至人、神人、聖人的意境，則已經是可以操控天地變化並與造化同遊的神仙了。而這些至人、神人、聖人所要的價值，也就是與造化同遊的自由。這個自由，首先是擺脫社會世俗的角色與價值，那就是儒家的仁義價值，然後是經過身心修煉的過程，最後才完成其自由無礙的生命意境。這個生命的意境，一直是逍遙於自己的出世價值中的。

莊子與惠施辯論，惠施譏笑莊子是一棵無用的大樹，但是莊子本就不以世用為價值，而是追求自己的自由逍遙的價值，因此反諷惠施：「今子有大樹，患其無用，何不樹之於無何有之鄉，廣莫之野，彷徨乎無為其側，逍遙乎寢臥其下。不夭斤斧，物無害者，無所可用，安所困苦哉！」思考的重點就在於不受世俗價值的角色束縛，一旦能放下世俗的角色，則主體自己的精神意境就暢通了起來，並且，這就是對於儒家仁義是非價值的否定之後而獲得的自由。「意而子見許由。許由曰：堯何以資汝？意而子曰：堯謂我：汝必躬服仁義而明言是非。許由曰：而奚為來軹？夫堯既已黥汝以仁義，而劓汝以是非矣，汝將何以遊夫遙蕩恣睢轉徙之塗乎？」如果太在意仁義是非，人就不會自在，就不能鍛鍊與天地同遊的氣化生命體，而追求真正逍遙的意境。以與天地同遊的方式過逍遙的生活則是：「彼方且與造物者為人，而遊乎天地之一氣，彼以生為附贅縣疣，以死為決疣潰癰，夫若然者，又惡知死生先後之所在！假於異物，託於同體，忘其肝膽，遺其耳目，反覆終始，不知端倪，芒然彷徨乎塵垢之外，逍遙乎無為之業。彼又惡能憒憒然為世俗之禮，以觀眾人之耳目哉！」這樣的人物，已將生死放下，生即死死即生，就存在之一氣而言，兩者沒有隔閡。也就在這樣的背景下，莊子的逍遙價值觀取得了對待社會政治問題的態度以及自我生命在天地間的追求目標，那就是隔絕自我於社會體制之外，追求自我超越的精神嚮往，甚至經過身體的鍛鍊而能成為與神仙一樣的存有者，所以對個別人存有者而言，逍遙就是莊子的最高價值，也就是他的價值意識的本體，而對整體存在界而言，莊子就將之視為一個「逍遙自適無目的有巧妙的造化安排」。

㈢列子的貴虛及不知的本體

　　列子哲學的宇宙論意味濃厚，同時宇宙論進路的身體鍛鍊工夫更是其中的大宗，身體的能力是列子哲學所追求的最重要目標，並且多是農村中人所需的身體能力，例如爬山、涉水、抓蟬、射箭等，而不是能在不同世界出入活動的神仙意義的身體能力，但卻是在這個經驗世界的生活所需之身體能力。如果說老子哲學是都市哲學、宮廷哲學，則莊子哲學是從都市到農村，從宮廷到民間的哲學，那麼列子哲學就是純粹農村的、民間的哲學。因此社會體制的理想亦非列子所關切，所以儒家的仁義道德當然就不是列子的價值本體，莊子的價值本體以逍遙定位，這是因為他有超越現實世界的精神生命追求的嚮往，那麼列子呢？列子的價值本體是能讓身體的能力充分展現而不與自然世界相激傷的思想，這就是「虛」。

　　「虛」的實義是不採取態度，而且特別是對氣化世界的物體與身體的不採取態度，包括情緒上的及認知上的。「或謂子列子曰：子奚貴虛？列子曰：虛者無貴也。子列子曰：非其名也，莫如靜，莫如虛。靜也虛也，得其居矣；取也與也，失其所矣。事之破毀而後有舞仁義者，弗能復也。」「虛」就是列子的價值本體，虛是「無貴」，虛是「不取」、「不與」，「無貴、不與、不取」就無所謂仁義的肯定或否定，這是對價值上不採取態度的貴虛意旨。至於對物質世界的認知也是一個虛的意義本體，那就是「不知」，「不知」是不進入意識狀態中，而不是知識上沒有確定性，是對確定的知識不採取認取的態度。列子書中有人在討論天地的存在及壞滅問題，「子列子聞而笑曰：言天地壞者亦謬，言天地不壞者亦謬。壞與不壞，吾所不能知也。雖然，彼一也，此一也。故生不知死，死不知生；來不知去，去不知來。壞與不壞，吾何容心哉？」對於在人類有限生命的經驗中不能感知又不會在日常生活中發生影響的宇宙大問題，列子的態度就是「不知」，「不知」一方面是能力不及而不能知，既不能知，就不必以確定性的態度去認取任何知識，包括自己的生死，這就是對物質世界的知識的「虛」的價值立場。

　　對物質義的身體存在的問題，「舜問乎丞曰：道可得而有乎？曰：汝身非汝有也，汝何得有夫道？舜曰：吾身非吾有，孰有之哉？曰：是天地之委形也。生非汝有，是天地之委和也。性命非汝有，是天地之委順也。孫

子非汝有，是天地之委蛻也。故行不知所往，處不知所持，食不知所以。天地強陽，氣也；又胡可得而有邪？」對於自己的身體及子孫的生命都將之視為天地之氣的寄寓，而不執著於主體自我的意識之內，因此也不會採取有知識意義的認取態度，就又是「不知」之立場了，就會對自己的身體存在一事不積極去主張什麼，也正因此就會取得鍛鍊身體使與自然萬物不相侵傷的效果。而這個身體知能的取得，正是這個貴虛的不知的價值立場的實施的結果。這個實施的態度就是：「得意者無言，進知者亦無言。用無言為言亦言，無知為知亦知。無言與不言，無知與不知，亦言亦知。亦無所不言，亦無所不知；亦無所言，亦無所知。如斯而已，汝奚妄駭哉？」不採取態度正是列子之「虛」及「不知」之價值本體的確定性意旨。「黃帝之書云：至人居若死，動若械。亦不知所以居，亦不知所以不居；亦不知所以動，亦不知所以不動。亦不以眾人之觀易其情貌，亦不謂眾人之不觀不易其情貌。獨往獨來，獨出獨入，孰能礙之？」至人的一切的行動不以一般世俗的認知而為行動的依止，而是一切不理，只守在自己的自然本能中進退，獨往獨來，無人為礙，這就是列子要追求的意境，因此列子也追求了一個他自己的意義的逍遙：「壺丘子曰：游其至乎！至游者，不知所適；至觀者，不知所視。物物皆游矣，物物皆觀矣，是我之所謂游，是我之所謂觀也。故曰：游其至矣乎！游其至矣乎！」說到底都還是一個「不知」之遊的意境。

(四)郭象取消本體的無價值哲學

道家哲學的發展，自此以降則進入老莊的詮釋史，如同儒家的價值本體在宋明儒學之間沒有創造也不能有創造一樣，河上公、嚴君平、王弼皆是老子無為意旨的繼承，理論創作的重點都不是在價值意識的本體論上，唯有郭象之作才有新意。郭象藉由注莊而建立新說，雖然郭象哲學方向不同於莊子，但是卻創造了他自己的理論型態，成為道家哲學發展史上的一個新型態的道家哲學體系。

郭象的哲學思考是要提出一個既能保存自己的本性又能存活於世俗中的安於現狀的哲學命題，但是對價值意識的本體論問題卻提出「物自生爾」的主張而否定了整體存在界有一個統一的價值原理，只提出一個「獨化於玄冥」的空洞概念作為萬物共生的基礎。由於「玄冥之境」乃「不可知爾」，

於是容許經驗世界的存有者在紛紜的存在中各適其性，這就使得本體工夫無法成立，而成為一套缺乏統一原理的保證卻仍要在自我個性中故作逍遙的理論型態。

郭象是在概念思辨的存有論進路中討論價值意識的本體論，他否定有一個存在始源及價值依據的道體，也就是郭象存有論中的道體是空無的，亦即作為整體存在界的總原理的道體是不存在的，因此雖有個物存在，但個物的存在卻是依據於「物自生爾」的個物自性而已，而個物自性是為何而為此一性份的呢？「不知也」，即其並無一更高的原理以為根據。至於所有個物之共存的和諧如何而有呢？「獨化於玄冥之境也」，「玄冥之境」的意義也是一個意義上的空無。當郭象建立了在道體的這幾個層次上的論說之後，一切價值上的言談便缺乏了形上的依據，價值的活動便完全是個物自性的自我定位，並且這個自我定位依然缺乏超越的根據，沒有任何一個層次的原理可以作為這個價值活動的根據，這就是郭象將道體獨化於玄冥之境的理論結果。既然沒有任一層次的原理可以作為價值的依據，那麼郭象言於人世活動的意義就成為只是個人依其適性之自況而取其作為之方向了。

本體論的道體不存，作為工夫斬向的價值意識即不存，其實即已無所謂工夫活動了，表面上看起來，郭象的工夫論主張一個物任其性的工夫，但是一個缺乏了道體的標的作為工夫的入手以及斬向的理論體系是沒有工夫可言的，工夫旨在提升存有者的境界，企求其盡可能地與道體合一，既然缺乏了道體的存在，那麼工夫就只是在個物自性之原有層次上打轉，打轉而欲言其有無相融、跡本互用，實已為一虛妄的自我意識的執著與自作清高的標榜了。

郭象注解莊子言說天籟之一段：「故天者，萬物之總名也。莫適為天，誰主役物乎？故物各自生，而無所出焉，此天道也。」莊子以天籟喻道，形象上言即是風，風自己是無聲的，有聲之出乃風入竅穴絲竹之中者，風無聲喻道無言，凡所有社會議論皆失道之論，皆一己之成見爾，若欲見真理，只有回復道的思維中，即寥天一的境界中與造化者遊，故而莊子以合道之論斥眾人之成見。所以莊子是有道論的，莊子的道體是一個逍遙自適的造化，體道者即與天地精神相往來而忘仁義、忘禮樂、忘天下者，價值的理想乃定位在精神生活的無限超升，卻從不沾染名教中事。郭象卻不然，郭象以眾

人之自況為真理之定體，「天籟非別有一物」即排斥道體存在之說，「眾竅比竹共成一天」即追求個物獨立自主之性份內事，此郭象之哲學立場，其所藉以論證之途乃藉由萬物的存在依據的問題之探討而來。即其言：「無既無矣，則不能生有；有之未生，又不能為生。然則生生者誰哉？塊然而自生耳。」。

郭象注解莊子言於罔兩問景一段：「故任而不助，則本末內外暢然俱得，泯然無跡。若乃責此近因而忘其自爾，宗物之外，喪主於內，而愛尚生矣。雖欲推而齊之，然其所尚已存乎胸中，何夷之得有哉！」莊子言於罔兩問景，是要取消個物自性之執著，使其回復於天道之齊一之中，罔兩待景，景待形，一系列的依附行為之歷程顯現了知識份子對於自己所堅持的事物的荒謬性，不如放下一切的堅持，使自己回復與道為一的齊物之境中，而能與超越眾形的造物者同其逍遙，而取得在現世生活中的獨立尊嚴與自由精神。郭象之注解卻非此之路，郭象所注解之造物者乃非造物者，實則無有一造物者，乃眾形之自造的造物概念，在郭象的形上思維中，是不主張有一個超越的造物者存在的，「造物者無主」，於是物各自造，皆無所待，這就引發了兩個理論上的問題，其一是物又如何而自造？郭象以不知為答，其二是眾物之和諧性又因何而然？郭象以獨化於玄冥為答，這兩個答案都是哲學思維走入絕境之下的不負責任的說法。

由於郭象主張物乃自生，不依於他物，故而決定個物之性的原理必須交由自己處理，但是個物自性只是一個任性之實然，為何如此，無從說明，因郭象不承認有一超越原理在作用，故而其原因亦不得而知。既不得而知，則任而不助，任何存在者皆不宜去影響別的存在者的存在黈向，事實上也不可能影響成功，個物自性交由個物自知之，問題是，個物如何而自知其自性，其所知之自性是一感官欲求下之自性還是一理性思維後之自性？郭象於此未能辨析，亦不辨析，個物之自性即為郭象所見之社會實然中之眾人之階級地位、才情個性之當下現況而已，如此則人物之理想性與工夫之超越躍升之意義皆不必存在了。

哲學上對於價值問題的思維，必須依據一形上道體對於意義與目的作貞定之後才有可能，儒者以仁義禮知與誠與善為價值，故而以其為道體，這是形上思維的模式。工夫思維則以主體的自覺為模式，但是自覺之所對亦需

明確，儒者即以仁義禮知與誠與善為此自覺之所對。老子講無為、莊子講逍遙，這是道家老莊的價值標的，這些都是作為所有人物及整個存在界的共守原理，若依郭象之說項，取消了形上道體之後，當它需要價值依據的時候，豈不將出現標準繁多、眾物相凌之局，依據郭象在政治事務上的見解，則是將任何時代現存的社會現象直接視為當然而予以肯定，而遂行所有個物之企求的合理性，這其中若有任何人物想要突破現狀則是「忘其自爾」、「宗物之外」、「喪主於內」，郭象之批評是極為苛刻的。

三、佛教的本體論

　　價值意識的本體論是本書討論形上學問題的一個基本哲學問題，從實踐哲學的特殊思維型態說，應該是宇宙論、本體論、工夫論、境界論一起共構的完整架構，就中國儒釋道三學而言，道家莊子學最早展現了這四方架構的完整思維模式，但是系統內部尚有太多細節未及構作，以致四方架構的互為推演性格尚不為眾家共見。但是，佛教哲學則不然，佛教哲學一開始就是四方架構一齊運作的系統性實踐哲學的思辨型態，原始佛教的「四聖諦」之學即是一完整的四方架構之系統性理論，苦諦說其價值意識的本體論，集諦說其現象世界的宇宙論，滅諦說其理想終境的境界論，道諦說其修行方法的工夫論。由於佛教哲學是佛陀身心修行實作之後的智慧結晶，他是以主體活動的實感說經驗世界的真相，因此說客觀存在的普遍原理的形上學與說主體狀態的工夫境界論必須是系統一致的整體。因此在說價值意識的本體論的時候必須是就著世界真相的經驗實感的確斷而為述說的，原始佛教四聖諦說為苦觀的意旨是在見眾生生老病死的現象之後的觀感，世間一切快樂欲求之事亦最終導致痛苦，因為一切生活現象都是種種因緣條件來去集結而有，不能永存，想要繼續貪求，就會因為不能永恆而致痛苦，因此應以捨離愛欲為生活方式，以八正道的方式捨離，而最終追求阿羅漢的涅槃境界。因此，「有漏皆苦」即是佛教早期提出的價值意識的本體論觀點，有漏即是有欲求，無漏才是無欲求，無欲求才無苦而得離苦得樂。

　　以苦說價值意識的本體的思維在大乘佛學的發展中以空觀涵蓋之，「緣起性空」即是以宇宙論的現象生滅說現象的意義是空，現象是有的，但是一

切對現象的感受是無法持定的，因為一切現象就是在無盡的緣起中由種種條件的積聚而暫時存在又立即轉化，因此一切稱讚毀譽喜怒哀樂都是企圖咬定暫存現象而賦予永恆意義的作法，由此而來的意義確斷與心情感受都是不得持久故而不是真相。但為何會有現象世界呢？就眾生主體來說，即是自己的一念無明而輾轉構作所積累的生命歷程，但為何會有眾生的一念無明呢？這個問題在佛教哲學的發展中是有所討論但未為眾人所公認，華嚴宗哲學即是以之為亦是佛法身的自我運思而成的緣起，亦即是為成就更多佛性智慧存有者而開啟的成佛運動的歷程，因此眾生生命的歷程即是成佛的歷程，因為眾生心本來是佛智。這樣的討論從《大乘起信論》中即已如此定位了，《起信論》以一眾生心開真如生滅二門而說一切現象世界的流變與真諦，真如永在即是永遠肯定有一空性的智慧以為終極的意義而為價值意識，永恆作用，既是佛性的遍在於眾生心中的真如自體，又是眾生自性中的真如相用，既是佛的永恆救渡的外因又是眾生的自我救渡的內緣，因此眾生必可因真如起用而終至成佛。大乘佛學說價值意識的本體亦是不脫離宇宙論與工夫境界論而說的。

　　大乘佛學的唯識學與般若學亦是一說本體一說宇宙，兩者緊密不可分，亦絕不對立，就境界哲學而說時，兩者亦只是一事兩面。《金剛經》即是般若學系統中最能彰顯空性本體在主體實踐以致達成境界的作品，《金剛經》文：「一切有為法，如夢幻泡影，如露亦如電，應作如是觀。」即是在說本體即是空。《金剛經》的基本哲學問題意識是從「境界哲學」說佛法修行之學，以致是最能彰顯佛教空性本體論的著作。「境界哲學」是就著修證的項目在身心的狀態中說明其已經成就的狀態，這個狀態的說明是對準實踐主體的狀態的說明，這個狀態的說明有身心兩路，分別依據著宇宙論與本體論的普遍知識命題而論述，宇宙論進路述說主體的身形相狀以及所住國土世界的色法四大的情況，本體論進路述說主體心境的自處態度，以及主體對待一切社會世俗事件及修證程途之種種經歷的心理狀態。《金剛經》針對成佛者的本體論進路述說主體對待一切事件現象的心態，以心態呈現這個境界，即以主體自證心境言說這個境界狀態。

　　就佛教哲學的本體論而言，原始佛教及大乘佛教皆不主張一個永恆不變的實存體，不論是主體自身亦或外在世界，都沒有永恆實在性，都在一個成

住壞空的變化歷程中，所以現象界中一切事項的存有真性是空，這就是本體論意義下的空觀。本體論作為討論佛教哲學的哲學基本問題，是要談論作為整體存在界的終極意義問題以及這個終極意義本身的存有特性問題，後者亦宜稱為存有論問題，這個終極意義也可以稱為是一個「法」，這個「法」以「般若」說，「般若」義譯是「智慧」，「智慧」的內涵是「空」。「空」即是佛教本體論問題的答案。佛教本體論一如儒道兩家的本體論哲學一樣，是個主體的自證心境，亦即以整體存在界的終極意義作為主體自身的生命追求目標，從而以主體的實踐來呈顯這個終極意義，因此這個「法」的存有特性就落實在主體的實踐心境中來談，「法」本來只是一個義理，「法」並非一個現象世界中的實有物，「法」是要在修證主體完全顯現「法」的實義時而展現在修證主體的心境中的，因此修證主體的境界即是言說本體的存有特性的區域，成佛者的主體心境即是般若本體的存有特性，存有論的存有特性問題在主體的展現境界中論說。就宇宙論說，天地萬物中實無有一具體現象是這個「法」，反而是天地萬物的所有現象在修證者主體的對待中皆顯現為是一個具備著這個「法」的終極意義的存有。

　　於是在成佛者心境中，以般若空觀這個法作為自證心境的內涵時，這個主體對待一切事項的心態就必然是「一切無相」，「無相」是說「境界」，「無相境界」是主體對待一切現象應有的智慧心境，「無相」是主體境界的展現，展現著主體澈底實現般若空慧時在社會世俗及一切修證程途中的心理狀態。這個心態就是對著一切現象不進行情識執著的無相心態，非無現象，亦非無現象的認知，只是無對待現象的價值態度，無對待現象的價值態度時主體自己就不會牽纏雜染在業力因緣中，這既是成佛者的境界自況，這也是學佛者的最高工夫心法，此一以境界為心法的工夫自是日後禪宗師弟子間的學習重點，即為一「應無所住而生其心」的工夫，此即《金剛經》經文掌握空性本體的思維結構。

　　談佛教的本體論無法單獨談，單獨談時即是一個般若空性智慧的不斷運思而已，整個般若經即是一個不斷遣盪執著的運思歷程，說空即是無所說，龍樹菩薩說：「不生不滅、不常不斷、不一不異、不來不去」的八不緣起，又說：「因緣所生法，我說即是空，亦為是假名，亦是中道義。」一切再為之言說都是多餘，只有轉為主體實踐才是真正的體空證空，如果還要說明為

何是空以及空性如何顯現的問題，那就一定要結合宇宙論及工夫境界論才能有完整的陳述。而佛教世界觀體系龐大，兩千年發展歷程中又不斷集結造經造論，雖然說苦說空的價值本體始終不變，但是在不斷創作的成佛境界的種種新說中，實在是耗盡了士人的智能，而難以掌握全貌，又極易以偏說全，而說小了佛教哲學的系統。除非我們放棄佛教哲學，否則於哲學討論之門中佛教哲學確實是實踐哲學中最具挑戰性又最難被簡單定論的系統。

四、結論

就價值意識的本體論的討論言，儒釋道三教系統當然可以各自獨立出來介紹，但是三教本體價值是不能做比較的，因為它的意旨是在各自的四方架構中才有效的，否則就會有儒家以道家佛教為自私之學，道家以儒佛為不明天地真象之學，佛家以儒道為不知究竟實相之學之種種無意義的批評產生。而本章對三教價值本體的說明，也都是將三教本體論的價值觀放在各自系統中來說明的，這樣才可能意旨清晰，從而落實到具體生活中而可被準確地使用。

第十七章
具體時空的宇宙論

在中國哲學的形上學討論中，宇宙論是絕不可少的環節，宇宙論討論具體的時空、材質、存有者類別等問題，這個問題的重要性，在於中國哲學即是以儒釋道三教的價值議論為主體，而三教的價值命題即是依據三教各不相同的世界觀建構出來的，宇宙論即是處理世界觀的問題。

宇宙論的次級問題相當多，本章之處理，將以中國儒釋道三家的各系統的宇宙論知識建構為介紹的次序，各家系統的宇宙論建構不一定按照固定的次序發展，基本上是問題意識到哪裡，宇宙論的知識建構才到哪裡，甚至可以說早期的儒道兩家雖然已有明確的本體論價值意識，卻尚未有明確的宇宙論知識系統。

宇宙論知識尚有一個特點，那就是它們都是具有經驗性的，只不過若干涉及它在世界的宇宙論知識卻不在一般人的經驗內涵裡，但它們仍然必須是在若干有特殊能力者的經驗裡，否則就只能是一種想像式的構作，所以宇宙論的知識還是必須歸類於具體經驗知識，這是宇宙論知識有別於本體論觀念以及存有論理論的地方。

一、儒家的宇宙論

儒家的宇宙論建構始終不是核心的議題，因為儒家就是以經驗現實世界作為價值活動的場域，且本來就是排斥遠古迷信而以人文精神作為價值取向的哲學學派，天下就是儒家世界觀的總體，生動活潑，不需多論。直至有鬼神存在的道教，及有輪迴生命觀的佛教以迥異的價值立場挑戰儒家之後，世界觀的辨正與宇宙論的建構才成為理論建構的重心，而儒家的宇宙論建構才

開始較有深度。

(一)孔孟

儒家哲學在孔孟兩家是沒有特別談論宇宙論知識的，但是孔孟的價值思想及修養觀念仍是有一個活動場域的預設的，那就是這個經驗現實世界，也就是天下這個概念所指涉的場所，因此孔孟的價值理想是以家國天下為約定的範圍，價值觀念來自於此，理想實施也面向於此，天下範圍內的社會體制就是他們的價值理想的場域。也因此，孔孟的家國天下的世界觀決定了隨後整個儒家宇宙論知識的討論範圍，後來的儒者所發展的宇宙論知識皆是以面向這個經驗世界為主要範圍。這就定位了儒家宇宙論的基本立場，那就是否認超越現實世界的它在存有者在價值問題上的主宰性地位，至於是否有它在世界的存有者，甚至是否有它在世界，這在孔孟的系統裡並沒有做出明確的聲明，因此就保留了後來的儒者的宇宙論知識發展的不同詮釋之可能。

(二)荀子

荀子哲學的宇宙論即是以經驗現實世界為範圍，荀子關切人們應該務實於現實世界的經營問題，因此指出宇宙之間有一個既定的規律，人們只要依據規律生存活動，就能掌握良好的生活，而不必祈求一個有位格意志的天道以為賜福的來源，荀子為儒家發展的宇宙論重點就在於這個經驗現實世界的自然律則，及其與人倫價值活動的關係，他提出的是將儒家價值活動的眼光更具體地拉回現實世界的立場。

(三)《大學》

《大學》這部著作中對宇宙論問題的討論仍是缺乏的，它就是與孔孟的預設相同的天下範圍內的世界觀。

(四)《中庸》

《中庸》作為儒學的著作，卻是在它在世界的存有者問題上稍有著墨的。《中庸》討論了鬼神之德，等於是說出了鬼神的存在，但是在價值意識上仍是回歸孔孟的德性原理，並沒有將鬼神的個別意志凌駕於德性價值之

上。鬼神之存在或為一宇宙論知識中之現實，但是聖人的修養境界仍是天道價值的落實點，因此鬼神之存在與活動的價值意義仍應收攝於聖人活動中討論之定位之。亦即鬼神並不比聖人的境界對現實社會有更大的影響力量，在儒家世界觀中，它們不過是聖人事業裡的一個部分，一個能印證聖人位育天地的角色。

(五)《易傳》

　　《易傳》作為儒學的著作，是原始儒家哲學中宇宙論色彩最為豐富的系統，《易傳》吸取了道家氣化宇宙論的觀念，以及《易經》揲蓍法的過程，粗略地建立了氣化宇宙觀以及宇宙發生論的解說系統，以「一陰一陽之謂道」說氣化流變中有天道價值的遍在，以及天地萬物有自太極、兩儀、四象、八卦以迄六十四卦的發生歷程。但是，即便是《易傳》有這些近乎宇宙論話語的述說，它的描述清晰度仍是十分不足的，因此導致後來的儒道兩家甚至佛教哲學皆得藉以申說自己的宇宙論知識，等於說是《易傳》提供了基本的宇宙論圖式，而留給後來的各家系統自由發揮的空間。由此亦可見出，中國哲學的宇宙論知識系統是在一個藉由新的經驗知識的開發而逐步發展充實的過程。

(六)董仲舒

　　漢代董仲舒的儒學建構，是先秦以後的儒學建構中最具有宇宙論色彩的系統，董仲舒雖然堅持孔孟的仁義道德價值，但卻藉由宇宙論知識的理論架構，構築起要求君王行仁政及要求百姓尊重仁義價值的理論系統。董仲舒首先確立了世界圖式，說整體存在界有「十端」：「天地人陰陽金木水火土」，其中的陰陽、五行其實就是一個氣化宇宙論，至於「天」則在他的系統裡成了「百神之大君」，亦即董仲舒提出了一個有神論的宇宙論系統，配合氣化宇宙論，他提出了「天人感應」思想及「災異譴告」說，主張君王的行為對天地氣化的流變是有影響的，而天神則是對於世界的氣化流變有感應的，若君王不行仁政而致百姓受苦，天則會以大神的身分顯示災異以為譴告，若再不聽從，即會改變賦命而使其失去政權，可以說董仲舒是藉由宇宙論的氣化感應原理約束君王必須行仁政。董仲舒還提出以四季變化為事實的

陰陽變化解釋架構，說明陰陽交變而有寒暑之別，並提出「陽主陰從」、「陽德陰刑」之說法，以作為人類必須接受仁義價值的理由。可以說董仲舒就是藉由宇宙論要求君王行仁政，也是藉由宇宙論作為仁義價值的依據，可以說他正是儒學史中最能利用宇宙論以創造儒學理論的第一人。

(七)周敦頤

　　北宋周敦頤亦建構新儒學系統，主要討論儒家的聖人境界，並且建立了宇宙發生論的系統以說聖人的角色地位。周敦頤為儒家建立的宇宙發生論是由無極說太極，由太極之動靜而說陰陽，由陰陽之流變而生五行，由五行之互動而生天地萬物，人為其中最靈秀者，而聖人則是中正仁義的制定者。可以說周敦頤是把在道家傳統中已經談得很多的宇宙發生論系統架構入儒家的價值意識，使儒家亦具備有宇宙發生論的理論，但是真正重要的理論意義還是聖人在天地間的角色地位的提出，周敦頤就是利用宇宙論的知識架構討論儒家的聖人觀，談聖人才是他的理論目的。

(八)張載

　　北宋張載建構了體系完整的儒學理論，其中的宇宙論建構部分，主要是強化了氣化宇宙論的內涵，並由之以作為辯證道佛理論的根據。張載說天地萬物的存在是由氣的聚散而有有無的變化，一切往來聚散生滅升降都是陰陽二氣變化的顯現，因此現象世界便是氣化流變的有形無形狀態的來往而已，散入無形的萬物仍以無形之氣而有真實的存在，所以整體存在界永恆地是一個實有的世界，並且必定會有有無的聚散，張載便以此以辯證道佛，反對佛教說現象世界為虛妄的世界觀，反對老子哲學以無說天地萬物之本的存有論，反對莊子認為有永恆不死的神人的宇宙論。張載辯證道佛中對它教意旨的假定未必準確，但是由此而定位出的儒家宇宙論及存有論的立場卻為後儒繼承，直至當代新儒家都還是以實有論的立場作為儒釋道三教辯證時的儒家立場，這一點正是張載儒學的最有力創作。

　　張載另為解決儒家在性善說的人性論立場下卻會有人們為惡現象的理論問題，遂藉由氣化宇宙論，說出「氣質之性」及「天地之性」的概念，「氣質之性」指涉生理本能所需之個性，「天地之性」即是純粹性善之性，「氣

質之性」並非根本惡，且為生命維護之所必需，但需適度，過度了即是為惡，不以嗜欲累其心，善反之「天地之性」存焉，這便是張載在氣化宇宙論基礎上說的工夫論格式。這也是藉由氣化宇宙論而說人性論及工夫論的理論創造。

可以說張載亦是極能利用宇宙論系統創造儒學理論的哲學家，但是他的創造卻不是利用神學宇宙論，而是建立實有說的本體宇宙論，因此較董仲舒的系統更能為宋明儒者接受，從而在宋明儒以迄當代新儒家的理論建構中，成為最能被繼承發展的創造系統，從儒學理論建構的影響力而言，絕不亞於董仲舒，只是從整個中國文化傳統來說時，講天人感應及災異譴告的董仲舒宇宙論，是從來都在歷史傳統中扮演積極角色的。

(九)邵雍

北宋邵雍藉由《易經》概念術語，建構儒家的歷史哲學，對歷代人物表裡得失，而保守了儒家的價值意識。為此，他建立了處理時間及空間的兩套宇宙論圖式以為知識基礎。其一為建立一套時間史觀，藉由「元會運世年月日時」的時間表，配合六十四卦的序列，將中國歷史的各時代人物在這套時間史背景下一一進行歷史評價的討論。他的時間史表是以十二時辰為一日、三十日為一月、十二個月為一年的傳統時間觀念為基礎，套用為三十年為一世、十二世為一運、三十運為一會、十二會為一元。再將六十四卦在一年一年的時間史表裡套用進去，表面上拉長了時間觀念，但卻也建立了宇宙循環生滅的時間觀念。另一套處理空間的宇宙論系統為將整體存在界所有有形無形的現象事物概念，藉由《周易》「四象」的老陰老陽少陰少陽，排比分配，於是天地萬物都在一個《周易》思維系統中被「四象」結構給象徵地定位，並結構在一起了，這一套聯繫天地萬物的四象思維，取代了傳統的五行思維，而進入了易學的討論。邵雍在易學問題上，對於卦序排列問題，提出了先天易的說法，藉由一分為二、加一倍法的數學推演模式，將六十四卦的卦序演繹開來，於是形成一個整齊排比的數學關係的六十四卦卦序，邵雍自稱此為先天易圖，以有別於傳統之以錯綜關係排比的卦序。傳統上是以相鄰兩卦的卦象或為各爻陰陽爻象的上下對轉而為綜、或為陰陽互換而為錯的關係在排序的，因此僅有相鄰兩卦有卦象關係，至於三十二對相鄰兩卦之間則

只是一個偶然檢選的關係。邵雍這種作法，基於數學推演的自然發展，所以他也自稱先天易學即為心學，因為這即是一套數學推演的心法。

邵雍宇宙論對於儒家哲學的創作較無直接關連，但在易經哲學史上卻是大放異彩，邵雍另有對鬼神存在的正面肯定之態度，使得他的理論創作算是儒家哲學中較難被定位的一個系統。

㈩朱熹

朱熹在儒學建構上繼承北宋各家的傳統，包括周敦頤的宇宙發生論、張載的氣化宇宙論、邵雍的易學進路的宇宙時空觀，而總結為一談理氣共構的整體存在界的存有論哲學。亦即以談價值本體的理存有與談天地萬物的氣存在為整體存在界的存有結構。就氣存在而言，就演繹出許多宇宙論討論的課題，一方面將前儒所說的理論舖陳得更詳細，一方面更深入地建構相關的理論。其中，鬼神問題是朱熹在所有儒者的理論中談得最多、最深入、發揮得最大的。朱熹不否認有鬼神的存在，但是人死為鬼亦是一時的存在，過了相當時日之後也是會壞散的，這就是接續張載氣化聚散說的思路。朱熹以人死後之氣存在兩分為魂魄說此，這是漢代《淮南子》書中即有的傳統觀念，魄者即屍體，是重濁之氣下降於地的部分，於土中壞散，魂者即民俗傳說中的鬼魂，是清輕之氣上揚於天的部分，久之亦散。由於人死之鬼會久之壞散，為了接續鬼神的靈通能力，以致必須殺生續氣，這就當然是迷信的行為了，朱熹即指出，古來多少這類神廟多已傾圮，就表示它們都只是一時的存在而已，那麼民間祭祀行為中的與鬼神溝通、互動祈求的舉動本身就是利益勾結的行為。朱熹此說，對於破除民間不當迷信行為，是大有理論貢獻的。

然而，人死為鬼的鬼神迷信固然要破除，祖先祭祀及祭祀天地山川諸神及古聖神靈的行為卻要維護，朱熹則設想祖先之氣死後壞散，但子孫氣即祖先氣，即祭祖時易於感通聚集，於是有祭祀的意義，也因此而符合「非其鬼而祭之諂也」的立場。同樣地，天地之神及社稷之神也應由君王行使祭祀才能得感通，地方之神及山川諸神則應由當地主管祭祀。而所祭祀之對象，亦為其理而非其神，亦即天地山川之存在之理，而非氣存在之位格義之鬼神。至於古聖神靈，因其為正陽之氣，亦更易於為後人中之正人君子在祭祀時與為感通。

　　此外，必須說明的是，在張載及朱熹的宇宙論知識系統裡，一些與價值推演較無關係的純粹自然科學的宇宙論討論更是極為豐富的，這就包括了天體問題、曆法問題、地球科學問題等等，這些當然都是宇宙論，只其跟價值追求問題不直接相關，所以不多作討論。

　　氣概念的使用並不只在宇宙論脈絡，本體論、工夫論、境界論、存有論都需要使用到氣概念，朱熹以後的明儒學術仍有多次的氣學建構，但都並不主要是宇宙論問題。可以說儒學傳統的宇宙論創作，到了朱熹以後就沒有再多的發揮了。

二、道家的宇宙論

　　道家宇宙論系統較儒家宇宙論是更為豐富多元的，不僅因為在道家本體論建構中即有宇宙論知識的需要，更因為道教哲學的成立就是建築在有它在世界的宇宙論基礎上的，以下對道家宇宙論的討論，限於筆者的學力，暫不討論道教部分，而僅以老子莊子列子河上公為例，其中莊子及河上公的宇宙論也都涉及了它在世界的鬼神存在問題，但仍有差異。

(一)老子

　　老子哲學主要是無為的本體論及工夫境界論，以及作為最高概念範疇的道體特徵的存有論，至於就宇宙論發言而言，老子是有所言說，意旨不深入，卻留給後人廣大的創造性詮釋空間。老子宇宙論有兩路的思維，其一為由道至氣的宇宙發生論：「道生一，一生二，二生三，三生萬物，萬物負陰而抱陽，充氣以為和。」本文前半段多為後人談論宇宙發生論的文本依據，而後段則是一套氣化宇宙論的語句。另一個宇宙論的話語是跟工夫論有關的：「專氣致柔，能嬰兒乎？」這就是把身體視為氣的存在，對身體的鍛鍊要像嬰兒般地柔軟，這便是鍛鍊的目標。不論是老子講宇宙發生論的觀念或宇宙論進路的身體修煉工夫，老子之所說都不清楚，但都有觀念開創的功能，以致為後代的學者引述之而接續創作之。

(二)莊子

　　莊子哲學是先秦各學派各系統中在哲學基本問題的各個面向之創作中最為完備的一個系統，其中宇宙論、本體論、工夫論、境界論的理論創造都相當豐富，可以說是一套系統完備、義理豐富的龐大理論體系。莊子的宇宙論首先是定出一套氣化宇宙論的系統，這是先秦各家中系統最為鮮明的氣化宇宙論，主張天地萬物皆是氣的聚散變化而成，這也是後來被宋儒張載繼承轉化的原始系統，氣之聚散的理論對於人的生命也適用：「人之生，氣之聚也。聚則為生，散則為死。」這就產生了一切現象事務在氣存在上有互為流轉的傳遞關係，「萬物皆種也，以不同形相禪。始卒若環，莫得其倫，是謂天均，天均者，天倪也。」在氣化宇宙論的前提下，莊子還以說故事的方式提出了神仙存在的世界觀，並且以神仙的存在定位生活的理想：「藐姑射之山，有神人居焉，肌膚若冰雪，淖約若處子。不食五穀，吸風飲露。乘雲氣，御飛龍，而遊乎四海之外。其神凝，使物不疵癘而年穀熟。」所以神仙概念在莊子書中雖然是以寓言方式呈現，卻具備了準知識的地位，也就是說莊子提出了一個有神仙存在的世界觀，這正是他的宇宙論哲學中最特殊的部分。

(三)列子

　　列子的宇宙論思想是極為豐富的，但是與其說列子是建構了新的宇宙論思想，不如說列子是藉由氣化宇宙論而建構了宇宙論進路的工夫論思想，列子的工夫論思想預設著氣化宇宙的身體觀，以虛而不知為修心意識，提出許多新穎的理論，已在本書談倫理學章中另為說明。列子的宇宙論思想，在宇宙發生論問題上，提出了更多的概念，基本上就是在氣化宇宙論由無至有的發生歷程作了更多的思辨性解釋：「昔者聖人因陰陽以統天地。夫有形者生於無形，則天地安從生？故曰：有太易，有太初，有太始，有太素。太易者，未見氣也；太初者，氣之始也；太始者，形之始也；太素者，質之始也。氣形質具而未相離，故曰渾淪。渾淪者，言萬物相渾淪而未相離也。視之不見，聽之不聞，循之不得，故曰易也。易無形埒，易變而為一，一變而為七，七變而為九，九變者，究也；乃復變而為一。一者，形變之始也。清輕者上為天，濁重者下為地，沖和氣者為人；故天地含精，萬物化生。」本

文即是說天地萬物即是陰陽之氣所結構而成，但天地的本身則是依據太易、太初、太始、太素的階段而為由無形之氣到有形的渾淪，再經多次的變化轉換才生出具體的天地萬物的。

㈣河上公

漢代老學家河上公注解老子之作亦是道家宇宙論的重要創作系統，然而，觀念的重點與列子一樣是走到宇宙論進路的工夫論方向，至於宇宙論部分，還是一個氣化宇宙論的基礎：「元氣生萬物而不有」，此即是氣化宇宙論基本說法，但特別是建立了人體宇宙學的知識立場，其言：「有欲之人與無欲之人，同受氣於天也。」既是氣之生成，則有「精氣」及「和氣」的狀態是其理想的狀態，又有以魂魄的概念來說人體，其言：「人載魂魄之上得以生，當愛養之。」整個河上公注老的宇宙論進路的工夫論觀念的重點因此就一直是如何保養精氣，寶精、愛氣、節欲就成了河上公工夫修煉的重點觀念。另有一項重點即是，河上公注老的工夫論究竟是長生不死還是健康長壽？由於河注並沒有提出神仙存在的世界觀知識，它的寶精工夫論所追求的目標也沒有明確說出長生不死的目的，因此河注工夫論所追求的只能說就是健康長壽的境界：「用道治國，則國富民昌，治身則壽命延長，無有既盡之時也。」又：「德不差忒，則長生久壽，歸身於無窮極也。」這顯然只是長壽之意而已。至於河注中有關於鬼神存在及作用的討論，就是一般性地預設了有鬼論的立場，以及接續著老子書中的鬼神概念的使用而已，實際上也並沒有對鬼神存在的宇宙論知識提出新的理論建構，這就使得河注尚不足以作為有它在世界宇宙論的知識創作系統，因此也無從作為長生不死目標的理論依據。能夠提出長生不死的理論是在葛宏的抱朴子中才有明確的呈現。

三、佛教的宇宙論

佛教自東漢末期傳至中國，它在印度的傳統中已經是有它在世界的宗教哲學系統，因此它有著豐富的宇宙論哲學，然而它的宇宙觀也有著自身的理論發展史。隨著佛經的不斷集結，佛教世界觀也不斷演化繁複起來。佛教到中國之後，中國人對佛教世界觀的認識是隨著經典的翻譯而逐漸加深的，但

也有一個知識開展的演進史。以下對佛教宇宙論的介紹,將以中國佛教著作的觀念提供為對象,檢擇若干有理論意義的材料做代表。

㈠《四十二章經》中使用的宇宙論

　　《四十二章經》是傳說最早的中國佛教著作,但未必符合史實,然而說它是極為早期的中國佛學作品是不錯的,至少現存可查的是晉譯的版本。它是將一些原始佛教的材料摘錄節要翻譯編輯而成,其目的在傳教之需,材料編輯的重點在於提出修行方法,核心的觀念在於捨離欲望,但也附帶了宇宙論知識的使用。其中非常明確的宇宙論知識的提出即是阿羅漢四果位的觀念,阿羅漢是原始佛教提出的人類修行以後達到的最高境界,他能「飛行變化,曠劫壽命,住動天地。」而次於阿羅漢境界的是阿那含,此生結束壽命之後成就阿羅漢境界,再次為斯陀含,需經再一次的生死歷程才能成就阿羅漢境界,再次為須陀洹,經過七次生死歷程而成就阿羅漢境界,成就阿羅漢境界者,是澈底斷除愛欲之人。這樣的理論,在宇宙觀上,已經預含了許多基本立場,首先是生命有來去不斷的生死歷程,這就是一個有它在世界及輪迴生死的宇宙觀,其次是有永恆存在而不入生死輪迴的生命型態,這即是原始佛教所追求的阿羅漢的理想境界。而愛欲即是使生命在痛苦中輪迴的緣由,因此修行的方式即是斷除一切生活中的愛欲,《四十二章經》主要的材料都是在講斷除愛欲的觀念。

㈡《大乘大義章》中表述的宇宙論知識

　　《大乘大義章》是南北朝時鳩摩羅什與慧遠大師討論佛法的著作,鳩摩羅什是西域人,精通佛法,來到中國後備受皇朝禮遇,組織龐大譯經團隊,帶領眾多中國僧人研究佛教理論,所譯多為大乘經典,與傳統中國僧人觀念有別,慧遠大師是中國南方高僧,與鳩摩羅什多次書信往返討論教義,集結成《大乘大義章》,兩方討論問題的重點即在對佛教宇宙觀及成佛境界的認知問題。

　　鳩摩羅什大致重新釐清了在成佛運動中修行者的身形改變的理論意義問題,指出佛教世界觀的層級有三界的概念,眾生是生活在欲界、色界、無色界的三界內的有限眾生,眾生的存在以地水火風四大為身形的結構,隨著修

行等次的轉變，四大身形的狀態有由粗至細的改變，四大結構粗糙的存有者是不能親見細微的存有者的，而身形細微的存有者則有能依其意願轉化身形讓下級存有者見或不見的能力。最高級的佛位格存有者則有能遍在一切處自在活動或現形的能力。「從是佛身方便現化，常有無量無邊化佛遍於十方，隨眾生類若干差品而為現形，光明色像，精粗不同。」鳩摩羅什的理論在相當程度上改變了當時一般僧人對佛性存有者的宇宙論觀念，使其不致執著於類似一永生不死的道教式神仙觀念。

㈢《大乘起信論》中建構的宇宙論

　　《大乘起信論》於魏晉南北朝時期出現於中國，說為譯經，卻無梵文原本，故而可能是中國僧人自造之佛教論典。它以「一心開二門」的理論架構說明整體存在界，即一眾生心而有真如門與生滅門二相之區分，企圖解決佛教哲學在更精細化後引發的更多理論問題。首先，《起信論》預設了成佛的可能，此一可能內在於所有個體生命之中，因此必須建立個體生命的存有架構，來容受這個成佛可能的理論需求，此即眾生心之真如相的角色功能。其次，《起信論》必須說明每一個個體生命的狀態，說明其生命的產生及其不完美性，並說明如何改進，同時要說明這個改進過程中必然會發生的各種不同階段的狀況，及其處理之道，這就是眾生心的生滅相的作用，述說眾生生命在一現象世界中生滅流轉的主體結構狀態，及結構改變的方法，此即是哲學基本問題中的宇宙論問題。

　　《起信論》產生在大乘佛學的般若學的本體論思維及唯識學的宇宙論思維皆已發展之後的時代，他所要面對的就是主體的工夫實踐及其所成境界與整個佛教的本體論和宇宙論的知識融合問題，因此所論細密，全體關涉，幾乎是以解決所有理論問題而走到極端澈底的一套系統。

　　首先，從眾生心的生滅相說眾生的生命存在，眾生是已在雜染的生命狀態中，雖然眾生的真如本體也是固存永存，心真如的作用能力常存不滅，但是主體卻曾以無明妄念而起情識雜染，而輾轉牽連，陷入現象世界的糾纏之中，並依染濁程度而有各自境界之差異。但因真如本體的主體能力仍然恆常存在，並作用在一切雜染的現象活動中，故而此生滅現象之一切事項乃即在於不生不滅的真如本體之中，故而不生不滅與生滅和合。生滅現象是主體境

內自身之事，生滅現象可述說宇宙論中之種種課題，亦可述說本體論中之課題，生滅法既是要展現一切現象，但其中亦有真如相之可見可知，心真如相乃心作用之本體論進路之詮釋，心生滅相為心作用之宇宙論進路之詮釋，本體論與宇宙論皆為形上學，皆為對整體存在界之總原理之論說的哲學基本問題，只其在大乘佛學義理世界內是以主體心之作用為整體存在界之場域，固而以主體心之真如相說本體論，以主體心之生滅相說宇宙論。

從唯識學思路說，現象世界非實有，是因眾生心生滅相之「不覺」作用而有，雖有而非實，此非實之現象世界諸相之持續活動，皆收攝於眾生「心」之內來展現，此即「阿黎耶識」之義，它是眾生以心生滅法作用收攝一切現象於主體心內而說為阿黎耶識者。眾生心在迷境之「不覺」作用態中時，其以心生滅作用義為用，以無始無明而起，有能見、能現、能取境界、起念相續幾種作用，這些主體的無明作用就是主體的「意」，意有五種，業識、轉識、現識、智識、相續識，它們是由主體說的現象世界之所以持續存在的依據，現象世界既然是依眾生心之生滅作用而有，心滅則現象世界亦滅。

在現象世界之眾生，皆有成佛之可能，然其仍在生滅世界中，以其主體心意識境界而輪迴升降不已，此升降作用以心意識淨染狀之改變而為之，此改變作用即為薰習。真如、無明兩路皆有此薰習作用，依心薰習作用亦得析分為四項，即「真如、無明、業識、六塵」四者。「真如」為清淨的原因，「無明」為染濁的原因，「業識」為妄心作用的主體，「六塵」為妄心所相應的境界。在現象世界中之眾生就是眾生在染心妄識境界中，眾生雖在染心妄識境界，但不離心真如之本體，真如乃永恆地作用於眾生在染心境界之時，此即真如薰習，即對無明有淨用，真如在眾生心在染心意識境界時仍真實地發動淨化的薰習作用。無明起妄心、取妄境界、得六塵現象世界一切諸事，無明作用以妄心力強而執著輾轉亦不斷薰習，眾生遂輾轉輪迴於現象世界的虛妄痛苦之中。無明薰習有二種粗細業果，細者為無明根本業之苦，指二乘菩薩所受之苦，粗者為分別事識之現象世界的愛、取、有諸識之苦，為凡夫所受者。雖有無明薰習之苦，因有真如心之恆常薰習力在，故仍有出離諸苦之出路。

佛是什麼？如何救渡？如何得見？佛是救渡眾生的遍在的存有，所謂

眾生得佛救渡，實即眾生自心真如之自渡，佛以法身義而為一智性之存有，其遍在一切處而為眾生心之真如本體，眾生真如本體完全彰顯之時即是成佛之時，亦是得佛救渡之義。眾生成佛之事業是一活動之歷程，迭次進展而不斷上升，不斷上升即不斷得佛救渡，眾生得佛救渡故能見佛，但是眾生所見之佛卻以眾生自己之染淨程度而有不同的意境，凡夫、二乘有相對粗糙之分別事識，其所見之佛只能為應身佛，多樣不一。菩薩有相對細微之業識，故所得見者為佛之報身，相好莊嚴。若一旦諸菩薩去染趣淨而有自身之真如完全顯現之時，此時亦無有佛之色相可見矣，唯是一純智之交融。眾生心之真如相完全彰顯之時即是成就眾生之佛法身之時，此亦即成佛境界，此境界是純粹智性而沒有雜染，所以也就沒有色相，但雖然沒有色相卻不妨礙它有顯現色相的能力，因為色性即智、智性即色，「色性即智」是說現象是由思維構作而有，是故現象的本身是虛妄的，但是它的本質還是智性的真如。至於「智性即色」是說真如智必以生滅現象為自身展演的場域，而真如智即佛法身，而法身遍在，依遍在一切處故說為有色相。因此，成佛者以其真如自在，故能隨眾生心識染淨而示現，此即佛為救渡眾生之隨順示現作用。

　　《起信論》之基本理論即一般哲學問題中的本體論及宇宙論的形上學思想部分，所遺留下來的問題有二，其一為眾生心之如何而有？其二為現象世界之如何持續？此二問題實亦同一問題，即整體存在界之存在結構及其意義問題。佛教以解決人生存在意義為終極問題，以述說理想人格之達成為終極解答。其以現象世界為人而有，且是虛妄，應回歸心真如境界中，止息生命主體在現象世界中的輪迴流轉，此即生命主體的終極理想境界。然而，現象世界對個人存在的意義為何？現象世界中的其他生命主體、及成佛者的生命主體、及大家共在的「世間」的意義為何？首先，整體存在界應設定有一共同且唯一的根據，即佛法身，其為成佛者以理型身分之存在者，其為最高預設之終極存在。其以因緣所需故，變現出與其同體的眾生心，眾生心乃在佛法身為成就更多成佛者之因緣設想下而變現出之生命主體，其心真如與佛同境，因其本來是佛，此生命主體以其生滅作用產生心意識而有輪迴歷劫之生命歷程，此生命輪迴歷程即為其成佛事業而有之必然歷程，眾生即在此無明生滅緣起中發心向佛，而進行其修行事業。佛陀本懷即為著此一眾生修行事業而興起眾生心之生滅作用及其無明業染諸事，至於眾生之心真如及佛渡世

救眾之內因外緣則是使眾生確能成佛之保證。既然眾生心之生起乃起於佛本懷，而現象世界之存在乃存在於眾生心意識中，則整體存在界的存在結構與意義問題即獲一統一之解答，此即統一於佛法身中。是故法身遍在，遍在眾生心中，遍在由眾生所變現的現象世界中。現象世界作為一客觀外在世界，其存在與持續，固然在於單一眾生心意識之持續作用中，它更存在於所有眾生的持續意識中，只其現象界的感知情狀將各因不同眾生而有不同的截取相狀，當然現象世界更是存在於佛本懷中，它是佛以成佛因緣所構作之眾生生命活動之場域，亦仍收攝在佛本懷中。總之，眾生心因佛為充實完滿佛境界而造作之存有，眾生心之無明緣起乃為其還滅真如而成佛之必要事件。一切世間以無量無邊之眾生心意識之作用持續而存在，當然也因而有壞滅之可能，佛法身以一理型身分自無始以來即已存在，並永恆存在，佛法身是整體存在界之最終總根源。

　　《起信論》基本上已深入且細膩地處理並解決了許多重要的佛教理論問題，後來中國大乘佛教的發展皆基於《起信論》的義理基礎。

㈣天台宗哲學所使用的宇宙論

　　天台宗是中國自創宗派之一，與禪宗及華嚴宗併為最重要的中國三宗，關鍵在於它們的理論創作成就，本節專論天台宗在佛教宇宙論問題上的特色。佛教宇宙論的開發基本上是完成於眾多佛經中的知識系統，中國各宗派與佛教宇宙論知識的關係是或為使用或做發展，天台宗就在佛教宇宙論問題上使用了「十法界」及「三世間」的概念，以組成它的「一念三千」說的系統。「一念三千」是談主體心識流轉的繁複現象，只要一念發動，則染淨之間，上下三千，意境各別。若能一念清淨，則不論是三千中的那一念，都可以即在該念之處悟入佛境。「一念三千」由「十如是」、「三世間」、「十法界」組成，其中「三世間」為「國土、有情、五蘊」，「十法界」為六凡四聖構成，六凡為地獄、餓鬼、畜生之三惡道，以及天、人、阿修羅的三善道，四聖為聲聞、圓覺、菩薩、佛。「十如是」則為「性、相、體、力、作、因、緣、果、報、本末究竟等」。「十如是」是分析事務的範疇，並非宇宙論的項目，而是存有論的思路，即是對一物或一事件之所以為一物或一事件的分析範疇。「三世間」及「十法界」就是宇宙論的概念，「三世間」

談的是任何有情眾生，皆是有「色受想行識」的五蘊積聚，並且在它的五蘊結構相應的國土中存在及活動，因此以有情、五蘊及國土說為三世間，其實即是一國土有由五蘊積聚的有情存有者之活動才成為一世間的意思。至於「十法界」則就是標準的由存有者類別而說的世界的區別，「十法界」並非有絕對的一一對應的國土之別異，而直接就是一一各異的存有者類別，顯示了存有者五蘊積聚的等級次第之差異，只是從輪迴生命觀及解脫修行觀來看，存有者的法界別異並非永恆的限制，而是會隨著主體心境的結習而改變的。天台宗的理論建構中所涉及的宇宙論知識都不是新創造的，只是特別地使用到這幾項觀念放在它的理論創作中，由此可見宇宙論知識在有它在世界觀的宗教哲學體系中扮演的是多麼重要的角色。

四、結論

宇宙論哲學在三教的建構中都是相當重要的基本哲學問題，在儒家系統主要是為辨正而創作，在道家道教系統則是理論本身內在地就關連了宇宙論問題，在佛教系統則是絕對地必須依據它在世界特有的宇宙論知識，才能展現佛教豐富浩瀚的理論世界。宇宙論系統更讓道佛兩教的義理呈現獲得可能，沒有宇宙論就沒有道佛兩教，所以談中國哲學的基本哲學問題時，宇宙論當是其中不可或缺的問題之一。

第十八章
知識論簡介與懷疑論
（skepticism）

　　我們在這部分要討論知識論（epistemology）。在一般談論裡，知識的範圍十分廣大。凡是我們知道的或用「我知道……」的形式表達出來的，都可以稱為知識：由感官經驗的（我知道桌子上有一個茶杯）、從前提推論出來的（我知道天雨則路滑，而現在天下雨，因此路面滑）、心靈的種種感受（我知道我愛她）、道聽塗說的（根據他所說，我知道陳先生是美國人）和猜測的（他回到家裡很高興，我想他剛才與他的情人見面了），更甚至可以擴及到由非常複雜的理論證實出來的知識，例如由相對論而來的物理知識，數學而來的數學知識、電子工程學有關電腦的知識等。這些都是我們所謂的知識。

　　當哲學討論知識論時，它只關心基本的知識，因為其它的知識都建立在基本的知識上。假若基本的知識可以成立，則其它的知識才能成立。相反的，基本的知識不能成立，則其它的知識就不能成立了。

　　但那些才是基本的知識呢？有一些知識是我們可以直接獲得，而且又是最基本的，例如感官知覺，只要我們用眼睛去看、鼻子去聞、觸覺去摸、耳朵去聽、舌頭去嚐，就得到外界的知覺，得到它的知識。這些都是基本的知識。至於其它的知識，都是感官知覺得到外界的知識後，再加以發展出來的，所以是引申的知識。在知識論，我們討論的是感官知覺的知識。

　　從感官知覺帶來的知識可分兩方面，1.當感官知覺的對象是外在世界的物理事物時，它得到的是物理事物的知識。例如，當我看到桌子上的蘋果時，我得到「在桌子上的蘋果是紅色」的知識。2.感官知覺的對象不一定是事物，也可能是別人。別人是有心靈的，由此得到的是別人心靈的知識。例如我看到某人在笑，我得到「他心裡非常高興」的知識。

　　懷疑論認為，無論是物理事物和別人心靈的知識都是不可能的。在本章

裡，我們介紹懷疑論的論證及主張。懷疑論之所以反對知識的可能性，是由於它對知識有非常嚴格的要求：絕對無誤的信念，才足以稱為知識，這亦即是說，凡是可能錯誤的信念，都不能稱為知識。反對懷疑論有兩種方式，首先直接反駁懷疑論，認為絕對無誤的知識是可能的，另一種是修正懷疑論對知識的嚴格要求，認為只要是非常可靠的信念，即使它不是絕對無誤的，即可稱為知識，而且，可靠的知識是可能的。這是下兩章的工作。

一、懷疑論與幻覺論證（argument from illusion）

通常我們認為，若要得到物理事物的知識，要藉著感官（senses）去知覺它們。人有多種感官，眼、耳、鼻、味覺和觸覺都能讓我們知覺外物，分別得到事物的形狀、聲音、氣味、味道、冷熱和軟硬等知識。人雖然有多種感官，但在哲學討論中，常以視覺為代表，這是說，若證明視覺能得到事物的知識，則表示其它的感官也能得到。假若視覺無法得到事物的知識，則其它的感官也不可以了。

再者，當我們說感官知覺得到事物的知識時，那是指得到一個客觀的、公共的事物知識，我們不是說，在感官知覺中，得到一個主觀的內在感覺。例如，「我看到（知覺）桌子上的蘋果是紅的」，我是指，有一個放在桌子上的蘋果，它是紅的。我的知識是關於那個客觀的、人人看到的、公共的蘋果。我不是指，我看到（知覺）我內心有一個蘋果的感覺，而它是紅色的。在知識論中，知識是指對象的知識，不是指心靈內感覺的知識。知識論不是討論，我對內在感覺有沒有知識；而是對外在對象（無論是事物或別人）有沒有知識。如果有，則要如何證實？如果沒有，為何無法得到？

首先，我們要討論：有沒有物理事物的知識？這樣，我們是要問：藉著感官知覺，能不能認識那個客觀的、公共的事物本身的狀態？我們能不能證實，由感官知覺得到的，就是事物本身的內容？感官知識正是事物本身的狀態嗎？

懷疑論認為，感官知識無法充分保證它是事物本身的狀態，換言之，知覺無法得到事物的知識——絕對不會錯誤的知識。對懷疑論者而言，知識不容許任何可疑的成分，這是說，只要有任何方式讓我們對知覺知識產生疑

惑，則知覺不能提供事物的知識。

懷疑論的論證是根據它對知覺活動的反省，它發現知覺本身是不可靠的，它可能提供錯誤的訊息，因此知覺無法得到事物絕對無誤的知識，這是說，知覺可能是幻覺。這樣的論證，通常稱為幻覺論證。幻覺論證從三方面論證知覺的虛幻性格：

㈠知覺往往是虛幻（illusive）和誤導的。知覺時常提供不真實的事物知識，即使我們非常小心，仍會常常看錯。例如，在知覺中，我們看到兩條長度不同的直線，但在實際上，它們是等長的。又或許，實際上是一條直線，我們卻把它看成是曲線。有很多錯覺遊戲，就是利用知覺的誤導性。所以，知覺的訊息往往是誤導的。我們怎能以知覺的知識為事物真正的知識呢？知覺無法把握事物的真相，不能得到絕對無誤的知識。

㈡知覺的知識是相對的，不是絕對無誤的。我們都明白，知覺受到處境或背景的影響，在不同的處境下，一個相同的東西會有不同的知覺。因此，由知覺而來的訊息，只是相對於當時的處境，不是絕對無誤的。例如，從某一個角度看一個東西，它是橢圓的；若再更斜一點去看它，它會更為橢圓一點；從正面看，它是圓的。它的各種形狀僅是表象，是相對於當時的處境的，到底那個才是事物本身的真正形狀呢？知覺無法提供正確的答案。再者，知覺受到自己狀態的影響，例如手冰的時候放到水中，它是熱的；手燙時放進去，則它是冰的。到底水本身是熱的或是冰的呢？知覺難以判定。因此，知覺的知識不僅可能是虛幻的，也總是相對的——相對於知覺時的處境和狀態。由於知覺是相對的，因處境和狀態不同而對相同的東西有不同的訊息，則知覺無法提供真正屬於事物本身的知識。

㈢當人心中產生各種幻象（hallucination）時，他一樣對事物有知覺，但由此看到的事物是不存在的、虛構的。正如在嗑藥後看到的事物似乎是飄忽不定的，它們是虛構的，不真實的。然而，當時的幻象與知覺是同樣清晰的，那我們難以區別，現在我們是在幻象中經驗事物，或是在清醒中知覺事物呢？

以上三種情況都沒有提供事物真正的知識。對於這樣的知覺，我們通常稱為幻覺（illusion）。幻覺欺騙我們，使我們誤解外在世界，無法讓我們知道事物本身的狀態。由它提供的知識最多僅是事物的表象（appearance），

不是事物本身（reality）的。

然而，在日常生活中，我們都承認感官經驗提供的知識是正確的。我們每天看到太陽東昇，路上跑著各種車子等，都是由知覺提供的知識，而且它們都是真的。那怎能說它們是虛構的呢？懷疑論進一步指出，我們無法區別知覺與幻覺，因為它們是同樣清晰、一致、強烈和有秩序的（參考第十三章之五）。我們難以確定自己是在知覺中或是在幻覺裡，於是，一切由感官而來的知識都是無法確定的。

二、表象與實有（reality）

在哲學上，那些由知覺得到的，我們稱為感覺與料（sense data）。例如在我前面的桌子，我看到它是藍色的、摸到它是涼的、硬的、聞到它是無氣味的和打它時聽到沈重的聲音。藍色、涼、硬、無氣味和沈重聲都是感覺與料。但感覺與料是相對知覺結構的，這是說，它們是在知覺中出現的藍色、涼、硬、無氣味和沈重聲。我無法確定它們是在桌子裡。這正如我們所說的殘留映像（after image），它是在知覺中，不是在世界裡。對於知覺的感覺與料，由於它們僅是相對於知覺，不是在事物中，通常我們稱之為表象（appearance），它與真實的事物不同。對於真實的事物，我們稱之為實有。表象和實有是兩個不同的領域，而表象的知識不一定是實有的知識。知覺的感覺與料是表象，難以保證它與實有是一致的。

三、笛卡兒的懷疑論論證

笛卡兒對知識採取非常嚴格的要求，他認為只要是可被懷疑、可被修正、不是絕對無誤的信念，都不足稱為知識。他的工作就是要找出不可懷疑、絕對無誤的知識。但如何才能找到這樣的知識呢？

笛卡兒認為，我們可以檢查所有知識，一旦發現可疑的，立即把它排除，直至找到不可懷疑的知識為止。正如我們希望找出籃子裡的好蘋果，最好是逐一檢查它們，把壞蘋果拿走，保留那些好蘋果。可是，逐一檢查目前

的知識，那是一個無法窮盡的工作。笛卡兒於是提出一個特別的方式去過濾可疑的知識，稱之為方法懷疑（methodical doubt）。在方法懷疑裡，他提出一些懷疑論論證，假若有信念不在它們的懷疑範圍內，則是不可懷疑的知識了。其中最著名的是作夢論證（dream argument）和惡魔論證（evil genius argument）。

(一)作夢論證

　　我們通常認為，一個知覺功能正常的人在正常的情況下可以得到事物的知識。精神病患的知覺是病態的，他對事物的知識是不可靠的。然而，笛卡兒認為，即使知覺功能正常的人在正常的情況下仍可能得到錯誤的知識，因為作夢是人的正常表現（每個正常人都會作夢），而夢者的知覺功能也是正常的。如果作夢是不正常的人或瘋子的心理現象，那它當然無法提供事物的知識；如果作夢時，夢者的知覺是在不正常的狀態下，它也無法提供事物的知識。可是，一切正好相反，作夢是正常的，而夢者的知覺也是正常的，但我們卻認為，夢中所看到的，都是不真實和虛構的。

　　再者，人可能在任何時間作夢。沒有方式能規定人只能在某些時間作夢，不能在別的時間作夢。如果那是可能的，則我們可以分辨出作夢和甦醒的時間。同理的，人在任何時間都可能甦醒，沒有什麼時間是不能甦醒的。這是正常的事情，也是在任何時間都可能的事情。因此，作夢和甦醒都可能在任何時間發生，而當時的人是正常的──都能正常知覺事物。

　　在夢中，我們經驗到一個世界。同樣的，在知覺裡，我們也經驗到一個世界。但我們承認，在甦醒時的知覺世界是真實的，夢中的世界卻是虛幻的。夢中的世界只是表象，不是真實的。可是，笛卡兒認為，我們無法找出一個原則，足以區別甦醒的經驗與夢中的經驗，因為在作夢時的知覺是正常的，甦醒時的知覺也是正常的，它們沒有差異。

　　再者，夢中出現的一切，都可能與知覺中的同樣鮮明和活潑。例如我夢到有人追殺我，那時我正如知覺到有人追殺我一樣，否則我不會從夢中驚醒，因此兩者的經驗是同樣鮮明活潑的。有時，當我醒來時，我仍以為剛才的事件是真的，到處去找那個追殺我的人。夢中的經驗既然如此鮮明，它仍可能是假的，則知覺的經驗不見得比夢中更為鮮明，那它當然也可能是假

的。

並且，到底我現在是在夢中或是醒著？我無法區別。笛卡兒認為，我們無法區別作夢與甦醒。那麼，我的知覺經驗可能是夢中的虛幻經驗而已。但夢中的經驗不是事物的知識，因此知覺經驗無法保證是事物的知識。

可是，通常我們認為，夢的經驗與知覺經驗是可以區分的。在夢中出現的一切都是不一致、沒有規律和凌亂的。在甦醒時，一切東西都是一致的、有規律和彼此融貫的。不過，笛卡兒認為，我們現在甦醒時的知覺，的確是一致和有規律的，可是，它或許僅是一個一致和規律的夢而已，因為夢境中發生的一切，也可能是一致和規律的。沒有任何法則規定夢中的事物是不一致和凌亂的。

假若我們無法分別夢的虛幻經驗和知覺的真實經驗，則我們無法保證目前的經驗不是在夢中、不是虛幻的。因此，即使在我們所謂的知覺中，仍可能是在夢中，而看到的一切，都是可疑的、無法保證它是真的。

㈡惡魔論證

我們有很多觀念。一般的觀念認為，複雜的觀念可能是假的，例如桌子和椅子，我們或許僅是有這些觀念，但沒有真實的桌子和椅子。可是，對於構成複雜觀念的更簡單和更普遍的觀念，或許那是真的。例如，桌子和椅子的形狀、高的、顏色、不透明性、氣味、硬度等，這些是構成事物的更簡單和更普遍的元素，它們似乎不可能是假的，一定是在事物內。無論世界和事物，似乎都是由簡單的元素構成，所以它們一定是真實的。事物的占有空間、顏色、氣味等的基本性質，一定是真的，是在事物中的，但由它們構成的桌子或椅子則無法保證必然是真實的。

但笛卡兒認為，我們可以假定有一個惡魔，它把這些觀念放在我們的心靈中，其實它們不是來自外在世界，甚至根本沒有外在世界和事物，更沒有這些事物的簡單元素。關於事物的所有觀念──無論是簡單和複雜的，全都是偽造在我們的心靈中，是惡魔的惡作劇。那麼，若我們認為心靈中簡單和普遍的觀念是事物本身的，則是不能成立的，並且，我們沒有充分的證據推翻惡魔的存在，這是說，它的存在是可能的。那麼，心靈中關於事物的觀念，全都可能是假的，被惡魔偽造進去的，故我們沒有得到事物的絕對無誤

知識。

　　從以上的作夢論證和惡魔論證，我們得知：1.由於我們可能在夢中或被惡魔欺騙，根本沒有外在世界，故基於我們的經驗，無法保證能推演出事物的知識，這是說，我們擁有的資訊，無法引申為事物的知識，因為事物或許不存在。2.即使有事物存在，但它們的知識依然可能錯誤的，因為可能是惡魔和夢中提供的虛幻知識。於是，目前的信念是有待修正的（corrigible），無法保證它是事物真正的知識。

四、懷疑論與別人心靈

　　知覺知識可分兩方面：事物和別人心靈。現在我們的問題是：可以知道別人心靈中各種想法或感受嗎？別人有心靈活動嗎？甚至，別人有心靈嗎？懷疑論者認為，對於別人心靈的知識是可疑的、不是絕對必然的、可能是誤導的。首先，所謂心靈活動是指三方面：1.心靈的認知性活動，例如，思考、想像、判斷、懷疑、欲望、相信等活動。2.心靈的情感性活動，例如生氣、憤怒、高興、不安、焦慮等情感狀態。3.感覺經驗，這是關於感官的活動，例如某人在看著、聞到、聽到、摸到等經驗。現在我們的問題是：我們能知道別人心靈的這些東西嗎？如果完全不能知道，則連他有沒有心靈也不能知道了。

　　我們通常認為，只要觀察別人的行為或表情，便可以知道他的心靈狀態。例如看到別人臉紅耳赤，暴跳如雷，就可以知道他在生氣。若再加上聽他的語言，更可以確定他心中的想法。不過，真的可以確定別人的心靈嗎？

　　懷疑論反對別人心靈的知識，它提出的論證和事物知識的懷疑論證相似。在認識別人心靈時，我們沒有一種機能可以直接到達別人的心靈，而只能以感官知覺去觀察他的身體。在這樣的知覺中，有兩個可能錯誤的可能性：

　　㈠我們有時宣稱知道別人生氣，但其實我們只看到他身體的某些舉動或狀態。我們看到的，僅是他生氣時的表象──表現出來的現象，卻沒有看到他的生氣本身。表象與實有是兩個不同的領域，對表象的理解，不一定是關於實有的。或許他其實是在抽筋痛苦。生氣是在心靈中，不在身體上，它不

能直接被知覺，因此在別人心靈問題上，知覺永遠只能到達表象，無法直接得知實有。這正如在知覺事物時，我們誤把知覺中的表象當作真實的事物本身，由此引起錯誤。因此，對於別人心靈的知識，知覺無法得到絕對必然的保證。

㈡別人可以故意欺騙我。很多人做出誠實的樣子，掩飾他心中的虛假，這是常有的事情。於是，在不知情的情況下，知覺發現一幅誠實的外表，推論出一個誠實的心靈。但這個推論顯然是錯誤的。在演員的表演中，他們的演出動作不表示有相應的心靈活動。他們僅是在表演，不是真誠的表達。在認識別人心靈時，我們只能依靠知覺中的表象，推論別人的心靈，但這樣的推論是不可靠的、無效的。

於是，我們可以總結以上，1.知覺得到有關別人心靈的知識是可能錯誤的，因為表象與實有不必定一致，表象的知識不一定是實有的知識。正如看到人臉紅耳赤，暴跳如雷，其實他不是生氣，而是抽筋痛苦。2.根據知覺的知識去推演別人心靈的知識是無效的，因為別人可能故意欺騙我們。我們無法由知覺直接得知別人的心靈，也無法有效推演出別人心靈的知識，因此，我們無法得到別人心靈的知識。

懷疑論也可以從比較自己心靈的知識和別人心靈的知識，證實別人心靈的知識是不可靠的。一般而言，自己心靈的知識是絕對無誤、不可修正的。每個人都知道自己心中的情況，不會誤解它。我現在看著書本，我當然知道自己是在看著書本，不是在生氣中，也不是在想像一座金山。我現在看著書本，雖然外面可能沒有書本，但我心中的「看著書本」依然是真的。這個內心的現象的確出現在心中，這是難以否認的。至於外界有沒有書本，不妨礙我的內心現象為真。所以，我對自己心靈的知識是非常確定的。

相對而言，別人心靈的知識沒有這樣的確定性，因為即使可以看透別人的心靈，但依然可以看錯，更何況我們沒有直接到達別人心靈的機能呢！再者，我們只能看到身體，但身體不是心靈，因此無法根據身體就可以知道心靈，也無法保證可以有效地從身體知識推論出心靈知識，因此，別人心靈的知識不是絕對無誤的。

第十九章
事物的知識

　　懷疑論認為，我們無法得到事物絕對無誤的知識。為了反對懷疑論，可以從兩方面著手：有些哲學家認為可以得到事物的絕對無誤知識，這是現象論的主張；另一些哲學家反對懷疑論對知識的嚴格要求，認為事物根本沒有絕對無誤的知識，而只要證明能得到可靠的知識，就足以推翻懷疑論了。本章的工作分成兩部分，首先介紹現象論維護事物的絕對無誤知識，然後再從批評現象論的主張，進而說明事物的可靠知識。

一、事物的絕對無誤知識

　　懷疑論認為知覺的知識是不可靠的，無法證實它能把握事物本身。它的其中一個論證認為，知覺只能知道事物的表象（appearance），無法到達事物的實有（reality）。可是，這個論證預設了表象與實有的對立。當然，如果表象外尚有實有，而知覺只能到達表象，則無法保證知覺能得到事物的知識。然而，假若不預設表象與實有的對立，甚至認為事物就是表象，沒有所謂表象後的實有，則知覺可以認知事物，而且得到它的知識。有些哲學家認為，實有界就是出現在知覺前的表象世界，沒有知覺背後的真實世界，因此不致產生表象與實有之區別。事物就是現象，現象之外沒有別的。對於這種主張，稱為現象論（phenomenalism）。由於現象論只承認現象，反對現象外的任何東西存在，而知覺可以認知現象，得到它的知識，因此現象論可以維護事物的知識，推翻懷疑論的主張。

(一)現象論的論證：知覺論證（argument from perception）

現象論的論證建立在對知覺的反省，稱為知覺論證。我們似乎必須承認，人藉著感官知覺認識事物。沒有知覺，就沒有事物的知識；當知覺活動時，才可以得到事物的知識。不過，知覺中的事物到底是什麼？

現象論者認為，在知覺直接接觸事物時，得到的是感覺與料（sense data），再沒有別的東西了。例如眼睛看到顏色、耳朵聽到聲音、鼻子聞到氣味、觸覺感到冷熱等等，這些都是出現在知覺的與料（data）。對於這些感覺與料，我們稱為現象。在我們的知覺中，除了現象外，再沒有別的東西了。如果有一些超出知覺範圍的東西，它們是無法認識的、不可理解的，因為既然知覺無法達到它，則我們毫無證據去說明它們，也沒有證據去談論它們，那麼，我們就不能說它們存在了。在檢討知覺的運作後，我們可以確定，只有現象存在，那些超出現象的東西，都是無根之談。

懷疑論曾提出知覺的相對性來證明知覺只能得到事物的表象，無法得到它的實有。正如我們看一個東西時，從傾斜的角度去看，它是橢圓的，然後逐漸轉換角度，直到正面看它時，它從橢圓變成圓形。因此，懷疑論者認為，由於知覺受限於它的處境，故它無法認識事物的實有。它得到的是表象知識，不是實有的知識。但現象論者卻說，這個論證反而證明，根本沒有表象與實有之別，更沒有所謂實有知識和表象知識之別。首先，這個論證是在討論知覺的過程。在整個過程中，無論看到的是圓形或橢圓形，它們都是知覺的感覺與料。一切都出現在知覺之前，除此以外，沒有別的。我們無法找到知覺外的所謂實有。再者，在知覺逐漸調整角度的過程裡，它沒有斷裂，而是連續的，這是說，知覺沒有從表象改變到另一個實有的東西去。我們沒有從開始時的感覺與料（表象），跳躍到另一個稱之為實有的領域。表象沒有斷裂，突然冒出一個實有來，反而，這是一個表象連續出現的過程。

於是，知覺既然是認識事物的，而它所認識的，只有表象，沒有一個與表象不同的實有。那我們怎能說實有是存在的？所謂在表象背後的實有，根本是不可知的東西。既然不可知，我們就不能承認它的存在。在知覺世界裡，只有現象，沒有別的。

㈡感覺與料與事物知識

知覺得到感覺與料，這是說，它得到感覺與料的知識。現象論進一步說，感覺與料的知識是不會錯誤的、不可修正的（incorrigible）。任何關於我的感覺與料的述句，都是絕對無誤的。例如我說，「我看到一個紅色的番茄」。我可以懷疑它不是一個真的番茄，它或許是畫上去的或是蠟做的。可是，我看到的感覺與料卻是不可錯誤的。當時「我看到紅色，它的旁邊繞著白色」、「我看到圓圓的」、「我摸到軟軟的」，這些都是不可錯誤的。同理的，「我聽到一個聲音」、「我摸到硬的」、「我聞到香味」、「我嚐到甜的」，這個「聲音」、「硬的」、「香味」和「甜的」都是不可能錯誤的。因此，我得到的感覺與料是不可能錯誤的。

當我看遠山時，我看到它是藍色的。這是不是一座山，那是可疑的，並且，它是不是會在我靠近看它時，依然會是藍色的，那也是可疑的。但我目前看到的藍色，卻是不可懷疑的。因為，我不可能看到綠色，而把它誤說成是藍色（除非我是故意欺騙）。換言之，這座山看起來是藍色的，這是不可懷疑的、絕對無誤的。所以，我的感覺與料的知識是不會錯誤的。

如果能進一步證明，感覺與料的知識就是事物的知識，那便可以獲得事物絕對無誤的知識了。

現象論者認為，一個事物可以有很多知識。我們可以從不同角度觀察，得到不同的知識，但這些都是它的知識。一個事物的完整知識，就是它所有可能的感覺與料的知識。換言之，要正確和完整描述一個事物，就是描述它所有可能的感覺與料。例如，剛才的番茄，要完整描述它的知識，就是描述在一切可能的知覺下得到的全部感覺與料。它是紅的、圓的、甜的、軟的、香的等等。我從不同的角度，可以得到更多的感覺與料，例如，我斜看它時，它的形狀是如何的，遠看時又是如何的；用火燒它，它會有那些感覺與料；用舌頭嚐它，它的感覺如何。我把各種可能方式得到的全部感覺與料描述出來，就是得到它的不可錯誤的知識。即使是剛才的形狀，只要我把在一切可能觀點下得到的感覺與料全部說明出來，就是它絕對無誤的知識了。

不過，對於一個事物，有時我們會看錯，如我們的眼睛不好，或在太暗的環境下，會把紅色看成是灰色。於是，現象論者認為，所謂一個事物的知識，要由正常的觀察者，在標準的條件下知覺到的感覺與料。只有在正

常的觀察者和在標準的條件裡，他知覺到的紅色、圓的、甜的、軟的、香的等，才是番茄的正確知識。那麼，事物的知識是指：正常的觀察者在標準條件裡，根據一切可能角度下得到的全部感覺與料。由於感覺與料是不可錯誤的，因此現象論認為，它是事物絕對無誤的知識。

根據這種理論，如果我們能從一切可能的角度觀察一個東西，則對它有完整的知識，而且全都是絕對正確的知識。一個事物的知識，就是這些全部知識的總和。不過，對於一個事物，現象論者從未曾把它完整分析成一組感覺與料的述句。實際上，他們從未做到。但他們依然認為，在原則上是可以做到的。原則上，我們可以從一切可能的角度，在正常的知覺狀態下，又在標準的條件中觀察事物，完成對它的完整分析。

其實，在知覺一個事物時，我們從不同的角度得到很多感覺與料，但卻沒有知覺到這個事物。例如一個番茄，我們只知覺到紅的、圓的、重的、甜的、用水煮它則會爛的等等，但卻沒有知覺到番茄。但為何我們認為它是番茄呢？

當我們在說一個事物時，總不能以繁多的感覺與料述句去說它，例如，「在桌子上的是一個紅的、圓的、重的、甜的、用水煮它則會爛的東西」。為了方便起見，對於這個「紅的、圓的、重的、甜的、用水煮它則會爛的東西」，我們給它一個名字，稱之為番茄，因此「番茄」一詞僅是繁多感覺與料述句的一個簡寫，便利我們日常的溝通。它只是一個名詞，用以代替一組感覺與料的集合。

一方面，由於「番茄」的意義是它的全部感覺與料的集合，因此它的知識就是它的感覺與料的全部集合。另方面，當我們知覺到一組感覺與料（紅的、圓的、重的、甜的、用水煮它則會爛）的集合時，我們就可以合理推論出它不是別的，而是番茄。

㈢批評

1. 無法保證事物只有現象的知識

現象論能證成事物的絕對無誤知識，主要建立在它否定實有、肯定現象，這是說，事物的知識是現象的知識，根本沒有實有的知識。現象知識就是感覺與料的知識，而感覺與料的知識不會錯誤，由它推論出來的事物知

識也不會錯誤。不過，現象論又認為，我們可以得到事物的完整知識，這是說，作為一個正常的觀察者，他可以在標準條件和任何可能的角度下去知覺它，得到它全部的感覺與料述句。然而，剛才已經指出，現象論者至今尚未完成這個工作，他們最多只能宣稱，這是原則上可能的，但實際上卻從未做到。

既然他們沒有完成這個工作，這即表示他們尚未完全理解事物，那就無法保證事物只有感覺與料的性質，沒有其它的性質了。因此在邏輯上，事物可能擁有一些不是感覺與料的性質。那麼，事物的性質不僅是現象論的，在現象論背後，或許尚有其它非現象性質的可能。由於現象論尚未完全理解事物，因此它無法保證，事物的知識全都是感覺與料的知識，沒有別的非感覺與料的知識。

2. 物理事物的公共性與感覺與料的私有性

我們認為，事物是外在的，不僅我可以知覺到，別人也可以知覺到，而且，當知覺它時，我們是知覺一個相同的東西。無論當時我們得到多少感覺與料，這都是關於一個相同的、外在的事物，換言之，知覺的事物是公共的。不僅是我，即使是別人，都可以知覺到。正如我看到桌子上的粉筆，它不僅在我的觀察裡，也是大家可以觀察到的，無論我們從多少不同的角度，看到多少不同的感覺與料，都是在看著一支公共的粉筆。

不過，在觀察時，知覺得到的感覺與料卻是私人的。我看到的白色是我知覺中的白色，別人看到的是別人知覺中的白色。我無法確定，我看到的白色，相同於別人看到的白色——它們都是一個相同的白色。同理的，我看到的白色，我不能確定它是一個公共的白色（人人都看到的白色），我只能確定那是我知覺中的白色，因為感覺與料是個人的，不屬於公共事物的。更深入說，「我看到這支粉筆是白色的」與「這支粉筆是白色的」在意義上是不同的。前者描述我的知覺及感覺與料，這是個人的；後者描述一個公共事物的性質。於是，在現象論，由於它強調事物知識是感覺與料的知識，則它得到的知識只是關於觀察者個人的感覺與料，不是關於外在的事物。那麼，現象論不能宣稱它可以得到事物的知識。

3. 難以確定標準的觀察（standard observation）

我們可以發現，不是所有知覺都能得到事物的正確知識，因為在惡劣的

條件或不正常的感官而來的知覺，不會得到事物正確的知識。太暗或太亮的光線會使我們誤解對象，近視或遠視也無法正確理解對象。現象論者認為，只有在標準條件和正常觀察者裡，才可得到事物的知識，換言之，只有標準的觀察才能得到事物的知識。

可是，在知覺時，我們很容易錯誤認為，當時的條件是標準的。我們以為當時的光線是充分的、適當的，但其實是太暗或太亮；我們認為當時的知覺系統是正常的，但其實有某種顏色的色盲。我們一方面難以明白什麼才是標準條件和觀察者的正常狀態，另方面也難以確定，當時的條件是否標準。即使我的感官昨晚是正常的，但現在觀察時，它是不是仍是正常呢？因此，即使知覺提供感覺與料，而感覺與料是不可錯誤的，但由於我們無法確定當時是在標準的觀察裡，故不能保證得到事物絕對無誤的知識。

4. 無法得到完備的證據

現象論認為知覺得到的感覺與料，是事物不可錯誤的知識。可是在理論上，對事物的知覺有無限的角度和觀點，而實際上，知覺是有限的，它永遠尚有其它的角度和觀點。對於事物的知識，知覺無法提供完備的證據。我們永遠只能基於有限的證據，推演事物的知識。但是，由有限的證據得到的知識不是絕對無誤的，它最多只有概然性而已。正如我們看到一個東西是白色的，這只是根據有限的角度或觀點下的知覺，而尚有其它可能的角度和觀點，我永遠無法對它作完整的認識，得到完備的證據。那我們怎能說，這個事物是白色的！或許尚有其它的角度和觀點，讓我看到它不是白色的。又如我看到某個事物存在，我只是根據當時擁有的證據，但可能繼續看下去時，才知道那是一幅圖畫或照片，它根本是不存在的。由於知覺總是尚有其它的角度和觀點，而以後的知覺可能與以前的知覺不一致，故至今得到的感覺與料，仍不是事物絕對無誤的知識，因此，現象論不能宣稱能得到事物絕對無誤的知識。

5. 事物的繼續存在

如果事物只是知覺所看到的感覺與料，則由於感覺與料一定與知覺相關，亦即它一定是在知覺中，那麼，若人沒有知覺或暫時失去知覺，便沒有感覺與料的存在，而事物也沒有存在了。

人的知覺是間斷的，事物的存在卻是繼續的。我們難以承認，當知覺中

斷時，事物的繼續存在也會中斷。我們認為，無論我知覺或不知覺事物，事物總是繼續存在下去。為了突破這個困難，有些哲學家便認為，事物不僅由感覺與料構成，尚有其它的性質。它不依賴知覺，而能獨自存在，這就是事物的本身，這樣才能保證事物的繼續存在。但是，這推翻了現象論的主張——事物完全是感覺與料（現象）。

6. 感覺與料述句是可以修正的（corrigible）

當我說：「我看到一個紅蘋果。」當時我是指：我看到一個外在的、公共的紅蘋果。我不是說，我看到在自己知覺中有一個紅蘋果的主觀經驗——內在於個人的經驗。所以，這個述句不是關於個人的，而是一個公共述句（public statement）。於是，當我說這個述句時，支持它的證據不能完全由我的主觀經驗提供，而要由外在的、公共的證據來證明。從這點看，這個述句有錯誤可能，換言之，它是可被修正的。

雖然我是一個正常的觀察者，在標準的條件下，對一個公共對象得到一個感覺與料，例如紅色，但即使我依然在正常狀態中，而條件也同樣在標準範圍內，若我繼續深入觀察，可能發現它不是我剛才看到的那種紅色，而是深一點的紅色，甚至可能是別的顏色。正如在看遠山時，當時我一切正常，也是在標準條件裡，而我看到藍色，因此我說：「那座山是藍色的」。可是，當我走上前去，在同樣正常狀態和標準條件裡，再看清楚一點，它原來是較淺色的。這完全是可能的。在這種情況下，我不能堅持自己的主觀經驗，忽略事物的公共性格。我要尊重它的公共性格，不能固執自己的感覺與料。那麼，我要修正我剛才所說的。所以，即使在正常狀態和標準條件下的感覺與料述句，依然是可被修正的。

二、事物的可靠知識

在知識論，現象論的困難主要是以下兩點：首先，知覺只能認為現象，現象是個人的，但事物是公共的，因此現象的知識不等於事物的知識。其次，現象論堅持知識的嚴格要求——只有絕對無誤的信念才是知識。前者無法保證知覺得到事物的知識，後者因為過度的嚴格要求，反而使事物知識無法建立。我們可以針對這兩點，提出另一種知識論主張，認為知覺不是得

到感覺與料，而是直接認識事物本身，而且，它認為事物沒有絕對無誤的知識，僅有可靠的知識。由此，事物的知識仍是可能的。

(一)從檢討幻覺論證說明事物知識的可能

1. 幻象是否存在？

現象論者認為，只有在正常狀態和標準條件下知覺對象，得到的感覺與料才是對象的真正知識。換言之，在不正常的狀態和不標準的條件下，知覺得到的不是對象的知識，而是幻象。前者在看一個形狀時，在正常的狀態和標準的條件——視覺正常和從正面看，得到的感覺與料是真實的，是屬於事物本身的（這時它是圓形）；後者在不標準的條件下知覺，因此它看不到事物本身的性格，僅是幻象（這時它是橢圓）。不過，這種說法是有困難的，因為這似乎是說，在事物的自身外，尚有另一種神祕不可測的東西，稱之為幻象。現象論似乎承認，除了現象——由事物本身呈現出來的感覺與料——之外，尚有一種稱之為幻象的東西，但它卻不是真實的存在。現象論似乎引進一種不真實的、神祕不可知的東西，這在理論上是難以成立的。

有些哲學家提出另一種解釋，以避免上述的困難。他們認為，知覺不是看到感覺與料，而是直接看到事物。感覺與料是不存在的，這樣可以避免感覺與料的個人性，反而讓知覺知識成為公共事物的知識。並且，這樣也避免了有些感覺與料屬於正常知覺，是屬於事物的；另一些則是幻覺，不屬於事物的。

但無論如何，知覺和幻覺總是不同，這要如何區別呢？他們認為，雖然知覺有時是幻覺，但這不是說幻覺經驗到一個神祕不可知的幻象，而是由於知覺在不同的處境下造成的，如知覺的條件或知覺者的狀態。對一個相同的事物，由於知覺的條件和知覺者的狀態不同，便會得到不同的知識。例如，當人喝醉了、發燒生病、驚慌失措、吃藥過量、憂慮不安等，又或光線不足、干擾因素過多等條件，都會令人看見幻象。但是，這些都是知覺者在他當時的狀態和條件下，對事物的知識。例如有一支筆，當人在喝醉後，他的意識受到某種影響，會看見它是一條蛇。可是，這不是說，在真實的筆之外，還有一條虛幻的蛇。而是，蛇是筆在那個情況下出現的樣子。當我們說它是筆時，那是指它在知覺者清醒的狀態和光線充足的處境下的樣子。如今

說它是蛇，是指在當時知覺者的特殊脈絡下，它出現的樣子。那一個是真的呢？如果你認為，清醒狀態和光線充足的處境下的樣子是真的，則其它的樣子為假。但對於一個瘋子或醉漢，他們認為他們看見的才是真的，而我們看見的是假的。因此，所謂真假，只是脈絡上的差異。我們不以自己的脈絡排斥其它的可能性，而是容納它們，給予適當的說明。蛇與筆僅是一個相同的東西在不同脈絡下的樣子而已，其中沒有那個樣子是絕對的真或絕對的假。

正如上文說的圓形和橢圓形，對於一個東西，當我們從傾斜的角度看它時，它是橢圓的；從正面看它時，它是圓形的，這不是說，前者是幻覺，是真實世界上的一個幻象。而是，在當時的角度下，根據知覺者的視覺結構，它會出現為橢圓。當時的確是看到橢圓，不是看到實有的圓形上的另一個幻象。

再者，當我們正面看時，看到一個圓形，那是由於在當時的角度和視覺結構裡，它出現的樣子。那麼，到底它是圓形或是橢圓形呢？答案是：它是圓形，也是橢圓形。因為，當它是圓形時，我們是指，在正面的角度和正常的知覺狀態中，它出現的樣子；而當它是橢圓時，我們是指，在傾斜的角度下和正常的知覺狀態中，它出現的樣子。一個事物的各種樣子，是在不同脈絡下出現的。無論橢圓和圓形，都是它的形狀。即使有人說它的形狀是「與一點的距離等長」，所以無論如何，它本身都是圓形，不可能是橢圓形，但這僅是根據幾何學的脈絡下的形狀。但剛才我們說的形狀，是根據視覺看出來的形狀。因此，只要把知覺時的脈絡清楚指出來，就無須說有幻象這些神祕不可測、在真實世界上的另一個東西了。

2. 現象論幻覺理論的預設

基本上，現象論根據兩個觀點來證明幻象的存在，A.知覺的相對性（relativity of perception），這是說，知覺相對於它的處境，受到處境的影響。只有在正常狀態和標準條件下，才能得到事物的正確知識。在其它的處境裡，知覺得到的是幻象，不是事物自己呈現出來的性格。B.人有幻覺（illusion proper）。例如剛才說的酒醉、生病、心理問題等，都會令人產生幻覺，因此造成幻象。幻象是由知覺者的不正常狀態產生的，不是由事物提供。不過，這兩個觀點證明幻象的存在，其實都預設了：事物只會呈現它自己的性格，不可能呈現不是它自己的性格，故當我們所知覺的，不是事物自

己的性格時，那就是幻象，這是由知覺者造成的。

現象論認為，在正常知覺和標準條件裡，會看到由事物呈現出來的性格。可是，一旦知覺看到的，不是事物自己的性格，則是由知覺在不標準的處境下產生的幻象，甚至可說是由知覺者投射出來的感覺與料，它不屬於事物自己的性格。一個圓形本身的性格是圓的，它只會呈現圓形，不會呈現橢圓形。若知覺到它是橢圓形，則是知覺在不標準的處境下產生的幻象。橢圓形是知覺者個人的感覺與料，不是事物自己的性格。不過，這個預設能成立嗎？這是說，事物只能呈現它自己的性格嗎？當我們看到它呈現出別的性格時，那就是幻象嗎？就是由幻覺產生出來的幻象，或僅是個人的感覺與料嗎？

Austin認為，若我們認為，在看一個圓形時，卻看到橢圓形，而橢圓形是指圓形外的另一個幻象，這是不能成立的。因為，圓形在當時斜看的脈絡下，它就是橢圓的，我們看到的是在某個脈絡下會呈現為橢圓的圓形。我們不是看到圓形上的另一個幻象，而是在某一個脈絡下的圓形，但它當時呈現為橢圓形。我們看到的不是個人的感覺與料，而是看到人人都可以從這個角度看到的橢圓形。這正如我們看到一個只有幾公分大的太陽，而其實它是非常大的。但我們沒有看到幻象，而是看到太陽自身，因為它在很遠距離的脈絡下，就是幾公分而已。這個幾公分的太陽，就是那個非常大的太陽。它們是相同的太陽，也是一個公共的太陽，只是在不同脈絡下出現的太陽。大太陽可以呈現為小太陽，小太陽可以呈現為大太陽，而且同樣是太陽，也是一個人人都可看到的太陽。這正如圓形可以呈現為橢圓形，橢圓形也可以呈現為圓形，它們是相同的一個東西，只是在不同脈絡下的呈現而已，而且，這是人人都可以觀察到的。橢圓形不是個人的感覺與料，因為即使在相同的角度拍下它的照片，照片中的也是橢圓形。

因此，知覺得到的，不是個人的感覺與料，而是公共的東西，或許說，是公共的東西在某個脈絡下的表象（appearance），而且，這個表象不是只有我個人能看到，而是任何人在相同的脈絡下都可以看到的。換言之，我的知識關於一個公共事物，是大家都可以觀察到的。

於是，事物不是只能呈現一個它自己的性格，而其它的性格都是人的幻覺。一個本身是圓形的東西，也可以呈現為橢圓的。這由它的脈絡決定。於

是，現象論者的預設——對象只能呈現一個它自己的性格——不能成立。由於事物在不同脈絡下會呈現不同的表象，因此當事物呈現出不是它自己的性格時，那不是幻象，而是在不同脈絡下，一個相同的東西的表象。

3. 知覺與幻覺是可以區別的

根據懷疑論，人無法分別知覺與幻覺，也難以分別是在夢中或醒著。有些哲學家反對這個論點，他們認為知覺與幻覺，只是在不同脈絡下的經驗而已，作夢或醒著也是一樣。對於各種不同的經驗，只要找出它們的脈絡，找出知覺者當時的狀態和當時的條件，便可以區分知覺與幻覺。當我看到面前有一個人，我可以檢查一下，我是否在正常視覺和標準條件下？我可以嘗試眨一眨眼睛，若在我閉上眼睛時，看不到那個人，再張開時就看到他，那就是在正常知覺中；我也可以往前推他一下，若他跌倒，則是在標準條件下。如果我閉上眼，還是看到他，那就是幻覺了；若我去推他，無論如何都推不動，那就非常怪異了，這就是不標準的條件。於是，我可以根據當時的經驗脈絡，證實它是知覺或幻覺。

同樣的道理，我是否在夢裡看到東西？這也是可以檢查出來的。我捏自己一下，覺得很痛，而且又紅腫出來，那就不是作夢了。如果再不能證實，我可以拿一把刀子割自己一下，流出血來，再拿去化驗一下，證明那是血，這就一定是真實的世界了。因此，只要我檢查經驗時的脈絡，就可以區分知覺和幻覺。由知覺而來的，就是事物的知識。

(二)確定性（certainty）的意義

當我們得到事物的信念，假若它是知識，那它當然是確定的。對於現象論而言，知識的確定性是指絕對無誤、不可修正的，但假若我們放棄現象論對知識的嚴格要求，則知識的確定性是另一個意義了。

1. 確定性是指「沒有理由懷疑它」（no reason to doubt）

在剛才檢查夢境的例子裡，其實懷疑論者依然可以說，即使你刺自己一下，流血了，再拿去化驗它，證實它是血，你仍可能在夢中，因為你作著一個非常一致，與知覺世界完全相同的夢而已。當然，對於這個假設，我們難以完全充分反駁，因為我們的確無法絕對無誤、無可置疑地肯定自己在知覺中。不過，有些哲學家認為，我們對知識的要求，不是絕對無可置疑、絕對

不可錯誤的。我們只要求,至今尚未有理由去懷疑它,或找不出實質的證據去反駁它,則可以合理認為它是可靠的,是可以接受的知識。例如有人說我現在可能在夢中,而夢中的世界是虛幻的,故我看到的事物可能是虛幻的。的確,我無法提出完全充分的證據,證明現在不在夢中。可是,假若當時我無法找到實質的證據支持我看到的東西是虛幻的,並且一切證據都支持它們是真實的,則我可以合理認為,我是在知覺中,而所有東西都是真實的。雖然我的證據尚未完全充分證實它們是真實的,但由於沒有理由讓我懷疑它們,我仍可以合理確定,它們是真實的──雖然我尚未能必然保證它們。

　　例如我現在看到一個蘋果,我擦擦眼睛去看清楚,它依然是一個蘋果。然後我走去摸它,我能摸到它,發覺它是硬的;咬它一口,它是甜的;聞它一下,它是香的;秤它一下,它是重的,所有這些證據都證明它是一個真實的蘋果。在整個知覺的過程中,我找不到任何實質證據去懷疑它。雖然在理論上,我可能仍在夢中,但是在實際上,所有證據都指出我是在醒著的知覺中,因此我可以合理確定,我看到的蘋果是真實的。我無需庸人自擾,故意假設我在夢中或有一個惡魔欺騙我,使我無法相信眼前的世界,永遠陷於懷疑論的困惑中。

　　雖然沒有證據反駁我的知識,但我們必須承認,有些知識是較可靠的,有些沒有那麼可靠,因為有些知識受到更多和更可靠的證據支持,有些知識的證據較少和較不可靠。不是所有證據都是同等有效的。例如剛才的蘋果,我摸到它、聞到它,則我可以認為,它是一個真實的蘋果。這些證據是非常可靠的,而由此而來的知識也是很可靠的。可是,我也可以遠遠看到一個蘋果,當時我還未睡醒,又沒有摸到它和聞到它,則我雖然有證據認為它是一個蘋果,但由於這些證據太薄弱和不充分,因此這樣的知識沒有那麼可靠。

　　雖然在我的知識中,有些較為可靠,有些較不可靠,但我不必要完全拒絕不可靠的知識,我只要知道它是不可靠的就夠了。對於那些可靠的知識,我不是說它們是不能修正、永遠不會錯誤的,而只是說,我尚未找到實質理由去懷疑或推翻它,它以後仍有被修正的可能。其實,無論可靠和不可靠的知識,都不是絕對無誤、絕對不能推翻的。不過,我依然在各種不同的程度下接受它們,它們是我對外在事物的知識。知識的可靠性有程度之別,不是絕對無誤的。

　　同理的，當我從知覺得到很多證據，去推演出一個事物時，我無需要求絕對無誤的推演（valid inference）才接受它的結論。我只需根據當時的證據，對我的結論作出妥當的說明或推演，而當時又沒有證據反駁我的推演和結論，就可以合理接受它。例如我看到一個紅色的東西，它是圓形的，摸起來是硬的、咬下去是甜的、聞起來是香的、秤起來是重的，我由此推演它是一個蘋果。雖然我的推演沒有邏輯必然性，但根據我當時的觀察，沒有任何理由反對它是蘋果，則我可以合理認為它是蘋果。對於事物的知識，無需是絕對無誤的信念。若我們只承認絕對無誤的知識，反而會無法得到事物的知識。

　　因此，若只接受不可錯誤的知識，那是太過分的要求，因為對於經驗事物，是無法得到必然的知識的。由知覺得到的證據永遠是有限的，從有限的證據，無法得到必然的知識，因為或許以後的知識會推翻現在的知識。既然知覺知識永遠是有限的，則我們只能接受目前已有的知識，在其它知識尚未出現前，就承認目前的知識為真。若有新的知識出現，而又推翻以前的知識，那時才作修正。所以，知識永遠僅是可靠的，不是絕對不可錯誤的。

2. 知識的和心理的確定性（epistemological and psychological certainty）

　　當我們說，知識是確定的信念，這裡所說的確定性，不是指心理的確定性，而是知識的確定性。心理的確定性是指，一個知識得到心理的信賴，心理上非常確定它是真的。然而，心理上確定它，不表示有充分的證據證明它，或許僅是個人的固執或喜愛而已。同理的，當我們說，知識是不可懷疑的，它可以指在心理的不可懷疑，即心理上難以懷疑它，但這並不表示它在知識上是不容置疑的。

　　以前的人認為地球是平的，他們在心理上難以懷疑它，因為根據他們的信念，這是理所當然的。可是，地球是平的不是在知識上不可懷疑的，因為有證據去懷疑它。我們可以遠看地平線，那是圓的。這是一個實質的證據讓我們提出疑問：地平線是圓的，那地球怎可能是平的呢？因此，在知識上，它是可疑的。同理的1 + 1 = 2，在知識上是不容置疑的，但在心理上是可以懷疑的，因為我若完全不懂數學，則我可以在心中懷疑它。

　　現在，本文所說的確定性，不是指心理的確定性，而是指知識的確定

性，這是說，我們找不到實質的理由或證據去懷疑它，因此，它是確定的，但這不是指，我的心理確定它，不去懷疑它。通常，在哲學上，無論談到可疑性和確定性，大都是關於知識方面的，不是心理方面的。所以，當我們說一個述句是確定的或不可懷疑的，我們是指，現在的證據能足以確定它，沒有證據讓我們懷疑它。

(三)批評

對於現象論者，他當然反對放棄對知識的嚴格要求。他認為只有絕對確定的信念，才足以稱為知識。對於一個信念，假若僅是沒有理由去懷疑它，並不表示它一定是真的，它可能是假的。它尚未得到絕對確定性。我們怎能接受一個可能是假的知識呢？

我們也可以說，現象論者的要求是太過分了，他們把確定性定義為絕對不可錯誤的，這是不適當的。這或許能用在數學或邏輯上，但對於事物的知識，這個要求是不適當的，因為經驗世界的事物根本沒有這種知識，他們的理想是落空的。並且，堅持這個理想，反而容易陷入懷疑論裡。

對現象論而言，知識是絕對的真理。在定義上，我們不能說，我們知道它，但它卻在事實上不是如此。例如剛才的蘋果，我不能說，我知道它是一個蘋果，但事實上卻不是蘋果，因為若我真的知道，則它就是正如我知道的，怎可能在事實上不是如此呢！可是，或許我們也可以說，我當時知道它是蘋果，但依然容許事實上它不是蘋果，因為知識僅是一種充分的保證，不是絕對的必然。

第二十章
別人心靈的知識

　　每個人對他自己的心靈，都有非常確定的知識，例如我現在看著外面，我當然非常確定我的心靈在「看著」，這是不可能錯誤的。可是，我無法確定別人的心靈活動，因為我無法直接觀察他的內心。雖然我無法直接觀察別人的心靈，但是不是仍有別的方式讓我知道它呢？因為在一般情況下，我們總認為可以知道別人的內心活動，例如父母對我的「愛」，仇人對我的「恨」，我甚至可以知道他們的愛恨有多深。這到底是如何知道的呢？我如何知道別人的心靈呢？

　　懷疑論認為無法知道別人的心靈，因為知覺無法觀察它。不過，除了直接的知覺外，是不是尚有其它方式知道別人的心靈呢？本章說明知道別人心靈的各種主要主張。

一、類比論證（the argument from analogy）

　　我們時常說，人同此心，心同此理。它的意思或許是說，我與別人是類似的，而我知道我有某種行為，當時心中會有某種相應的心靈狀態，因此，當我看到別人有類似的行為，我可以類比推論出，他當時也有類似的心靈狀態。由此，我只需觀察自己的行為，明白那種行為有那種相應的心靈狀態，而我一旦發現別人有類似的行為時，便可以類比推知別人的心靈狀態。例如我痛哭時的心靈狀態是傷心，而我與別人是類似的，因此當我看到別人在痛哭時，便可以推知他的內心在傷心。這種方式稱為別人心靈的類比論證。

(一)類比論證的結構

　　類比論證的結構是：有兩個東西A和B，假若它們共同擁有a, b, c, d, e, f的性質，故它們是類似的。現在，假若我發現作為前提的A有另一個性質g，則由於A與B是類似的，便可以推知結論的B也有g。這是由於前提的個案與結論的個案是類似的，因此當前提的個案具有另一個性質時，便得以推知結論的個案也有相同的性質。

　　例如我在一個小學門前，看到很多小孩子都穿同樣的制服、揹書包、書包中有書本和鉛筆。現在，我發現另一個小孩子走過來，他也是穿制服、揹書包的，由於他與其他的小孩子類似，故我推論出：他的書包中有書本和鉛筆。這是典型的類比論證。

　　然而，這樣的推論當然不能保證其結論必然為真，因為他的書包可能是空的。我們要明白，類比論證沒有絕對的有效性，無法保證結論必然為真。它最多只能推論出概然性的結論。並且，它的概然性根據兩個條件改變： 1.假如前提的個案愈多，則結論的概然性愈高。在上文的例子裡，假若前提只根據兩個小孩子，就推論第三個小孩子也是如此，則結論的概然性低於根據一百個小孩子而作的推論。換言之，前提中參考的個案愈多，則其結論愈可靠。 2.前提的個案與結論的個案，假如其類似點愈多，則結論更為可能。在上文的例子裡，假若前提的小孩子與結論的小孩子只有兩點類似，則推論出來的結論，其概然性低於他們共有一百點是類似的，這是說，前提個案與結論個案之類似點愈多，則愈能保證其結論為真。

(二)別人心靈的類比論證

　　我們現在把剛才的類比論證用在別人心靈的知識上。每一個人都知道自己的心靈狀態，我心中正在懷疑、知覺、生氣、痛苦、興奮等，這都是非常清楚的。但當我心中有某種狀態時，通常也會有某些相應的行為或外在表現，所謂有其內，必有其外。譬如有一個石頭打到我的大腿，我會感到痛。痛是心靈狀態，但我不會痛而不為所動，完全沒有外在表現。我感到痛，因此我會用手去揉它，也或許因為痛而叫出來，甚至哭出來。無論我有那些內心感受，通常都是發生在某個環境裡，表現出相應的行為。於是，我發現，我的心靈狀態與環境及行為彼此關連。痛苦的時候是因為被石頭打到，而且

會流淚；高興時因為遇到好朋友而笑容滿面；沮喪時是由於工作失敗而低頭不語；興奮時是突然得到禮物而大叫大跳。

並且，我也知道別人與我類似，他也有身體——眼耳口鼻手腳等，其身體的結構和動作跟我非常類似。他也會因為不同的環境而哭、笑、低頭不語或大叫大笑。在某個環境下，例如當石頭打到別人的大腿時，他揉大腿，大叫和哭。現在，這個環境跟我被石頭打到時是類似的，而且，他的行為也跟我的行為類似。可是，我那時尚有另一個心靈狀態——痛，因此，我可以類比的推論，他也有一個心靈狀態——痛。於是，由觀察別人的環境和行為，我可以類比地推知他有類似的心靈狀態。

(三)類比論證的困難

1.首先，我們已指出，類比論證只能提供概然的結論，無法保證它一定為真，因為它僅是根據前提個案和結論個案的類似性來支持結論。類似性不是完全相同，它容許差異，因此類比論證無法保證前提個案擁有的性質，完全相同於結論個案的性質。它們或許是差異的性質。

2.其次，在別人心靈的類比論證中，前提僅有一個個案，那就是我自己。在剛才小學生的例子裡，可以有很多小學生作為前提的個案，而我們曾說，前提有愈多個案，則結論愈為可靠。但在別人心靈的類比論證裡，前提永遠只能有一個個案——那就是我自己，不可能有第二個。如今，前提只有一個個案，則結論的可靠性就大為降低了。

3.再者，別人心靈類比論證要預設，別人的環境和行為與我的環境和行為類似。不過，無論它們如何類似，總是有差距的。例如，當時打到他的可能不是石頭，或是其它的東西。即使是石頭，但它的大小、重量、速度，打在大腿上的部位等，全都有些不同。既然前提的個案與結論的個案總有些地方不類似，則它推論出來的結論就可能不類似了。

4.其它的類比論證，它的有效性可以由檢查它的結論或新的個案來證實，這是說，當一個類比論證推論出結論時，我們可以檢查它的結論或新的個案，來證實這個類比論證是否可靠？在以上的例子裡，當我推論另一個小孩子的書包中有書本和鉛筆後，我可以驗證結論是否正確，以證實這個類比論證是否可靠。我可以檢查他的書包，如果他的書包有書本和鉛筆，則我可

以證實這個類比論證是可靠的，並且，我更可以檢查新的個案（另一個出現的小孩子），來證實我的推論，由此證實這個類比論證的可靠性。

在一般的類比論證裡，我可以藉由驗證它的結論和新的個案來證實或否證它的可靠性。可是，在別人心靈的類比推論裡，我永遠無法由檢查結論來證實它是否可靠？當一個人被石頭打到大腿時，我雖然推論他內心有痛的感受，但我無法驗證這個結論，或由新的個案來驗證它，因為我無法直接觀察他的心靈。事實上，如果能直接觀察別人心靈來驗證我的結論，就無需以類比論證來推論別人心靈了。在別人心靈的類比論證裡，永遠無法證實它是否可靠。我永遠依靠一個我不知道是否可靠的類比論證來推論別人的心靈，我似乎只能相信它可以讓我推知別人的心靈。

5. 獨我論（solipsism）的傾向

如果接受類比論證，則會進一步成為獨我論：承認宇宙中只有一個「我」，只有一個有心靈的人存在，沒有別的「我」。

類比論證認為，我們無法直接認識別人的心靈，只能認識自己的心靈。當一個石頭打到我時，我感到痛，這個痛在我的心中，別人無法經驗它；再者，當石頭打到別人時，我無法感到他的痛，只有他自己感到痛。正由於無法直接認識別人心靈，才要以類比論證去推知它。然而，這即肯定，我永遠無法確定他是否有心靈，或許他僅是一個看起來很像人的機器人而已。如此，只有我才是一個我──一個有心靈的我。至於其他的人，我不能肯定他們是不是「我」──一個有心靈的我。由於只能肯定一個我，無法肯定別的我，因此成為獨我論。

在一般情況下，獨我論是難以接受的，因為我們通常承認，別人和我一樣，都具有心靈，也有各種心靈狀態，正如我承認我的父母有心靈，而且他們的心靈狀態是「愛我」；我也承認我的朋友有心靈，他們對我有各種愛恨。宇宙中不是獨我，而是多個「我」。

二、行為主義（behaviorism）

類比推論無法保證由別人的身體表現得知別人的心靈。不過，這卻顯示出，我們可以清楚理解別人的身體表現。別人心中是不是難過，則沒有充

分的證據去證實，可是，他有沒有哭、有沒有皺眉頭等行為，卻是非常清楚的。那麼，假若能把所謂心靈狀態，全部還原為人的行為，則由於我能明白別人的行為，而行為就是心靈狀態，則便可以宣稱知道別人心靈了。這種把心靈狀態還原為人的行為，稱為行為主義。

　　例如，某人想得到桌子上的鑽戒。對於他心中有沒有這個想法或欲望，是難以知道的。不過，他想得到那個鑽戒，其實是指，他在看到四下無人時，會走過去桌子那邊，伸手拿它放到口袋中。換言之，這是說他會在某個環境下，有某些行為，而不是說他有一個「想要」的心靈狀態。於是，當某人有某種心靈狀態時，意思是說，他在一個相關的環境下，會有某些行為表現。例如，他害怕血腥，這表示當他看到與血腥相關，如打鬥而有流血的場面時，他會發抖、躲起來、低下頭來不敢看、話都說不出來。說他有害怕，就是說他在某個相關的環境下，有某些相關的行為。如果他在相關的環境下沒有這些行為，就不能說他有害怕。所以，害怕不是指他有一個內在的心靈狀態。害怕是指一種在相關環境下的相關行為。同理的，不同的心靈狀態是指在相關環境下的某些相關行為。害羞、膽小、同情、憐憫等所謂心靈現象，其實都是在它們相關的環境中的某些相關行為而已。

　　行為主義把心靈狀態還原成行為，有一個明顯的優點。對別人心靈的知識，無需如類比論證那樣，要根據身體表現類比地推知其身體內、無法觀察的心靈，這無法保證別人心靈的知識，甚至使這種知識成為不可能，陷入獨我論。行為主義把心靈狀態刪除，使之成為可以被觀察的行為，這反而保證了別人心靈的知識。我們只要明白害怕、害羞、膽小、同情、憐憫等心靈語詞所指的相關行為，則當我們觀察到這些行為，就表示別人有這些心靈狀態了。於是，心靈狀態從個人內在的領域變成外在的、公共的和可觀察的狀態。心靈語詞不是描述人的內心，而是人的行為。

三、行為主義的困難

㈠存心欺騙

　　行為主義者把心靈事件還原為行為事件，心靈語詞所描述的，不是人的內心狀態，而是他在某個相關環境下的行為。所以，當我們觀察到在某個相

關環境下的某些行為，則表示行為者有某種心靈狀態。

不過，我們承認，行為是可以假裝的，行為者可以存心欺騙別人。當一個人看到血腥的場面，他可能沒有害怕的感受，但他假裝出害怕的行為。這樣，根據行為主義，由於他有害怕的行為，則他有害怕的心靈狀態。但這樣的推論顯然無效。由於存心欺騙是可能的，則我們無法保證，由別人的行為可以推知別人的心靈狀態。行為主義的主張顯然不能成立。同理的，一個演員可以演出各種不同情感的行為，但他心中其實沒有相應的情感。若根據行為去推知他的心靈狀態，顯然是不正確的。

(二)第一人稱與第三人稱（first-person and third-person）的問題

行為主義主要是用來說明第三人稱的心靈述句，它對第三人稱的心靈述句較為有效，例如：「他很痛」這句話是指他有某些行為，不是指他有某個內心感受。由於它主要用以說明第三人稱的心靈述句，這使它難以說明第一人稱的心靈述句。

行為主義把心靈狀態還原成行為述句，則它也要把第一人稱的心靈述句還原為行為述句。當我說：「我好痛」這個述句，我是指出我有一個第一人稱的痛，這是我個人才能明白的經驗，但行為主義卻把它還原為一個人人都可能觀察的行為述句：例如「有一顆石頭打到我的腿，我大聲叫出來，伸手去揉一下傷口，流出眼淚」。於是，第一人稱心靈述句的意義被改變，成為不再是第一人稱的述句。反而，它是指一些人人都能觀察的行為。可是，當人感到痛時，他不是觀察到自己當時的環境和相關的行為，然後才知道和說出「我很痛」。基本上，人根本無需看他的環境和行為，就可以知道他的痛，這是說，第一人稱的心靈述句是根據個人的、第一人稱的心靈狀態而說，無需觀察他的環境和行為。我感覺我的痛和我感覺我的行為，是完全兩回事。因此，那怎能說如行為主義所說：「痛」是指「痛的行為」呢！

並且，對於第一人稱的心靈述句，他本人就足以證實它為真，即使他當時完全沒有行為，並且，他當時的環境與他的心靈狀態也不一定有明顯的關係。例如有人在酒後一小時躺在床上感到頭痛，他本人足以證實他的頭在痛，即使他當時沒有頭痛的行為——他沒有叫痛、沒有呻吟、沒有抱著頭，而且，他的痛與他當時所在的環境（躺在床上）完全無關。這時，他是他自

己痛的權威，因為他無需任何外在的證據，只要根據個人的內在經驗，就足以證明他的頭痛。每一個人都是自己心靈狀態的直接權威，他無需理解任何外在的因素，就可以知道它。所以，從第一人稱而言，心靈狀態與環境及行為可能無關。心靈狀態不是如行為主義所說，是某個環境下的行為表現。

四、日常語言分析與別人心靈

無論類比論證和行為主義，都是希望通過別人的身體或行為，去理解他的心靈。可是，我們的討論已經指出，這種觀察身體行為去理解別人心靈的方式有太多的困難。有些哲學家改採取別的方式，他們認為對日常語言（ordinary language）的分析，可以說明別人心靈的知識。我們以偉斯頓（J. Wisdom），維根斯坦（L. Wittgenstein）和斯卓遜（P. Strawson）三位哲學家為代表。

(一)偉斯頓的日常語言分析與別人心靈知識

1. 知識的多元性

在日常語言中，我們認為有很多不同的知識，例如我們常說：「我知道 1 + 1 = 2。」也說：「我知道 A = A，A 不是非 A。」也說：「根據物理學的運動定律，我知道太陽明天會東昇。」也說：「由於早上交通非常繁忙，我知道現在市區非常塞車。」也說：「在參考過很多資料後，我知道這部電影很好看。」也說：「我做了一件錯事，看到媽媽為此而哭，我知道她十分難過。」這些句子都用「知道」這個語詞，而且這樣的使用是對的，因此它們都是知識。在日常語言中，知識是多元的。

在這些知識裡，對於數學和邏輯的知識，它們是絕對必然的；對於物理現象的知識，即使它根據物理定律，也不是絕對必然的，僅是非常可能而已，因為太陽或許到今天晚上就爆炸了，明天不再昇起，又或許物理學定律的有效性到今晚為止，明天失效；至於市區內塞車，它是日常生活的經驗事實，又更遠離絕對必然性了，因為或許市區發現炸彈，正在交通管制，一部車子都沒有；至於電影好不好看，媽媽是否十分難過，那更難保證它為真的。

　　由此可知，知識是多元的，它們有不同程度的確定性，也由不同的方式來保證。如果我們只接受數學或邏輯的知識為知識的標準，則其它沒有這個確定性的知識，都不是真正的（genuine）知識。不過，這顯然是武斷的，因為我們已經承認，這是我們知道的知識。如果不作武斷的決定，接受各種不同的知識，則我們可以說，在不同領域中，各有各的知識判準，或對知識的確定性有不同的要求。同樣的，對別人心靈的知識，如果我們不採取懷疑論對知識的嚴格要求，而只要求相應於這個領域的確定性，則一樣可以得到別人心靈的知識。當然，這種知識不是如邏輯和數學那麼確定和絕對，也不是根據某些定律推論出來，也不是由類比論證而得。它有自己的獨特性格。

　　現在，我們可以檢查一下，日常生活中說：「我知道別人心中的感受」時，所謂的知道是什麼意思。基本上，它的意思當然不同於「我知道平行線的對應角相等」那種「知道」，因為這是由自明的公理，有效推論出來，它是非常確定的。但我知道別人的心靈是在另一種方式裡，若把這兩種「知道」混為一談，則是忽略了各種知識的不同性格。只要承認各種知識的不同性格，就可以說明別人心靈知識。

2. 別人心靈的知識

　　在日常生活裡，我們有時會說「我知道他心中的想法」或「我不知道他心中的想法」。當時我不是隨便說的，而是相當慎重的，這顯示了，我可以區分在什麼條件下，才能宣稱知道別人的心靈。當我滿足這些條件後，我才會說「我知道他心中的想法」。另一方面，若當時無法滿足這些條件，則我會說「我不知道他心中的想法」。

　　於是，我們可以探討，在什麼條件下，我才會說「我知道他心中的想法」。只要把這些條件描述出來，就可以明白要如何才能知道別人心靈。偉斯頓認為，通常要理解別人當時的環境，行為和語言，才能宣稱知道別人的心靈。譬如剛才的例子：「我做了一件錯事，看到媽媽為此而哭，我知道她十分難過」。要知道媽媽心中的難過，我要先明白當時的環境：我剛剛做了一件錯事。例如我沒有用功唸書，被學校退學，她知道了，當然是會難過的。如果當時的環境是我送她一個生日蛋糕，那她是不會難過的。再者，我還要知道她的行為，例如，她流淚，低頭不語，走進房間，獨自發呆。但若她流淚時跳起來拍手，甚至笑出來，或許那時她是高興。還有，我要觀察她

說的話，如果她說她希望我以後要好好用功，則我知道她真的因為我沒有用功唸書被退學而難過。若她說我以後不用再花家裡的錢唸書，能工作幫家裡賺錢，真是再好不過了，那她的哭就表示她內心高興。由於我們理解以上三個條件：環境、行為和語言，便可以宣稱知道別人的心靈。我們往往都是聽其言，觀其行，和考慮當時發生的事件，才能知道別人心中的狀態。當我們根據環境、行為和語言愈能找到充分的證據，又愈能對它們作出融貫的說明，則愈能證明我們的知識是正確的。並且，當這三個條件都沒有提供證據讓我們懷疑自己的知識時，則我們接受它為真。

我們只能根據目前已得知的證據來推論別人的心靈，但是，在繼續的觀察裡，別人或許會說出一些語言和做出一些行為，違背我們目前的知識，這樣便有必要重新作出修正。因此，當我們發現有實質證據引起懷疑，則再作重新的說明。無論目前的證據是多麼豐富和融貫，我們的推論依然可能錯誤、容許修正的。別人心靈的知識只有程度不同的可靠性，沒有絕對必然性。

(二)維根斯坦由分析「相同」（the same）一詞說明別人心靈的知識

當我們說，我知道別人的心靈狀態，這往往是指，我得到他心中的經驗，或我與他的經驗是相同的（the same）。維根斯坦認為，只要明白在這個脈絡下，「相同」（the same）是什麼意思，就可以明白我們如何得到別人心靈的知識。

當我們同時看一支粉筆時，我們會說：我們看到一支相同的粉筆。再者，由於我們看到一支相同的粉筆，因此會說：我們有一個相同的經驗。在這裡，相同的粉筆是指同一支粉筆，但是，相同的經驗不是指同一個經驗，或我們共有一個經驗，因為你的經驗是你的，他的經驗是他的，我的經驗是我的，我們不可能共有一個經驗。所謂相同的經驗是說，我們各有自己的經驗，但這些經驗都把握一個相同的事物。在這裡，相同的事物是指一個事物，不是多個事物。相同的經驗是指多個經驗，而它們都是把握同一個事物。於是「相同」的筆和「相同」的經驗，其中的「相同」具有不同的意義。

　　我們也可以說，兩個人有相同的體格（the same build）。這時，我們不是指他們共同擁有一個相同的體格，而是有兩個體格，這兩個體格在多方面是相似的，但不是完全相同。他們有相似的高矮、體重、體形。在說明外在事物時，相同的事物是指同一個事物；在說明人的體格時，相同的體格不是指同一個體格，而是多個體格，但它們在多方面是相似的，而又不是完全相同。反過來，若我們說他們的體格不同，不是說因為他們有兩個個別的體格，一個是他的，另一個是別人的，亦即它們是數量上不同的東西。兩個不同的體格是指，它們是兩個東西，但在多方面是不相似的。於是，「相同」在這個情況下，不是指一個東西，而是多個，並且，它們也不是完全相同，只需在多方面相似。

　　在別人心靈的問題上，我說我知道他的心靈狀態，我是指我和他有相同的心靈狀態。但什麼是相同的心靈狀態？當然不是指我們共有一個心靈狀態，我也不是說，有一個心靈狀態在那裡，正如一個事物那樣，而我們都知覺到它。

　　我們考察一下，當我說「我知道他的痛」或「我們有相同的痛」，到底是指什麼？首先，我和他心中各有自己的痛，我們不可能共同擁有一個痛。維根斯坦認為，這句話的意思是指，如果他描述他的痛，而我又能明白他的描述，則我就是知道他的痛，或我們有相同的痛了。如果他說：「我吃冰淇淋時，一大口吞下去，吞得太快了，喉嚨冰得很痛，當我咬緊牙齒時，痛苦減輕一些，然後痛苦慢慢消失」。那時，若我能明白他的語言，我就是知道他的痛，也是擁有和他相同的痛。我無需從我的內心中，跳到他的內心中，直接知覺他的心靈狀態。我們好像擁有相同的體格，但各自擁有自己的體格，而它們在性質上是相似的，則它們是相同的。又或，如果我對自己痛的描述，和他的描述是相似的，則我們也有相同的痛。因此，藉著語言的描述和對語言的理解，人人都可以經驗相同的痛。由此，人與人的心靈狀態是可以互相理解和溝通的。

　　維根斯坦甚至認為，從語言而言，痛和其它心靈狀態都不是個人的，因為人可以用語言描述他的痛或其它心靈狀態。語言是公共的，別人可以理解它，正如理解一個公共事物那樣。因此，在語言的公共性下，心靈狀態是公共的，是別人可以通達的，只要人能使用語言和理解語言，就能讓別人心靈

的知識成為可能。若把心靈狀態視為個人的、無法被別人分享的，則只會讓它們成為神祕不可知，導致人與人無法溝通的難題。然而，藉著語言的互相理解，別人心靈是可以通達的。懷疑論在這方面是難以成立的。

(三)史卓生的歸屬理論（theory of ascription）

史卓生認為，在學習語言的過程中，我們學會了很多心靈語詞，例如害怕、慌張、慈悲、生氣等。當學習這些心靈語詞時，我們要根據它們與行為的關連。如日常生活裡，當某人勸別人不要生氣時，他針對別人不同的行為，使用生氣一詞，由此我學會了「生氣」的意義。例如當別人在跳腳時，他叫他不要生氣，而他安靜下來；當別人大聲咒罵時，他又叫他不要生氣，他立即停止咒罵。於是，我把生氣關連到他的行為上，慢慢學會生氣的意義。又如，我聽到某人描述別人生氣時的行為，我也會把生氣與那些行為關連起來。當然，對於我自己，當別人說我是生氣時，我也發現我有某些行為。於是，在學習心靈語詞時，常把它們與行為關連起來。

史卓生認為，我們藉著語言與行為的關係學會了心靈語詞。在學習時，我們把心靈狀態歸屬（ascribe）於某些行為。把心靈語詞歸屬給行為時，不是對行為作出描述，亦即不是描述某些行為是害怕、或驚慌、慈悲、痛苦等等，這是行為主義的主張，不是史卓生的歸屬理論。讓心靈語詞歸屬於行為是指，當時的行為者擁有這個心靈狀態。正如我歸屬一個房子於你時，是說你擁有它，歸屬是歸屬一個東西的擁有權給你。所以，歸屬心靈語詞給行為，是說行為者擁有這個心靈狀態，不是描述他當時的行為。

在與別人溝通而學習心靈語詞時，就是讓自己學習如何歸屬心靈語詞於某些行為。在學習的過程中，或許我會發生錯誤和修正。然而，我是在不斷的歸屬中，學會心靈語詞，學會它是指學會它與行為的關係。學到這個關係後，當我使用一個心靈語詞時，就是把它歸屬給行為者，讓他擁有這個心靈狀態，這是說，當我觀察到某人有某種行為，而以心靈語詞去說明它時，我同時是把該心靈狀態歸屬給他。

史卓生認為，心靈語詞與行為有概念上的關連，這是說，不同的心靈語詞，其意義與某些行為有關。不過，史卓生不是如行為主義者那樣，明確規定心靈狀態與某些行為的關係，例如害怕確定是與「發抖、不知所措、

流汗、畏縮」等行為相關。他只是說,在學習使用心靈語詞的過程中,就是不斷把心靈意義歸屬給各種行為,這是說,對相關的行為給予它心靈意義,使行為者擁有它。我們的學習可以不斷改變對行為的歸屬,或在歸屬中修正以往的心靈語詞。基本上,歸屬是一個不斷修正和創造的過程。同時,如果心靈語詞的意義與行為關連,則心靈語詞的意義不是限制在個人的內在經驗中,而是與公共的行為相關,因此,一個人是不是有痛苦,這是可以公開討論的,我們可以檢討他有沒有與痛苦相關的行為。

我們可以看出,當看到別人的行為,歸屬他一個心靈語詞時,我們不認為,當時的歸屬是不可修正的,因為以後對行為的觀察,可以使我們修正以前的歸屬。以前認為生氣的行為是跳腳的,後來發覺有些人生氣是不動聲息的,則我們可以修正生氣的意義。

㈣批評

日常語言哲學家認為,只要分析日常語言的概念,便可以說明如何得到別人心靈的知識。他們這個主張預設日常語言的概念是合理的,其意義是可以接受的。但這個預設可以成立嗎?。

1. 日常語言蘊涵別人心靈知識的標準是否可靠?

日常語言說「我知道他心中這樣想」或「我猜測他心中這樣想」,前者是否表示我真的「知道」,而當時得到的是可靠的知識;後者是否表示我真的在「猜測」,而當時得到的僅是不可靠的意見呢?對於日常語言的概念,是不是無需深入反省,就可以無條件接受它、視之為合理的?這是值得商榷的。

在日常生活中,我們沒有經過嚴格慎密的反省就說出「我知道」或「我猜測」。無可否認,它們不是可靠的。很多「我知道」的事情,往往在後來被證實為假的。同理的,日常生活對別人心靈知識所要求的標準,也是沒有經過嚴格慎密的反省,因此它們不一定是可靠的。事實上,我們可以找到更嚴格的標準來理解別人的心靈狀態,一部檢查腦波的機器往往比觀察別人的環境、行為和語言更為準確。嚴格的行為測驗也可以看出別人的心靈傾向,測謊機亦可以相當準確指出別人心中有沒有說謊。

2. 日常語言的概念是否合理？

相當多的日常語言是誤導的，它們沒有描述真實的世界。我們常說「太陽東昇」，那真的是太陽東昇嗎？實際上，地球往東轉，太陽是不動的。在某些語言體系裡，當人生病時，會說他是魔鬼附身，這是該體系的日常語言，但它是誤導的，因為根本沒有魔鬼。我們也常說「鯨魚」，但其實牠不是「魚」。因此，日常生活的語言，即使它被使用者承認，但卻可能是誤導的。同樣的，即使日常語言對別人心靈有很多描述，但這些描述可能是誤導的。日常語言的哲學家毫不反省它們的合理性，只貿然接受它們，分析它們以建立哲學理論。顯然的，這樣的哲學理論建立在一個穩固的基礎上。

第二十一章
實踐哲學的解釋架構

　　在中國哲學的知識論討論中，中國哲學的特質依然是首先需要分辨的課題，否則難以準確地討論這個議題。這個特質就是中國哲學主流的儒釋道三教都是實踐哲學的性格，是實踐哲學的特質就是說學派理論的建立是以提出理想人生圖像為目標，並且說明理由，從而提出追求這個理想的作法，甚至進行實踐而有實踐的記錄。由於中國哲學理論的內部結構及思辨流程都是對準這個價值理想的實踐而發展，因此，理論系統的圖像會有著與傳統西方思辨哲學相同的部分，但也會有不同的部分。相同的部分重點在存有論的討論，不同的部分重點在價值哲學的宇宙論、本體論、工夫論、境界論的討論上。說中西哲學不相同的部分在實踐哲學的意思，並不是說西方哲學不討論價值哲學，而是非其主流，因此相對上論述之質量不如中國哲學豐富，因此對於實踐哲學的知識論問題的討論，反而應以中國哲學的討論為典範。當然，就中西哲學相同的存有論部分亦非地位均等，而是在西方的思辨哲學傳統才是經驗豐富、論述多元且義理綿密、發展辯證的，而在中國僅是亦有觸及，雖有討論，但並未形成主流風潮，且時時受到誤解，反而因為問題意識的相同，因此藉由西方的經驗便極易了解。

　　以中國的實踐哲學與西方的思辨哲學作為哲學型態的簡單的分別系統時，實踐哲學依然是有著哲學理論、哲學體系、哲學問題與哲學意見的，然而中國的實踐哲學有形上學思維及倫理學思維，但是卻缺乏知識論思維，知識論思維應該是當代中國哲學的新課題。本書對此之討論，即是站在一個全新的中國哲學的知識論課題的角度所進行的討論。

一、實踐哲學的知識論課題

在中國哲學討論中的知識論課題，長期以來是一個未被約定的領域，有以先秦名家的討論以為中國哲學有知識論的課題的，有以儒學系統中談格物致知觀念的部分為知識論課題，有以佛教哲學系統中談心性修養活動為中國哲學的知識論課題。知識論作為一個哲學基本問題當然是來自西方的傳統，從啟蒙運動起迄當代西方哲學，作為知識論的課題不斷演變，知識論議題中的意見主張也不斷演變，也可以說哲學上並沒有對於知識論的議題與論點的定見。因此在談論中國哲學的知識論課題時，先做一個問題意識的界定是必要的反思工作。一般而言，對哲學理論做知識形成方式以及成立可能性的反思仍是知識論的基本議題，就此而言，作為實踐哲學特質的中國哲學，它的思考方式為何？它的知識成立的要件為何？這應該是我們反省中國哲學的知識論課題，甚至是建立中國哲學的知識論理論的方向。這是在一個全新的意義下的工作，並不是傳統中國哲學的理論中已經進行過的，而應該是以傳統中國哲學的理論實況為對象所進行的當代的新研究。

這個研究的起點就在建立傳統中國哲學的思考模式，從而建立解釋架構，並藉由這個解釋架構展開各學派各系統的理論詮釋，其次再就著這個詮釋成果的各家理論體系的知識客觀性、適用性、檢證性及選擇性進行知識論議題的反省。本書此章及下兩章之討論即是站在當代中國哲學研究的立場，所做的中國哲學的知識論研究成果說明。

二、解釋架構的理論意義

作為實踐哲學的中國哲學，有著它特殊的哲學活動的理論推演模式，本章之討論重點，即是要提出這個推演模式，以作為解讀中國哲學的解釋架構，這個解釋架構首先是傳統中國哲學各學派系統內部的思考模式，對於這個思考模式的提出，並不是去創新一個模式，而是去深入所有學派的思考進程，而提出一個各家在共同使用的思考模式，事實上各家都有理論建構的多種型態的模式，本章之工作，即在各家系統的問題與問題間的推演結構中，

找出穿梭在各個學派的各種問題推演結構，並建立各家通用的問題與問題間的關係的理論，由各種問題間的關係理論統合性地提出中國哲學的思考模式，這便是一個知識論的反省，這個反省本身就是個哲學議題，是關於中國哲學的思考模式的問題，討論實踐哲學的各種主張是經過一個如何的運思架構而能合法地提出的問題。

從學派立場說是思考模式，從研究者立場說是對中國哲學研究的解釋架構，解釋架構的內部關係與哲學理論的建構次序是兩回事，本書所提出的實踐哲學的解釋架構就是實踐哲學的「宇宙論、本體論、工夫論、境界論」的架構及「存有論」的問題，這套架構有著它自身的內在推演關係。至於哲學理論的建構次序，這是另外一個議題，這在各家都是不相同的，通常是價值意識的觀點先被提出，提出之後再進行這個命題的理論依據的討論，這就一方面向人性論及本體論發展，另方面向客觀世界尋求知識的支持，也就是建立宇宙論以說明價值命題的合理性。至於在價值觀念的提出之時，通常也同時提出工夫修養論的觀念，修養論觀念差不多成熟以後，便會就理想人格狀態進行討論，這就是境界論。之後，在更長遠的哲學史發展的歷程裡，不同學派有著各自的不同先後次序的再發展，這是沒有定論的。

三、實踐哲學的四方架構與存有論

就解釋架構的問題與問題間的關係而言，首先，宇宙論是學派系統的一切知識的依據，是哲學系統在現象存在問題上的知識，其次是論說價值命題的本體論，提出人生追求的理想目標，接著是處理人的實踐活動的工夫論，工夫論有兩種脈絡，一是以價值義的本體論為目標的心理修養工夫，若涉及身體能力的鍛鍊，則需宇宙論的知識以為修煉或修行的依據，亦即本體論及宇宙論都與工夫論發生問題與問題間的關係，而工夫實做之後，主體會達到理想的狀態，針對這個狀態的討論則是境界論。以上即是一套以追求人生理想的實踐活動為主旨的哲學體系之理論架構，整個中國哲學的儒釋道三教的實踐哲學即是形成並建構於上述架構中。此外，為使上述架構能實際進行，亦同時發展了針對上述四方架構議題的討論所需的存有類項概念及抽象功能概念的使用與討論，討論這些概念的定義，以及這些概念之間的關係，這就

是存有論的問題。

　　以上四方架構的實踐哲學系統，有一個理論內部互相推演的關係，宇宙論推本體論，本體論推工夫論，境界論由本體論、宇宙論、工夫論共構，因此在境界論中本體論、宇宙論、工夫論一齊併現，通常這就被視為中國哲學的最高完成。至於存有論議題是獨立發生和運作的，它和上述四方架構是有關係但互不推演的。

　　以下分項細說。

四、宇宙論系統的哲學問題

　　宇宙論哲學是實踐哲學系統中處理現象世界的知識定位部分，現象世界作為生活世界的場域，因此決定了生活價值的標的，現象的世界都應該是經驗所及的世界，但是在中國哲學的宇宙論討論中，道佛兩教的宇宙論知識涉及到非一般人存有者的經驗所能及的它在世界，因此問題變得複雜，但仍須視為是屬於經驗性質的知識，而特別是道佛兩教的哲學理論又是基於其宇宙論知識才成立的，這也是宇宙論知識在中國哲學研究中的地位特別重要的原因。

　　宇宙論的知識是跟本體論的觀念以及工夫論的主體活動有內在密切關連的，至於主體做工夫而達至理想的存有狀態的境界論也是要在宇宙論知識中說明的。首先，本體論的價值意識的觀念多來自宇宙論知識的推演，當然這其中存在著實然知識推論應然觀念的知識合法性問題，不過，作為一套思考模式而言，儒釋道三教都有這樣的思考模式，檢證的問題是在實踐之處而不是在客觀性推演之處，下兩章將討論這個問題。其次，身體鍛鍊型態的工夫修煉理論，就是直接藉由宇宙論的知識以為修煉進程的說明，特別是在有它在世界觀的系統，如道佛兩教的層層上提的世界結構圖式，其修煉知識即有著基於身體能力的提升而進至更高級的存有世界的說明，這就是工夫修煉論與境界哲學和宇宙論的世界觀知識的合匯之處。

　　宇宙論中的相關議題很多，包括宇宙圖式、宇宙始源、宇宙發生歷程、根本存在元素、存有者類別、生死問題、人體宇宙學、宇宙論進路的律則等等。

「宇宙圖式」說明世界的架構，中國古代的「蓋天說」、「宣夜說」、「渾天說」是就天體的結構與運行的規律所研發的宇宙論知識系統，這還是站在一般人存有者的經驗感官能力的基礎上做出來的研究成果。若是道教及佛教的世界觀圖式，涉及它在世界的宇宙結構的說明，就是超出了一般人存有者的經驗能力的知識，這種知識作為有經驗意義的知識是基於它們是有修煉者或修行者的親證之後所說出來的知識，這就包括道教所說的「三十三天」，以及佛教所說的「三界」世界觀，包括「欲界、色界、無色界」，或「十法界」眾生中的六凡世界，包括「天、人、阿修羅、地獄、餓鬼、畜生」。

「宇宙始源與宇宙發生論」說明宇宙在時間及空間的開端，及其演化的歷程，道家的道概念，在一開始就被賦予了這個始源的意義，當然它也同時被賦予價值意識的本體的義涵。當道家討論道概念的宇宙始源的存在面向的義涵時，會提出這個始源是一無形的氣存在的狀態，隨著氣化而有形質，而有了天地萬物。漢代道家《淮南子》書中談宇宙論的太始、虛霩、宇宙、元氣的概念就是在說明這個始源及其發展歷程。這樣的問題意識在儒家系統中要到北宋的周敦頤才明確地提出，他的《太極圖說》就是藉由太極概念以為這個始源而經過陰陽、五行的分化演變而有了天地萬物與人。這個問題在佛教哲學的系統中更為複雜，原始佛教以無明緣起說「十二因緣」觀的始源及歷程：「無明、行、識、名色、六入、觸、受、愛、取、有、生、老死」，這個歷程既是說明人存有者的生命發展歷程，也是說明整體存在界的發展歷程，因為佛教是主張萬法唯識的，也就是現象世界的一切都是意識所變現的，因此說人的意識演化與說世界的發展歷程是同一個系統，以西方哲學的觀念來講這就是一套最為唯心論的宇宙論系統。

「根本存在元素」說明經驗世界的物質元素，中國哲學基本上都是以氣存在說此根本存在元素，分開來說則有儒道兩家的「陰陽說」，以及金木水火土的「五行說」，佛教哲學中的地水火風「四大說」亦是。

「存有者類別」處理存在世界有哪些的存有者，在各學派系統中說明有哪些存有者類別的理論等於就是在說它們的世界觀的問題。就著經驗現實世界的世界觀而發言的學派，它的存有者類別問題是一個較簡單的問題，它就是以天地萬物一概念來講說全體的存有者即可。但是在有它在世界觀的哲

學系統對於存有者類別的問題就極有特殊性，有它在世界就有它在世界的存有者，有它在世界的存有者就會引發價值觀的辨正，例如儒家學派的價值觀是定位在此在世界的聖人的體貼天道之中，因此為辨正三教的價值立場，儒家就會對於它在世界的存有者的存在與否及其能力與地位進行批判，關鍵即在有否鬼神存在以及鬼神存在的持久性以及主宰性的地位。通常儒家學者會否認鬼神存在，或至少否認鬼神為一持久性存有者，但最重要的是否認一般民間迷信中的鬼神的持久性存在，藉由對其持久性存在的否定進而否定它們在價值主宰上的地位。但是，鬼神的存在性地位在儒學系統中也不太容易被全面地否定，因為這還涉及到儒家所重視祖先祭祀及天地山川諸神之祭祀的行為，所以對它在世界的存有者的討論，在儒學系統中就必須分門別類地進行，但是這項理論工程在儒學家中所為者不多亦不深入，討論得最多的就是朱熹的系統。

至於道教哲學系統中的存有者類別那就豐富多元了，除了經驗現實世界的天地萬物之外，還有太多人類存有者無法感知到的它在世界的存有者，那就包括天仙、地仙、鬼怪等等存有。佛教哲學中的它在世界存有者類別也是極為眾多的，「十法界」觀念中的各個法界即有個別相應的存有者，因此三惡道中的地獄、餓鬼、畜生；三善道中的天、人、阿修羅；四聖道中的聲聞、緣覺、菩薩及佛亦各是不同類別或等級的存有者。有不同的存有者代表了有不同的世界觀，亦代表了有不同的價值追求標的，因此「存有者類別」問題是宇宙論知識中跟價值辨正問題直接相關的重要議題。

「生死問題」是宇宙論哲學中的重要議題，但重點並不是在談論對生死的態度，而是要談論生死現象的知識，談態度是本體論的價值問題，談現象的知識才是宇宙論問題的重點。當然，談清楚了生死現象的知識即能有對生死問題的價值態度，而這也正是追究生死現象的知識的目的。一般說來，儒家對此所言甚少，可以說系統中並不具備對於這樣議題的真正研究，「不知生焉知死，未能事人焉能事鬼。」可見儒家的理論重點並不在此。而道佛兩教就不同了，不僅言之甚夥，甚至道教與佛教對待生死的知識亦有不同。道教中的天師道以追求死後世界的存有者與生活世界的存有者的和諧關係為目標，神仙道教則追求人存有者的永恆不死的生命境界。前者需要有役使鬼神的超能力，後者需要有自身不死的超能力。兩種能力都需要有身體進路的鍛

鍊工夫。而這兩種能力在工夫修煉的問題上即是宇宙論進路的修煉工夫的主題，但這時也仍需要有價值意識的修養工夫以為配合。

　　至於佛教則在輪迴生命觀中提出一永恆不死的觀念，佛教的中陰身輪迴轉生理論即是針對此一議題的特殊知識，即是言說人存有者在死亡之後會轉變為另一種型態的自我，經過重新尋求新生命的歷程而至下一世中，因此生命即在一永恆輪迴的歷程中經歷一切，生命的意義就在這經歷一切又不執著一切的修行中彰顯，反之，在什麼事情上執著即在什麼事情上痛苦，並將不得解脫而致不斷輪迴。

　　道佛兩教對死後生命的知識當然會影響生前的生存活動的價值意識，儒學系統中則多為擔心人們會過度用心於死後生命的事務，而致影響現實生活，因此會批評此種知識的真實性，這就說明了宇宙論知識對價值意識的重大影響力。

　　「人體宇宙學」說明人存有者的身體結構的知識，以作為修煉工夫的知識依據。因著中國哲學的實踐哲學的性格，宇宙論知識亦將與人的實踐活動互有關連，那就是要提供人體宇宙學的知識，藉由人的身體結構的知識說明，以便為開發人體能力的工夫論提供知識的基地。這就特別是在具有它在世界世界觀以及超經驗知能的能力鍛鍊的道佛系統中。佛教密宗的五輪說、道教的精氣神形魂魄架構都是說明此種人體宇宙學的知識以為修煉或修行的依據的理論系統。

　　「宇宙論進路的律則」說明宇宙現象的事物變化的律則，可以說一切自然科學的運動變化定律即是指此，而在傳統宇宙論中的律則觀念當然仍是較為粗糙或抽象，例如佛教的十二因緣觀念即是宇宙論義的律則，道家言說天體運行以及四時變化的律則亦皆是宇宙論進路的律則。律則亦有本體論進路的型態，這就是說所揭示的律則並不是純粹客觀的現象法則，而是加入主觀價值立場的判斷意見，例如老子所說的「反者道之動、弱者道之用、有無相生」等律則，或是俗話所說的「天下合久必分、分久必合」的律則者，這種律則指涉人事變化，其實不具備絕對必然性，但仍有指導人心的作用，故說為本體論進路的律則。

　　「命運問題」是就著人存有者在生命史歷程中的所有遭遇而為之討論，討論其中是否是一天生的本然，還是一後天的自由所決定的。作為追求理想

人生的儒釋道三教,這個問題必須澈底解決,否則無從說明追求理想的可能性,而這個問題的討論,卻必須是在宇宙論的知識背景下的討論。從儒學而言,這是氣性生命的議題,基本上接受氣性生命的有命定的限制的立場,但卻從主體的價值追求活動可以不理會氣性限制的方向而擺脫這個限制,理論上並不是這個限制被取消,而是這個限制不能影響理想的追求,而追求淑世的理想才是生命的意義本身,這就是儒家的天命觀,以天命觀而取代命定論,理論上必須有性善論的本體論以為必可實現的保證。

從佛學而言,這是習性決定的議題,習氣一旦形成,命運也就形成了,但習氣又可以隨著主體的修行而改變,因此命運也是可以改變的,這就是佛教的因果觀。因果觀念配合佛教生死知識的輪迴觀,而形成一套可以說既是一個命定論的系統又是一個自由論的系統,理解佛法的智慧者即可由受命運限制的生命型態中解脫出來而追求一絕對自由的主體,不能理解佛法智慧者即永恆地受限於習性而為命運束縛。

可以歸類為道家知識的中國傳統術數理論也是正面面對命運的問題,不論是紫微斗數還是八字命理,都是藉由人的出生年月日時的結構,而建立推算一生命運的知識架構,這就是命理學的知識系統。理論上預設著命運天注定的命定論思想,並且是決定於出生受氣的時辰,此一時辰在宇宙論知識上的意義即是天體運行中的各個星體之間的角度排列結構。

可以說儒家承認有命運,但重點放在價值追求的理想生命上,佛教主張有命運,但命運就是因果法則,因此是自己造成的,因此也就同時可以經由修行而轉變之,因此又是自由論的,於是承擔因果便成為佛教修行工夫中的重要課題。而術數理論則是在接受有命運存在的前提下,追求推算的理論系統,於是在儒佛兩教的天命觀及因果觀念下,三者取得了一個極具藝術性的結合。如果想知道命運,就去術數中推算,但就算是推算出來了,亦不妨礙仍然積極追求淑世的理想,而不理會之,如果要理會命運,那麼就要做佛家的修行工夫,但要完全改變命運,就要有在多世輪迴中承擔業力而非一朝可及的心理準備。由此可見命運問題的宇宙論知識在三教系統中是如何緊密地與價值意識相連著。

五、本體論系統的哲學問題

　　本體論的議題就是在討論價值意識，這個價值意識的確斷，是整個中國哲學作為實踐哲學以追求人生理想的最重要課題。價值意識由整體存在界的終極存在意義決定，因為是整體存在界的終極存在意義，所以被說為整體存在界的本體，這正是本體這個詞彙在中國哲學中的本來的意思。這個終極存在意義的獲得，在理論系統中會是由宇宙論的知識以為推求的結果，但這是就理論上去設想理由的途徑，若是要說哲學家在確斷這個價值觀念的過程，實際上它多是來自哲學家的直觀，或說為獨斷亦可，由於它是直觀的結果，因此也說為智慧，也就是說這是一種特殊的見解，在複雜紛紜的現象中找出這個觀點以為存在的意義，這就是智慧。不過，哲學家的智慧的直觀並不妨礙在理論上由宇宙論的知識作為依據，知識獲得的過程與命題被推求的依據是可以不同的，宇宙論的知識支持是提供理論依據的哲學工作，哲學家的智慧的直觀是發現這個觀念的真實過程。

　　既然它的發現過程是經由哲學家的智慧直觀而來，因此它也是一個獨斷的結果，那麼它又如何在理論的推求中成為客觀的觀念呢？這是中國哲學方法論的議題，也就是對中國哲學的知識討論的知識論課題。此義下節將再詳說。簡言之，三教的理論系統是互為相對主觀的真理觀系統，這也正是因為它們的價值意識是來自哲學創造者的獨斷之結果，但是系統內理論建構的目的就是要使知識命題成為一互為推演的內部一致性之客觀體系，這就是為何要在價值確斷之後尋求宇宙論的知識說明以為價值本體的客觀理據之緣故。理據既得，即得由整體存在界的價值意識轉出人存有者的工夫修養論及人性論。

　　首先，整體存在界的價值本體既明，則直接轉出為作為主體的價值追求活動的心理蘄向，此時即接上工夫理論而為本體工夫論的意旨。因為主體的工夫修養活動即是為追求理想而為之行動，因此必以整體存在界的價值本體以為這個追求的標的，否則所追求的既不是本體亦就不是值得追求的理想了。

　　其次，本體論的價值命題亦是實踐主體的人性論的價值命題，討論本體工夫時應以主體的人性之實相以為蘄向，這就進入了人性論的討論，討論人

性在價值意義上的本質問題，其理論上的依據即是整體存在界的價值意義，即是由整體存在界的價值意義以說人存有者的價值意義，這是人性論的本體論進路面向，是由本體論提供普遍性命題而為人性論的本質性命題。本體論與本體論進路的人性論的關係就是前者與後者的價值意識是相同的，前者為後者的理據，本體是善，人性論中的性亦即是善的；本體是空，人性論中的性亦即是空的。人性的價值本體定位清楚之後，即要直接作為主體的價值實踐的心理標的，此即是由人性論說心行工夫，亦即是本體工夫。

但是，人之所以必須追求這個價值本體的理想目標，是因為人在現實狀態中尚未達至此一目標的理想意境，也就是人存有者在一般生存狀態中尚有為惡的現象，然而價值義的人性本體的善與空是不能說明人會為惡的原因的，既然本體論上說不得惡，這就需要宇宙論來說明，也就是訴諸氣稟的存在，由氣稟說為惡的可能。但是，說為惡的可能並不等於說惡，說善說惡仍是本體論的價值問題，本體論說善，宇宙論說為惡的可能，至於人的現實存在狀態之是善是惡還是人之自為之結果，為惡不為惡的自主性還是在人心之中，這是在追求理想的儒佛兩家中都共有的立場。因此人性論的討論也需有宇宙論進路的面向，由宇宙論進路說人性，一方面是為了說明人之不能追求本質性價值的緣由，亦即說明人的為惡的可能性，這是以氣稟說人的存有論課題，另方面則在說明有它在世界觀的系統中人類開發超越性能力的知識結構，這就是人體宇宙學的課題。問題至此，人性論這個詞彙又不夠清晰了，可以說有一個本體論進路的人性論以及一個宇宙論進路的人體宇宙學，合而言之為人的存有論。

六、工夫論系統的哲學問題

「工夫論」的議題更是實踐哲學中的核心議題，談人生理想的中國實踐哲學就是要提出主體追求理想的知識，工夫論就是提供這項知識的哲學基本問題，這個議題的重點在於主體要進行何種自我培養或訓練的活動以成為更理想的自我，至於理想的自我為何？這在各個學派系統間是各自不一的。有以人間社會體制的聖王為理想，有以悠遊自然世界甚至天地之間的神仙意境為理想，有以回歸存有或遍在宇宙一切處為終極理想境界。因此不只這個

問題的主張各自別異，更重要的是這個問題的問題性存在著極大的差異。有以心理修養為主要路徑的本體論進路的工夫論哲學，有以身體修煉為主要進路的宇宙論進路的工夫論哲學，有同時以上述兩路之修行為進路的工夫論哲學。

　　儒家的工夫修養論就是第一種進路的基本型，道家老子學亦然。至於道家莊子學及列子學則同時具有第一種及第二種型態，但卻在後人不同的詮釋傳統中有或此或彼的輕重不一。道教理論型態分歧，表面上多為直接主張第二種型態的工夫修煉論，但事實上都預設了第一種型態的工夫修養論。至於佛家起始就是直接併合第一種及第二種進路而為第三種修行工夫類型。

　　就第一及第二種工夫論的關係而言，事實上，在以身體為主要進路或並行進路的修煉論及修行論工夫哲學，都還存在著以心理修養進路為優位進路的本質，因此我們也可以說本體論進路的心理修養工夫是一切工夫論哲學的根本型態，也就是說本體論進路的工夫論具有領導宇宙論進路的工夫論的優位性。

　　「本體工夫」說明主體修養的心理蘄向，本體為何則本體工夫之蘄向即是為何，其價值蘄向在同一個學派中不能改變，以儒家而言，儒家言說工夫的概念眾多，其誠意、正心、致良知、慎獨、求放心等意旨的區別只是概念的不同，其本體工夫的意旨都仍是相同的。儒釋道三教都有本體工夫，實做方式就是主體的心志持定在本體論的價值意識上。

　　「宇宙論進路的身體工夫」說明主體在做修煉活動時所需的身體知識，此一知識甚至具有一層深入一層或一層提升一層的階層性質，實做之即是直接經驗之，是在身體知能上鍛鍊的工夫修煉模式。

　　工夫論議題除了本體工夫與身體工夫之外還存在著「工夫次第」的問題，「工夫次第」的問題是在於對準終極理想而進發的主體操作步驟之先後次序問題，從主體應該先做何種工夫、後做何種工夫是工夫次第的問題，例如「先知後行」即是一工夫次第的問題。「工夫次第」與「境界階層」問題是緊密相關的，主體只能先完成什麼工夫以達至什麼位階的境界，以及後完成什麼工夫以達至什麼位階的境界是境界論的「境界階層」問題。論於主體的操作項目的先後是「工夫次第」問題，論於主體操作結果的高下是「境界階層」問題。

就工夫論內部的兩型的次第而言，「本體工夫的次第問題」通常沒有絕對差別性，因為所談的工夫項目其實都是同一意義的，沒有本質性差異，其差異與次第常是為了更詳細說明同一個本體工夫而做的分別，如靜時動時、知時行時、平日時臨事時、少時老時等等，固然都有各自強調的工夫作為，如靜時涵養動時察識，但是次第中的先後項目之操作都能有互相影響的效用。其實，就同一學派的本體工夫而言，在所有的次第中及階層中都是同義的，是無為的就是無為一路到底，是般若的就是般若一路到底，不論次第中所論及的是動靜之別、少老之別、規模大小之別，它都仍然是原來的本體工夫意旨。

就「宇宙論進路的工夫次第問題」而言，次第與階層是併合相關，獵等不得的，因此在次第上可說是每一次第的重點都不相同，所以宇宙論進路的工夫次第問題則相較於本體論進路而言可以說是有較嚴格的要求的，不依照次第而進行的身體工夫之修煉常會是無效的，甚至是有害的。

討論了次第問題之後我們要討論「三教工夫論命題的異同問題」，這個問題從本體論說與從宇宙論說有著不一樣的異同狀況。就本體論言，「本體工夫」即是以本體價值為心行蘄向，三教的本體為何，其心行蘄向即為何，因此三教本體工夫的蘄向當然截然不同，但是三教的形式義都是相同的，此即當代學者言之甚多的心性論的課題，這就是作用在主體心念意志上的心理修養工夫，儒家、道家、佛教皆然，因此儒家的陸、王與佛教的禪宗皆因著力於發揮本體工夫的心性論議題而常被誤指為一，這就是犯了只注意到工夫形式的相同卻未能辨識價值意識的本體是不相同的錯誤。也就是當我們以「行仁」或「無為」或「體空」的三教價值性概念說本體工夫時，三教的本體工夫尚有著明顯的差異，一旦當我們使用存有類項的概念以說本體工夫時，則三教幾乎都是說得盡心、盡性、守心、心法、心學、心性學等等，我們絕不能以三教的本體工夫的形式義之相同即誤以為其意旨亦相同。

在宇宙論進路的工夫則不至於有形式義相同的情形，亦即「身體工夫」的辨正問題是較不易有混淆的情況，這是因為三教世界觀有別，特別是道、佛兩教的身體宇宙學的概念術語系統多不相同，因此以身體宇宙學的知識架構以為身體修煉工夫的理論便不致難辨彼此，因此即便是形式義的概念亦不易相同，但是由於這種類型的知識多半超越了人類的一般經驗，因此極易有

不解甚至誤解的情形，因此即會因不解或誤解而以為道佛兩教中的若干身體鍛鍊工夫是相同的，但這就不是方法論的混淆問題而是個人的理解失誤的問題。

最後，工夫論的課題還包括了更細節的「具體操作智慧」。從本體論進路的工夫論說，人際互動之間尚有許多具體情境中的處置準則，這就是具體操作智慧，這種具體操作智慧類似《論語》中的格言、教條式語句，也類似《周易大象傳》的語句，甚至我們可以說《周易》經文結合《象傳》及《小象傳》的六十四卦哲學，就是六十四組具體操作智慧，具體操作智慧是眾多哲學家依其生活經驗而提煉出的生活智慧語錄，都是對準本體價值但落實於生活中的處理智慧，它們對於具體人生的指導，比起本體工夫的觀念，具有更實際的效用。從宇宙論進路而言，各家的工夫論系統可以說都具有經驗意義的知識，無論所述命題的抽象度如何，它們都必須展現出在經驗中可操作的意義，否則就不能稱為宇宙論進路的工夫知識。

七、境界論系統的哲學問題

境界論是言說主體的狀態，但討論的重點是放在主體做了實踐以後的理想人格狀態，至於主體在做了實踐的活動，但仍尚未達至最高級境界前的各種過渡性狀態的討論，也是境界論的課題。

言說主體的境界狀態有從形上學的宇宙論及本體論兩路來說的脈絡，從形上學的宇宙論及本體論說境界就是在說明主體是在進行追求理想的活動，而理想即是由整體存在界的真相與價值原理以為說明的。純粹從本體論上說即是由本體論以說主體的心理意志的純守，純守之而不滑落，即是本體論上說主體已達至境界的意旨。而價值原理是來自對整體存在界的真相的意義性判斷，因此做了本體工夫以達至境界時亦得由宇宙論進路說明主體在整體存在界的境界意義，此即是從宇宙論進路來說主體應有的狀態。

在所認定的世界就是這個經驗現象世界的哲學體系中，如儒家及道家老子之學中，即是以具有掌握天下的能力為最理想人格的完成。達到了儒家仁者的境界者就是平天下的聖王，因為儒家所討論及所關心的世界就是經驗現實世界，因此即是以修身、齊家、治國、平天下的不同規模格局來探究實踐

者所成就的境界。達到了老子的無為境界的智者亦是一無為而無不為以取天下的聖人，因為老子所討論的世界也就是人文活動的社會體制之世界，這還是與儒家所關懷的世界相同的領域。但是在有它在世界的道、佛兩教的境界論中，最高級的理想完美人格的說明就要涉及他所存在及活動的它在世界，在主體做了修煉及修行的工夫以達至更高級的境界時，主體的超越性能力使其能活動於更為理想的它在世界，如道教的神仙生活的天界，與佛教菩薩及佛所居止的世界。

總之，從宇宙論說最高級主體的存在情況是境界論的一路，著重於主體的身體情況以及主體所存在及活動的世界實況的說明。從本體論說最高級主體的思維是另一路，著重於主體的價值心靈，說明主體在價值持守上應該有的作為。

境界論與存有論亦有一極有意義的交涉，焦點是在討論整體存在界的總原理的存在特徵或抽象特徵的道體之學，它的知識內涵是來自於對主體達至最高級理想完美人格狀態的反思的觀點。道體不可致思，哲學家對它沒有直接經驗，對它所能進行的思維盡是思辨的玄想，思辨的玄想就以主體的境界以為運思的對象，所以許多討論最高概念範疇的形上學觀點就會與境界哲學有同樣的內涵，這就是傳統所說天人合一時的狀態，既是主體的最高級境界的描寫語言，亦是道體的存有狀態的描寫，所以境界哲學中述及主體最高級境界的語言將會同時是形上學中最高概念範疇的存有論哲學，此時以形上學意旨說之或以境界論說之皆可。

境界論與工夫論有更為密切的交涉，工夫論說明工夫實做的方向及方式，做工夫就是為達境界，因此境界的達至必然是經過了工夫實做的歷程。工夫論與境界論在一個特定的問題上兩者將有實質交會，以至於它們幾乎是同一個問題，那就是工夫已達至純熟階段的功力展現，這也可以說是工夫次第中的最後一個次序的工夫，或境界階層問題中的最高階層的主體功力展現，從工夫論進路說時它是最高級狀態的境界工夫，從境界論進路說它是最高級境界者的功力展現。

此外，從工夫論脈絡說境界工夫或從境界論脈絡說功力展現時就是說其為自然如此、不加勉強的狀況，並不是工夫論要主張不加操持勉強，談工夫論就是要操持勉強的，只是就著功力純熟時言其為不必再加操持勉強之意。

至於從境界論進路說時這就是對於主體的最圓滿的狀態的陳述，這個陳述又是併合著本體論與宇宙論的形上學觀念的陳述，將說為外在的、客觀的形上學收攝入一主觀的、理想的人格狀態中，而成為境界論、工夫論與宇宙論、本體論的全體圓融。甚至，這個討論也將是作為最高概念範疇的道體特徵的同義語，因為道體不可感知，因此哲學系統中對道體的活動狀態的陳述的思路，其實就是來自對理想完美人格的活動意境的語言，因此境界哲學正是中國哲學思路中最圓融、最高級的理論部分。

境界工夫的意旨在各個學派中仍是有一同義或不同義的情況，那就是就本體工夫而言，境界工夫狀態中的本體工夫與所有的次第中的本體工夫是同義的，但是身體鍛鍊義的境界工夫卻是只就著最高級的主體狀態來說的，因此是與初級階段的身體鍛鍊所成就的能力狀態不同義的。

境界哲學的課題還有主體與主體在工夫操作進程中的彼此印證的課題，這是有經驗並已達至相當功力的教學者對於後學者的接引及評價的印證，接引即是教導，這是工夫論的課題，評價即是境界論的課題，在後學者亦達至同等水平之時，教學者即予以肯定。佛教中言即是印證，印證及肯定的工作是在具體情境中發生的，發生時記錄之而反映了理論在實踐中的實況。這主要是就禪宗語錄的表現形式而言的，禪宗語錄中的印證式的語言並不是以知識傳播的形式表述，要傳播修行的知識即是要講述本體工夫、工夫次第及具體操作智慧等等，但在境界印證的語言中，指導者在經驗的直觀中表示肯定即是印證的完成，但是表示肯定的作法並不需仍是知識性的話語，而可以是一個動作、一個聲音、一個不相干的概念詞彙，並不是此時沒有真實的知識，而是這時只是要做一個肯定的動作，因此已經無需再以知識的形式來表述了。

境界哲學亦包括從中立、客觀的角度對實踐者評論其優劣高下，最具體的評價即是在歷史哲學中的人物評鑑學，至於一般情況下的各種人物的狀態陳述，則是以《人物志》所提出的人格型態學為最具代表性的作品。至於在儒家說其為君子、小人或聖人、賢人之別者，在佛教說其為欲界、色界、無色界之存有者或諸地之菩薩者，亦得以評鑑之敘述方式說其是否已達到該境界。

八、存有論系統的哲學問題

存有論就是對於上述四方架構的實踐哲學所使用的概念進行分類、定義及關係的討論之學。因此它是一個純粹抽象的哲學活動，它的問題意識是涉入三教的所有哲學基本問題中的，理論上也應該是三教皆有的課題。

先說分類，發生在中國哲學理論中的所有的概念之分類，可有兩個脈絡，其一為學派的脈絡，其二為哲學基本問題的脈絡。所有的概念當然都是在學派內的概念，因此以學派分類就能窮盡所有的概念，但是即便是以學派分類還是需要哲學基本問題的架構才能說明清楚概念分類的意思，這就是以宇宙論、本體論、工夫論、境界論的四方架構來作為概念分類的準確架構。這樣的分類首先是就著學派而進行的，因此多有依學派差異而致意旨不共的情況。但是另有兩類的概念卻是各學派皆共有的，其中一類是各種存有類項的概念，如「天、道、理、氣、心、性、鬼、神」等等，另一類是負擔抽象描寫功能的概念，如「本末、體用、有無、動靜、一多」等等，以上兩類多是三教共用的，甚至是多種哲學基本問題中都有的。此外就是各學派系統內的特殊使用概念，那就是要就著各學派的各個哲學基本問題的使用來說明，至於定義與關係性問題請參見本書〈概念思辨的存有論〉一章。

存有論問題與解釋架構中的四項基本哲學問題的關係，基本上是有關係但在思維邏輯上獨立。就概念之分類、定義及關係問題而言，分類純粹是存有論問題，本身爭議性不大，重點在解釋架構本身的清楚與否。而定義則必然是各學派內部的思維在決定的。就概念的關係而言，亦即是對存有論哲學問題的理論意見而言，則是各學派的內部之事件，有些學派發展得早，有些發展得晚，有些學派討論得多，有些學派討論得少，各學派仍然是以哲學基本問題中的宇宙論、本體論、工夫論、境界論為理論創造的重點。存有論問題意識之理論創作非關實踐哲學的本身，彼此是有關係但在思維邏輯上不相互推演，可以說存有論哲學是各學派哲學發展至相當純熟的階段之後的純粹抽象思辨的理性活動，有其獨立性的特質。

存有論哲學的討論有對整體存在界的存有學原理的討論，有對個別人存有者的存有學原理的討論，對個別人存有者的討論著重於作為實踐主體的存有結構的說明，說明其實踐成功之可能性依據，或為何不能成功的理由等問

題。

九、結論

　　解釋架構是三教義理內部思維的模式化後的架構，是基於三教思維的事實上進行的進路而模式化地建構的架構，這個架構有其基本問題的分類以及思維進路的結合，在儒釋道三教以實踐哲學為根本哲學型態特色的背景下，四方架構的哲學基本問題內的觀念與知識是互為推演、彼此連動而形成這個學派的一整套的理論的。於是各學派皆在解釋架構的系統中成為內部一致的客觀理論。

　　雖然三教內部皆為系統一致，但三教彼此之間所形成的理論型態卻是互不相同的，互不相同才有三教。各教的理論型態皆是在解釋架構的思維模式中呈現出它們的價值意識的確斷、宇宙存在的結構、工夫實做的方法和理想人格的型態等問題的意見，這些都是三教各自分立、主張不一、立場嚴明、且互不相讓的絕對性系統。亦即三教有共同的哲學基本問題，但是所主張的意見不同，從而形成不同型態的學派理論。

　　至於存有論的討論，卻常有三教共通的情形，這是因為存有論的討論只是抽象地約定概念的使用，與形式地討論概念的關係，不論是傳統或是當代的研究者，當他們主張三教間有意見相通的立場時，他們所談的就是存有論的相通，而不是實踐哲學系統內的相通，存有論的相通並不意味著價值本體與宇宙結構等意見亦是相通的，研究者若不能做出這種分辨的討論，常會輕易地以存有論議題的相通，就論斷三教價值意識亦為相通，而粗糙地即以為三教可統一於某一教義的價值系統及世界觀之下。

　　從存有論與四方架構的實踐哲學說三教的共不共性問題，三教將會是共於存有論而不共於四方架構。因此從四方架構說三教時，三教即是形成各不相屬的知識觀念系統。但是三教間有同異之辨，三教內部又各自有同異之辨，三教內部的同異之辨的議題為何呢？那就是各教派內部的各系統之分別，如儒家的程朱、陸王之別，如佛教的八宗之別。三教內部各系統的分別卻多為分流別異而非對立衝突，分流別異有因為經典依據之有別而致系統使用概念有不同的分流，如儒家的《大學》、《中庸》、《易傳》之作皆為宋

明儒所據以為談本體工夫的經典，但概念系統各有不同，因此形成本體工夫的不同論述之分流。分流別異更有因著問題意識的差別而致討論意見的不同之別異，在四方架構中的哲學基本問題在各學派內部各系統間有種種著重面向有別的差異，有重視境界論的、有重視工夫論的、有重視宇宙論或本體論的、有重視談本體工夫論的、有重視談宇宙論進路的工夫修煉論的、有重視談境界哲學的功力展現的，甚至有根本是著重談存有論的，種種面向不一而定。這種意義下的同一學派內部的別異問題其實並不是對立衝突的問題，然而不能做出解釋架構的清楚分辨的討論者，即會以為此中有對立衝突。

　　以上即本章關於實踐哲學的解釋架構之討論。

第二十二章
客觀性與適用性問題

　　中國哲學中的儒釋道三學都是實踐哲學，它以作為人生指導原理為宗旨，它的理論建構以說明其真理觀為目標，真理即需放諸四海而皆準，因此儒釋道哲學體系即需以體現客觀精神為要求，那麼中國哲學理論中的客觀性意義為何？這就是本章要探討的主題。首先，思維活動本身的客觀性要求是一切哲學理論首需服膺的要求，那麼儒釋道三學以何種思維模式建立理論體系？這是前一章在討論的問題。這樣的體系建立的客觀性是絕對的還是相對的？這是本章將討論的第一個課題。其次，無論儒釋道三學知識體系之客觀性如何清晰，它們始終有其適用性的限制，亦即究竟在人生問題中的哪些項目是它們的真理觀確實可以關照的面向，把這個適用範圍確定住，這對於中國哲學的價值觀念的使用才能真正發揮效用，這是本章將討論的第二個課題。再者，當理論系統已然建構，從後學者的角度，如何去實現理論並檢證理論？這是下一章要討論的第一個問題。當知識的絕對性、相對性、系統性、適用性、實踐性、實證性等問題皆已釐清之後，接下來仍有一系統選擇的問題，這是下一章要討論的第二個問題，也是本書對中國哲學作為一種實踐哲學的知識論問題討論的最後一個課題。

一、實踐哲學的客觀性問題

　　中國哲學主要的各家各派都是有價值主張的，它的價值主張就是它的真理觀，它的真理觀又是要發為實踐以為人生哲學的落實，因此這一套真理觀就在長遠的哲學史發展中以種種經驗與理論的方式被呈現及建立，「真理觀」建立的意義就是要使知識客觀化，使知識客觀化有兩項工作，其一為

「掌握具體經驗」，其二為「確定思考模式」。

　　所謂「掌握具體經驗」即是對於知識的使用是要落實在具體經驗中的，而且這些知識的宣告也是確實站在經驗的基礎上的宣告，在經驗基礎上的知識必須要有操作的方法提供實踐並檢證真偽，所以涉及經驗知識的客觀化精神就是要指出它在經驗上的實做方法，以提供他人得以重複經驗之。但是，經驗也依據思考模式，不同的思考模式也會對同樣的經驗而定義出不同的經驗知識，因此掌握具體經驗之前仍需確定思考模式。

　　所謂「確定思考模式」，是對所將進行的實踐活動以清楚的知識架構予以定位，同時也是將實踐後所具備的真實經驗將之表述為真理觀的知識時所提出的思考模型的建立工程，這一部分即是一套套的哲學理論本身，理論使經驗性命題獲得真理觀的知識地位，所以理論本身如何建構便成為哲學活動的核心課題。然而就同一系統而言，具體經驗與思考模型是一體兩面、相輔相成的，思考模型指導具體經驗，而具體經驗實現思考模型。但是就不同系統而言，情況就複雜且混亂，而需逐步釐清。

　　首先，儒釋道三學在人生課題的指導性建議中都是有經驗可行性的，它們彼此之間的價值差異是在於「世界觀」的差異，「世界觀」這個概念應該是中國哲學範疇中最具有使用性的一個概念，它可以就當成是形上學概念來使用，因此它就包括了價值意識的本體論與具體時空的宇宙論的意義。「世界觀」既是價值的根據又是認識世界的藍圖，因此儒釋道三學可以說是三套不同的世界觀下的三套價值觀，它們的價值性命題的客觀性就是在於它們的世界觀，以及對於三套理論系統的準確運用之上。就像同樣是自然科學，就有物理學、化學、生物學之別，物理、化學、生物彼此有關聯，而且互不排斥，因為它們各自是對於自然世界研究的不同層次及不同進路。儒釋道也是面對不同層次的人生問題，雖然人生是同一個人的人生，但是每個人都會有不同的生活層面的問題，因而需要有相應的世界觀與價值命題予以指導。

　　亦即，要準確理解及運用儒釋道三學的價值知識，就應該要先理解它們各自是在什麼樣的世界觀下的價值命題，待生活事件發生之時即得準確地掌握情境意義，從而確斷應以儒釋道三學中的哪一套世界觀及價值標準來對待。

　　以下說明各學派的世界觀，首先，「儒家」生活在經驗現實世界，現

實世界的家國天下是最重要的生活世界，也是個人生命意義最重要的實現場所，因此儒家的指導性生活命題便都是指向現實世界的社會體制的建立及維護上，它的命題的真實意義都可以在社會體制的人際互動中獲得意義並確定有效。其中當然有如何準確應用的問題，這就涉及道德意識的自我鍛鍊的是否真確之事。當然也可能會有整套系統都力有不殆的情況，這就涉及儒學世界觀本身的限制性了，亦即是所面對的問題其實是超出儒學世界觀的知識有效性範圍，這就通常是在生死問題及鬼神問題上，這時就要轉入道佛兩教的世界觀知識了，因此三教之間其實存在一個知識運用的互補現象。

「道家」應再被區分為「哲學的道家」及「宗教的道教」二系，就「哲學的道家」而言又應區分「老子」及「莊子」二系，甚至是「列子、楊朱」等系統，此不多論。

就「道家老子學」而言，它是一套與儒家有共同社會理想的生活智慧之學，因為老子思想的世界觀與儒家相同，也是建立在這個現實世界之中的，老子所關切的問題是這個現實世界一切事務的運行規律性問題，這個規律是來自於人性的現象，老子思想的特點在於對人際互動之時的人性負面因素知之甚詳，他指出人人皆有好名、好利、好權之好勝心，因此若要順利達成社會理想時，則採取謙柔的對待策略，於是在處世應對之際就易於取得成功，所以道家老子是儒學最得力的智慧輔助系統，在儒者強悍道德意識的企圖心中，輔之以謙柔的處世智慧，則必將無往不利。

老子之外的「莊子系統」是道家的另外一個知識世界與價值立場，莊子不喜社會體制，認為是政治人物強加於人民的枷鎖，如果非必要不可，那麼領導者就要無為放任，於是天下人心就能獲得生命的輕鬆，因而得以建立豐富多彩的文明。至於莊子自己心中真正的嚮往，其實是在一個神仙世界的境界之上，但是神仙世界的知識在莊子書中並未明顯呈現，這要一直到道教的教團組織及理論建構成熟之後，才算真正明確化這一套價值信念的世界觀知識系統。莊子型態的道家理想代表了脫離社會束縛的絕對自由精神，當人心的問題與社會責任無關之時，或當道德的堅持進入了欲望的牽染以致分辨不清之時，道家莊子的型態便是最有效的生活智慧了。

至於「道教」的知識則直接涉及死後生命及鬼神活動的問題，這就不是儒學及道家老子學的世界觀所能觸及的領域，孔老二家的知識碰到這類問題

時便只能表示價值立場而已。

「道教世界觀」與「佛教世界觀」在涉及它在世界的問題上是相同的，亦即皆有一鬼神世界的存在與死後生命的歷程，這些知識都將與人類發生價值互動，這就不同於孔老二家主要以人間的理性作為價值的依據。不過，在涉及它在世界的價值問題之時，道佛兩教亦有不同立場。

「道教」派別眾多，世界觀體系紛歧，統而言之，道教是一有至上神的宗教世界觀，人類在世界中的行為是受到至上神的約束的，但是人類可以依據自己的修煉而在世界階層中提升層次，享受生命，只不過人類的生命型態始終不可能是至上神本身。

這點就與「佛教」不同，在中國所流傳的大乘佛教中，最高地位的存有者是佛，佛是人類生命透過修行的努力可以達到的境界，這是佛教與其它一切宗教都不一樣的地方。至於佛教與道教相同的地方是都認為人類具有死後的生命，並且生前的生命活動是直接關涉到死後生命的型態的。道佛兩教之間一直有世界觀的交涉學習之事，這主要是道教向佛教的吸收與學習，我們可以在道教教義發展史上明顯地見到。

從以上儒釋道三教的理論層次的簡述中，我們可以知道儒家主要關心現實世界的社會體制內在的價值觀問題，道家老子則關心同一生活層面的權力運作問題，而道家莊子則更關心個人主體的身心自由的問題，至於道佛兩教則更關心生死之間及死後生命和鬼神存在問題。各家所關心問題所屬的生活層面不同，理論建構所涉的世界觀也就不相同了。

現實世界的人生活動是在社會體制之中，因此有階層管理之事項，這也就是知識研究及價值主張的場合，這是儒家及道家老子的領域，也就是經驗現實世界的生活層面。但是在此一生活架構之外仍有多種層次的生命活動是可以與階層管理觀念無關的，例如藝術性活動、科學性活動，以及人對生死事務的知識探究等等，這就是莊子及道教、佛教的知識範圍。如果儒釋道三教的價值主張範圍可以彼此劃定清晰，並且彼此可以充分尊重它教的知識專業，那麼三教間就無需有價值衝突了。只有當三教中人的領域感覺過度溢出，並且對於無關乎專業事項的價值觀念過度堅持，才會發生儒釋道三教衝突的情形。就儒學而言，雖然哲學史上的儒道及儒佛之爭多矣，但是當儒者對於儒學價值知識的使用範圍有清晰的理解，又對於它教義理有清晰的認識

時，則儒家倫理觀念與道佛價值思維即可有融通合作的空間。

　　前述真理觀的客觀化的兩項工作為「掌握具體經驗」及「確立思考模式」，以上說明了在具體經驗掌握上，對於三教理論的使用，以能掌握準確的相應世界觀為重點，而各自的世界觀又必須表述為明確的思考模式，由此我們即可對三教理論體系的真理觀的絕對性與相對性提出討論，並指出其中所存在的絕對性及相對性的意義。

　　理論體系提出一套世界觀，世界觀中有價值主張，這是一個從實然到應然的跳躍，是個獨斷，或是智慧的覺悟，但這就是這種價值哲學的思考模式，此中的價值主張是絕對的，此一絕對性價值主張是有客觀知識體系以為依據的，即其世界觀。儒釋道各有絕對性價值，但是它們的價值觀的絕對性是內在於它們的世界觀理論體系之中的，它們的理論體系以構築整套思維模型為結構，在整套特定的思維模型裡面，包括價值意識及所有的經驗知識都被該理論模型予以意義性定位，定位了經驗資訊的意義之後就成了客觀知識，客觀知識中包含了絕對性的價值信念，然而在沒有這套思維模型的其他人的眼中，這一套絕對價值是一主觀的觀念，至於在有這一套思維模型的人們眼中，這一套價值觀念既是絕對的更是客觀的。如此便造成了三教各系統的價值意識的絕對性與相對性，或客觀性與主觀性的對比情況。亦即在系統內是絕對的價值依據著客觀的知識，而不同系統間則必須視為互為相對的價值，並欣賞他人的主觀。也就是說三教是各自的不同思維模型與知識系統。

　　不同的思維模型定義出經驗資訊的不同的知識意義，這並不表示不同的思維模型是一任意的架構，事實上不同的思維模型代表了不同的問題領域以及不同的真理探究歷程，將思維模型的問題領域予以釐清，將它們企圖解決的問題予以澄清，則在現實生活中的不同事務便各自有了適用的思維模型，可以分門別類地處理人生的課題，人們首先要理解自己是處於怎樣的問題情境中，從而客觀地運用相應的思維模型，並因此接受該理論體系的價值指導，從而躬身戮力實踐以追求美好的人生，甚至完成理想的人格。

　　儒釋道三學在長遠的知識史發展歷程中，因著豐富的文化積累而各自形成了知識表述的完整系統，雖有共同的概念詞彙，但也有更多的各自體系內的不同概念詞彙，彼此之間時常難以交流，並且難以使用現代學院內的哲學術語予以轉化，從而進行學派交流及中西文化交流。當代中國哲學工作者的

一項重要任務就是將儒釋道各家自成一格的理論表述方式予以統一,統一不是對三教的知識命題的統一,而是對解釋架構的統一,使其有共同的思考模型,但仍保有各自不同的價值主張及知識命題以為區別。此項理論工程首需對於儒釋道三學之所言者有一明確精準的理解,並且能夠不受三教彼此批判攻擊的意見所左右,更重要的是對於基本哲學問題的掌握有充分的完整性,致使不會顧此失彼亦或以偏概全。

討論中國哲學的各家各派的共同的思考模式,就是要找出共同的哲學基本問題。實際上當代學者所關切的中國哲學的合法性或哲學性的問題的解決,即是在此一解釋架構的建立上,問題不在中國哲學的合法性而是在哲學性上,而分歧的解釋架構正是它被質疑為沒有合法性的緣由,因為在分歧中各家都不具備互相溝通的可行性,因此各家都顯得相當地任意且獨斷,因而就易被認定為不具備哲學性,既然缺乏哲學性,那又如何合法地作為哲學世界的成員而被研究討論呢?因此找出這個共同的解釋架構,讓所有的學派系統都能在這個共同的平台中被研究及討論,從而理解其理論、詮釋其體系、討論其型態,那麼各個學派系統的理論性就被明顯地表述出來,也就是哲學性被彰顯出來了,則既已顯出哲學性,那又何來合法性的質疑呢?

從實踐哲學的角度來說,中國儒釋道三學的整體理論共同面對的哲學基本問題就是本體論、宇宙論、工夫論、境界論四項,這就是前述所謂理論體系中有世界觀知識,世界觀知識中蘊涵價值主張,價值主張成為實踐的目標,實踐之從而達到完美理想的人格,這整套思維的哲學基本問題是可以找出共同架構的。「本體論」言說終極意義與絕對價值,就是價值主張的部分;「宇宙論」言說世界存在的結構,及存有者的類別等時間、空間及物質性的問題,就是「世界觀」部分;「工夫論」說明追求理想人生的實踐方法,就是指導人們進行心理的修養、身體的修煉及身心一齊的修行的部分;「境界論」說明完美理想人格的狀態,就是指出人生的最終歸趣,是成人間的聖人、還是不死的神仙、亦或超出三界的菩薩及佛等等。以上解釋架構彼此之間尚有綿密的互動,此義前章已述及。

儒釋道三學中的實踐哲學部分之所有知識性命題實不出這四項基本哲學問題之外,這四項基本哲學問題其實也正是傳統哲學體系本身在進行的思維模型,只是各家在這四項基本哲學問題上的知識立場各不相同,因此形成了

一套一套的理論體系，以捍衛各自的價值信念。四項基本哲學問題所組成的理論架構是安排知識的思想工具，諸多知識在這四項基本哲學問題中皆能找到落定點，即是前述三教分屬不同問題領域的思考模式之知識性命題，將知識置放在這四方架構中從而體系性地建立起來，就是中國哲學命題的客觀化知識工程，亦即建立思考模式的步驟。當思考模式建立完成，即謂知識客觀性建構的完成，即得提供後人展開實踐活動，以親身經歷之經驗來實現這套理論體系，從而在經驗的真實實感中檢證了哲學命題的真理性，當然這是實踐者基於已經接受的思考模式的型塑結果。因此就實踐哲學特質的中國哲學系統性架構而言，這就顯出了在系統內的知識的絕對性性格，以及系統之間的知識的相對性性格。

　　中國哲學的特質固然在於實踐，並以實踐理論之形式而構築起上述四項哲學基本問題的解釋架構及理論體系，這固然是中國哲學最主要的特質及思維模式，或可說是中國哲學最強出於西方哲學的重點所在，然而，哲學的問題並不只於此，西方哲學所擅長的思辨哲學型態亦涉及眾多重要的哲學基本問題，而這種思辨型態的哲學活動一樣在中國哲學傳統中存在，藉由純粹思辨的哲學活動而產生的對種種實踐哲學的概念規定的討論，這種討論中所得出的命題並不涉及經驗，因此不能在經驗中檢證，這就是表現在老子對道概念的抽象規定，以及朱熹在理氣說中的討論諸義，筆者以中西哲學的「存有論」問題定義之。「存有論」哲學無分於三教，並與實踐不直接相關，它只管概念定義系統的一致性與否，因此不同系統以經驗不同而否定他人系統的討論是不合法的，因為這種問題內的命題建立是完全決定於系統內的自行定義而成立的。

二、實踐哲學的適用性問題

　　前述具體經驗的掌握在世界觀，而世界觀呈現為哲學基本問題的解釋架構以作為共同的思考模型，如此則中國哲學知識客觀化的工程已然完成，但這是就學派內部建立知識理論的脈絡說的。若是從學習者角度從外而內來看待及使用此各系統的理論時，因著中國哲學理論系統的絕對性與相對性特質，此時即需談一個知識體系的適用範圍的問題，談理論體系的適用範圍就

是談思考模型本來所面對的問題意識以及解決方案，把這個問題釐清了，就是將儒釋道各家的價值命題的適用場合予以釐清，釐清之從而得以準確地應用之，則能使三教的價值命題獲得具體實踐的效果，從而被肯定為真理，並得使三教互參而不需有衝突。如此則能兼顧在特定場合上使用特定理論的理論絕對性，以及在不同場合上使用不同理論的理論相對性性格。

這個「適用範圍」問題的發生，是因為三教真理觀命題原來都是以普遍命題的姿態所做的宣告，所謂普遍命題就是適用於整體存在界的所有事項的命題，因而一旦主張不同，則立顯三教衝突。然而，每一套哲學體系本來只是在回應一些特定的問題而進行的知識建構，就哲學命題的學習者及實踐者而言，真正準確的理解方式就是準確地掌握該哲學系統的適用情境從而實踐之，因此從知識研究的角度來說，明確化所研究的理論體系的適用範圍確實是重要的哲學問題，這也是將「絕對性」的真理觀落實在生活世界的「相對化之」的作法，「相對化之」並非弱化其普遍性，而是「準確化之」其具體經驗意義。例如研究人的身體的學科可有物理學、化學、生物學等，所述各不相同，但各種學科知識都是真實有用於人類身體的，並且也無需衝突對立，申己黜人，也就是說，物理學、化學、生物學是有各自的知識領域，雖然面對共同經驗對象，卻有不同的經驗知識。人文領域的知識亦應如此，儒釋道的普遍命題亦得有各自的知識領域，亦即其適用範圍，準確掌握適用範圍即是在做生活世界中的情境理解，就如同《周易》六十四卦的各種情境知識的學習一般，理解當下情境是屬於哪一個學派的知識領域，從而使用這個學派的理論知識來面對這個情境，這就是探究各個學派的知識適用性問題的功用，以下陳述之。

就「儒學」而言，儒學起源於關切社會體制的道德規約問題，在既定的社會體制架構中思索管理者應有的修養品德，從而追求百姓幸福的生活，以追求百姓幸福為終極目的的道德信念為價值核心而建構相應的思考模型。在這個思考模型中將「現實世界」視為真實且永恆的世界，「現實世界」指我們所生活的這個經驗現象世界，這是儒者的關切，道佛兩教的關切還涉入了我們這個經驗世界以外的鬼神世界，所以我們說儒釋道三教有不同的世界觀。儒家認為世界永遠存在，並且生生不息，持續提供人類生命延續的資糧，並要求人類生活以道德意識為修養方向，以建立理想社會體制為終極目

標，以實現整個社會的禮樂教化為世界存在的根本目的。因而當儒者面對天下事時，則要以道德意識來對待家庭、社會、國家、天下，使其一一理想化之，以為個人修身處世的價值方向。

「儒家」價值的適用範圍當然就在現實世界中，在活著的人的理想生活秩序的建立之中，因著這樣的信念，儒學對於死後之人與鬼神存有者都仍然是以關涉於現實世界人類的道德活動為其存在的價值定位，不論是活人還是死人，都要以道德意志為共同價值，並沒有任何鬼神有更高於現實社會人倫道德價值的主宰權，鬼神依然遵從於人間聖人的道德意志，死後祖先也以作為活著的人的道德崇敬對象為存在意義。道德就是在社會體制中的倫理行為，就是使社會生活更美好的價值規約，所以整個儒家的思考模式都是屬於人間社會的生活準則。至於儒學各家系統中的宇宙論究竟是肯定鬼神存在還是否定其存在，就不一而定了。這一部分的理論因為非關儒學根本要義，因此各系統多未有明確的意見，但儒學史上仍有張載及朱熹的系統予以正式討論而有鬼神存在的宇宙論建構，但相較於道佛的論於它在存有者而言，張載及朱熹系統中的疏漏之處尚多，顯見確非儒學世界觀所涵攝的主要問題。

因著儒學的現世性格，儒學在現代社會便仍有存在的價值，一切社會體制建制包括家庭、公司、政府機構、民間團體等等的組織倫理與人際關係都仍是儒學價值適用的範圍，包括個人修養與組織理想等事務，儒學價值觀都仍然有其指導作用。

「道家老子哲學」是針對儒學所關切的社會體制建制之病徵而發展的價值思維，病徵即在管理者自身之私心虛偽問題上，解決病徵的方法在於化除領導者的私欲之心。對於老子哲學而言，最重要的價值就是「無為」，「無為」就是無私心，無私心就能團聚人心，從而完成理想社會體制的建制。因此，儒學價值所適用的領域，亦皆是道家老子哲學所適用的領域，「道家老子哲學」的適用範圍與儒家哲學完全相同，儒家價值所到之處老子智慧立刻跟進，尤其在管理行為中的人際關係之間，更是老子「無為」價值觀適用的場合，對現代社會的作用意義仍是直接有效，自古至今未有減殺。

「道家莊子學」的思考模型就大大不同於儒學及道家老子學，莊子學以追求個人生命最大範圍的自由為目的，整個現象世界對莊子而言都是人類活動的場域，不同於儒家僅以社會體制為真正關切的範圍。人在天地間、自然

間與社會間應有一絕對的逍遙自適性在，不應受任何社會體制的束縛，社會體制並未體現真正的生命價值，固然無需破壞社會體制，但至少眼見所及的體制都是惡劣至極的，因此不必為其效命戮力，人類生命應以在天地自然之間作為一個絕對自由的精神體為價值目標。

「莊子」的思考模型中蘊藏了神仙世界的嚮往，莊子哲學在後來的發展中成為了神仙道教的經典寶庫，神仙道教認為人類生命應該可以以神仙型態自由出入天地之間，從而追求永恆不死的生命，至於追求不死生命的修煉方法在《莊子》書中所言不詳，因此莊子學也會被認識為是追求心理意境的自由的思想型態，這就是郭象注莊的型態。即便如此，由於莊子思考模型中缺乏對於社會體制的認同與肯定，因此完全不同於捍衛社會體制價值理想的儒家系統，它所追求的是在現實社會中的個人自由，因此成了所有個人性專業工作者的精神導師，專業的技術、浪漫的藝術、抽象的玄想、嚴肅的理性，種種不涉及管理及維護社會體制的高度精神智性活動都可以在莊子思維中找到知音。雖然莊子思想有不入世的性格，但他在現代社會中仍有極為廣泛的應用性，它解脫了人們受禁錮束縛的心智，在不破壞社會體制也不積極參與投入的前提下，追求個人精神生命的高度自由施展。

「道教」知識世界亦可先暫分為兩型，其一為「道士道教」，其二為「神仙道教」。道士道教為作者個人使用的術語，指自東漢以降的教團道教，教團中的領導者必須具備與鬼神溝通的能力，如天師道教中的天師，而道士則是今日一般日常用語，指能與鬼神溝通的神職人員，他也必須具備足夠的德行修養，否則其法力難續。道士畢竟不同於神仙，道士仍然是人類，神仙就是另外更具超越性身心能力的存有者，所有教團道教都有道士，也都有鬼神，但道士並非由人而修煉成神之神仙，因此從事由人修煉成仙的道教我們另稱為神仙道教。「道士道教」以「道士」之專業訓練能力來處理鬼神與人間互涉之事務，以建立一個人神共構的世界為理想，所依據的價值信念仍同於儒家，只是宇宙論問題中增加了它在世界的存有者。「神仙道教」以個人身體進行生命修煉，以追求長生不死之「神仙」為目標。至於成為神仙之後的生活理念則是不一而定，這還要看不同教派的理論內涵才能討論。

以下先論「道士道教」，道教自一開始就以鬼神世界為知識探索的範圍，從而建立以鬼神意志為中心的價值信念，道教思考模型中有一明確的它

在世界，它在世界有鬼神為主宰，鬼神主宰它在世界也主宰此在世界，現象世界的一切事務的發展歷程是依據它在世界的鬼神意志而進行的，現象世界的事務之處理因此必須以鬼神意志為方向，中國的墨家即屬於這一類型的價值思維之一。道教通常列有最高神祉，最高神祉的價值信念卻多與儒家相同，亦即依然以建立良好社會體制及人間秩序為意志。但這是指有理論建構的道教宗派，至於生活世界中的宗教活動，則被認知為鬼神存有者中也是有好有壞的，不好的它在世界存有者亦有可能干擾人間的生活，處理方法即是訓練專業人士協助人間對付之，也就是道士。道教發展歷史中依據受過專業訓練之道士對於鬼神世界的經驗知識而建立許多世界觀體系，也就是各家道士道教的世界觀理論體系，所以道教是一個籠統的概念，各教派系統的它在世界的最高神祉各個不一，信仰者多半各憑機緣，隨所接觸之教派而信仰之。

　　道教價值觀的適用範圍必定是在涉及它在世界的鬼神事務之時才有用的，在不涉及鬼神事務或不認為與鬼神事務有關之現實事務即無道教活動的空間。由於道教處理現實事務的渠道都是通過鬼神而作用的，因此道教知識成了人間知識中的特殊知識，不對它在世界有認識能力的人對於所接觸的知識是沒有真實經驗的，這種沒有現實生活中的真實經驗卻又要接受鬼神意志的指導的行為，這其中就充滿了真偽難辨的情勢，所以常有教團道教被專業神職人員操控進而從事政治活動的情形，從而產生政教間的緊張關係。也常有神職人員欺騙無知信眾而擾亂社會的情形，因此釐清道教知識性格是具有指導現實的社會功能的。

　　「神仙道教」將存在世界視為人神共存的世界，神仙即是在天地之間自由來去的存有者，追求神仙理想者在現實世界中亦有許多道德實踐的要求，這些道德實踐的要求與儒者所追求的目標依然是一致的。此外，神仙可謂即是人類存有者之中具有高超能力的人，神仙本是凡人作，神仙是人經修煉而成的，中國歷史中進行神仙修煉者多矣，其修煉的紀錄歷歷皆存，當代亦有其理論研究之作，只是現實世界中的一般凡人卻沒有辦法經驗到，因此這項修煉知識及修煉成功之後的生活經驗仍是一大奧祕。

　　「神仙道教」對現代社會而言是可有可無的，是現代人中的特殊少數有興趣者才會接觸的事務，就現實社會的價值信念而言，社會中人是可以不理

會這種知識的，但是它的神祕迷人之處仍然吸引少數人嚮往從事，所以只有有興趣的人才會與這項知識及其價值信念發生關係。至於一般民間信仰中的神仙知識多半未經檢證，未經檢證、未經理性化研究就信以為真的行為叫作迷信，但並非被迷信的事務就一定不是真的，但是信仰者在自己尚不具備真偽判斷能力就從事相關修煉活動，這當然是極為危險的，故以迷信稱之。欲擺脫迷信的批判，就必須對道教的宗教知識進行客觀化研究。

「中國佛教」從生命現象的探索出發，確認一切生命活動是在條件積聚離散中來來去去，因此不可能永恆存在，既然不可能永恆存在，卻仍想要持續經驗，永久持有，因此時時面臨失去的焦慮，因此永遠生活在痛苦的歷程中，如要解消痛苦，智慧的態度就是在一切情境中都不堅持任何特定態度，從而隨順現象，而經歷種種歷程，最終獲得生命的永恆超越。

佛教知識的歧義性是更嚴重的，有工夫論上的歧義也有宇宙論上的歧義。佛教知識發展歷史經過許多階段，最後在中國地區流行落實的是中國大乘佛教諸宗派，基本上共同信仰輪迴生命觀、業力因果觀、眾生皆可成佛等等。就這樣的思考模型而言，中國大乘佛教即是一有它在世界信仰的理論體系，但是它在世界還有許多單位，各單位世界以該世界存有者的意志力量而構成，包括山河大地及眾生生命，所有的世界又共構一更大的整體世界，不同層級的世界中的存有者有著不同程度的意識堅持。基於這樣的生命知識的認識，生命的意義在於認清真相，從而追求清醒的人生，清醒的人生以去除不當堅持為目標，透過種種修行的活動，經歷一次又一次的個人生命史，輾轉過渡在種種不同層次的世界時空之中，最終應追求得生活在一整體大世界中的境界，而成就實踐者自己的最高存有者境界，即成佛。

佛教世界觀價值體系的適用範圍其實是遍在人生的所有事務上的，基於隨順修行的基本信念，基於業力輪迴的生命知識，從開始修行的一刻起，不論是任何人生角色的扮演，都以幫助他人並且捨棄自己的欲望為方向，所以無礙於現實世界的任何情境的生存活動，這點至少就禪宗哲學而言是完全可以成立的，對於現代社會中人的需求而言，佛教價值觀念是可以適用於任何情境的角色扮演的，但是在使用時仍要準確地察知它的空性智慧的價值意義。佛教修養工夫是完全施用在自己身上的動機欲望的問題，而不是拿來管理別人的社會行為的，對於他人是可以開導卻不能要求，一旦要求就掉入有

社會階層觀念的儒學類型了，中國佛教中人常在這種儒佛份際上不能分清，以致以佛入儒。所以小乘修行者先以遠離世俗為初級工夫，待捨離精神已完全充實，獲致一定境界成就，則應轉向以接觸世界救渡眾生的菩薩道修行方式，此即中國大乘佛教的直接入世以救渡眾生的精神，這也就是為何要有大量中國佛教徒進入社會中活動的緣由。

第二十三章
檢證性與選擇性問題

　　本章繼續前章討論中國哲學的真理觀問題，據中國哲學特質中的實踐哲學性格及若干涉及它在世界的特殊知識的性格而展開討論。首先，就客觀性問題，指出三教理論系統在教內具有基本哲學問題內部義理結構互為推演上的理論一致性及觀念絕對性，但三教彼此之間卻因世界觀的差異及問題意識的不同而致生不同的理論型態，以致彼此互為主觀，因此必須視為相對性真理。其次，就適用性問題，指出三教義理本為解決不同問題，故而對三教真理觀的使用亦須對準適用範圍，否則後學者之實踐將極不準確，且會在不同學派間互相非議。第三，就檢證問題，指出實踐之、實現之從而能夠檢證之為真，但實踐而不能實現時卻不能即視為有否定系統的效力，因為這仍涉及實踐者的能力問題。第四，就選擇問題，指出三教並無需統三歸一，或造新系統以涵攝眾家，主要即是生活需要上及理論技術上是無此必要且不易實現。真正重要的事情只在正確理解、準確詮釋，從而切實篤行、而創造理想的人生而已。本章之工作即在檢證、選擇問題上對中國哲學的真理性格提出討論，以為中國哲學的知識論問題的一個重要環節的研究觀點。

一、實踐哲學的檢證性問題

　　中國哲學思維的客觀化知識工程首先表現在一切知識的經驗現實上，其次表現在知識建構本身的系統性架構上。一旦當各家各派的理論建構完成，而進入學院內進行系統真理觀的知識檢證時，則上述系統性及經驗性兩項議題即需一併考量，因而有著關於中國哲學各家各派的理論檢證的特殊課題。

　　首先從系統性架構來談，雖然各家各有術語系統以及知識架構，但是各

家的術語系統所回應的哲學基本問題就是「本體論、宇宙論、工夫論、境界論」四項，中國儒釋道三學裡的重要哲學命題、哲學理論都可以在這四項基本問題的解釋架構中被清晰地表述出來，所以以這四項基本哲學問題作為研究架構的運用，就是明確化傳統中國哲學思考模式的工作方法，是使得中國哲學得以被系統化地認知的途徑。建構中國儒釋道三教的知識系統，就是先確定思考模型，從而以此為思維活動中的認知架構，並成為確斷知識的客觀依據。

中國哲學並非沒有體系性，並非沒有邏輯推演上的命題一致性，只是現代學人早已不生活在傳統文化的術語使用經驗中，現代學院也不使用傳統表達架構作為知識介紹的工具，因此較難理解它的體系性及一致性的陳述模式，然而就今日之需要而言，詮釋傳統哲學命題的知識架構必須現代化，現代化才能使其易於被認識，從而可交流。前述四項基本哲學問題意識即是現代學院得以理解的詮釋架構，它當然也是傳統知識在理論化過程中真正進行的架構，透過這個架構既可彰顯傳統知識的意義，更可以進入當代學術社群之討論中，因此建構這個架構也就是中國哲學現代化的重要理論工程。

在上述知識架構的使用下，儒釋道各家真理觀的客觀性討論便得以進行，這個討論還要結合適用性問題，從而獲得準確經驗為實現及檢證的落實。以下即就三教各家各派的理論系統進行實現及檢證問題的討論。此處的討論重點，以其為是現實世界還是涉及它在世界為區別的重點。

首先，儒家及道家老子之價值主張在現實社會體制的人際互動中實行便得以確定，因而被其普遍化的價值命題也只能是在經驗世界的社會體制中才有效，它的知識內涵落實在經驗現象的世界觀知識體系中，理論一致性的工程在兩家中都已完成，剩下的只是去實踐它而實現之而已。實際上，實現之即是檢證之了，因為孔老二家的理想就在於家國天下之中，人人得而見之，只要不虛偽，是非好壞是極清楚的，檢證的難度不發生在系統的難以被認知上，而是發生在實踐者因私心欲望而難以真正實踐上。儒者以仁義禮知為價值薰向進行心理的修養活動，老子以無為謙弱為價值薰向進行心理的修養活動，真正做到了就是實現了及檢證了孔老二家平天下及取天下的理想目標。

其次，道家莊子哲學要分現世及它世兩部分來討論，莊子哲學的現世主張部分，在哲學史上有不同的詮釋，個人觀點不同，見仁見智，關鍵即在

莊子是否否定社會體制，筆者是主張莊子是否定社會體制的，在不涉及體制內的事務時，莊子的自由精神的價值義涵才獲充分彰顯。而其檢證的原則即同於孔老二家，即是以現實世界為實踐的場域，以體現逍遙自適無目的有巧妙的造化精神為心理修養的蘄向。至於在出世主張部分則同於道教及佛教中的它在世界的知識客觀性問題，這種涉及它在世界的哲學理論，就體系性建構部分，道教及佛教理論亦已充分進行，至於是否真實？這就仍是經驗的部分。就經驗部分而言，道教與佛教皆提供了修煉、修行的方法，也就是工夫哲學的知識，就知識的完備性而言，亦已交代，剩下來的就是實踐。實踐者具備了足夠的經驗，獲得了超越經驗的能力時，自然能夠感知涉及它在世界的宇宙論知識，然而它在世界是否確實如其所感知者？這個問題就不是理論的問題了，理論的問題就是知識是否交代清楚，如果知識交代清楚了，實踐者也認真地學習操作，自然有實踐成功從而獲得檢證的可能。如果檢證不成功，當然也可以宣布不成功，只是這仍然涉及操作得當與否的問題，因此這種特殊知識的操作實踐過程中常常是需要有經驗的人的指導的。

　　若有未進行實踐檢證之人要對一個體系進行論斷，這便只是外部的知識批判，而外部的知識批判是無法否定知識的，它可以就系統的推演結構進行批評討論，但無法針對經驗實證發言。當然，就信仰者及實踐者而言，即便是進行了實踐，實證了命題，此時此一理論體系之真確性依然只能說為對實踐者為真，這就是它在世界經驗知識的特殊性，因為這些經驗永遠只發生在少數實踐成功者身上。當然這仍然不表示特殊知識即不是知識，這只是表示特殊知識之知識客觀性的特殊性。道教的神仙理論、佛教的輪迴觀念、菩薩知識等等都是這類的特殊知識，它的真實客觀化的確定只能在特殊經驗中實證，從哲學研究的進路對真理觀進行討論時，我們對這種知識的討論只能進行到這裡。

　　以上從知識系統的此世性及它世性的區別談理論檢證的特殊性，以下從知識的經驗的實現談理論檢證的特殊性。

　　就經驗之實現而言，三教體系的價值原則引導人們實踐的方式，在經驗的當下中依據此一原則而改變現實世界的運作秩序，這就是價值觀的創造作用，在這樣的實踐之、改變之、創造之的活動進程中，價值原則以真理觀之姿態主導了經驗，使得經驗發展為實踐者意欲發展的結果，因此價值觀是最

重要的理論，它就是中國哲學各家價值意識的本體論在討論的問題，因為它將改變人生並且創造新社會，這就是它所具備的經驗實現的意義。

經驗的實現是一回事，經驗的準確掌握是另一回事。既然價值指導實踐，而價值又是針對特定情境的價值主張，因此在實踐之際就會發生情境掌握的準確與否的問題，亦即實踐之準確性問題。實踐者之經驗即是實踐者所認為之真實世界的現象，對於眾多實踐者而言，卻由於各自對人生事務的觀察理解力的差異，以及對價值原理的適用性範域的認知差異，便將造成眾多不同的判斷結果。如何確定所認知的經驗的真實性？或是怎樣才能認出所經驗的情境是這套價值觀所應該觀照的？更簡單地說，何時何地使用何套價值主張？如果總是使用失當，不僅價值哲學的真理觀無從證立，甚至更會根本否定價值主張的真理性。

此時應處理的問題有二，其一為實踐者自身之理解力的問題，其二為價值原理本身的涵蓋面問題。就第一個問題而言，仍然是實踐者自己的素養問題，這是需要實踐者經年累月地實踐學習、累積經驗才能成就斐然的，這也就是每一個人的修養鍛鍊的歷程，是每個人提升生命境界的工夫活動歷程，儒釋道三教都有豐富的鍛鍊案例以供參考，但實踐仍是提升經驗能力的唯一方法。實踐之，達成之，從而證成之，這就是中國哲學實踐進路的真理觀證成方式。

為什麼要實踐？要實踐就是因為這套價值信念是真理。然而，對真理系統的認識卻常有因經驗不足及程度不及而致認識不準確的缺失，因此，從知識的研究而言，我們更應該關切如何清晰陳述三教真理觀的客觀化及適用性問題，也就是該理論本來的涵蓋面問題。因著價值命題的主觀特質，因此理論體系的客觀化就在適用範圍的明確化。中國儒釋道三學的主觀價值理論的客觀化保證，就在這價值理論本身的涵蓋面範圍是否被準確理解的問題上，只要這個系統的實踐者所要處理的經驗事件是在這個理論本身所適用的經驗項目下，而實踐者又具備充分的經驗素養及知識能力，那麼實踐成功的可能是絕對存在的。

經驗原本就是在一整體世界中的人際互動的歷程，理論體系對於經驗的整理、安排與確斷的活動本身就是一種經驗的涉入，理論體系的涵蓋面不足卻仍要強為進行的時候，那就是理論會被經驗否證的時候，面對這種窘

境時，學派繼承人常會在後來的理論建構中合理化「經驗不確定現象」，但這是拆東牆補西牆的作法，真正理性的解決方式是明確找出理論的限制性範圍，亦即它的適用性範圍，過此一線之際，即非這套具有絕對價值觀念的理論體系所能擅場之地，謹守一套理論的涵蓋範圍，然後在現實生活中準確知道處境的意義，從而應用這套理論的價值信念來面對事件，因而創造現實生活中的真實且有意義的經驗。而不必如一般進行三教辯證者的態度，企欲涵括一切人生事務而以己說來論斷一切，從而造成理論不適用的窘境。

二、實踐哲學的選擇性問題

關於中國哲學各系統之間的知識客觀性問題的討論大致已如上述，接下來的問題是：是否應在不同的絕對價值信念及其所依據的理論體系之中進行抉擇？以便僅僅以一套理論體系的處世原理來應對人生呢？筆者認為：此事可做可不做。從前述準確找到適用領域時其實已經解決了這個問題，也就是從應用面來說，三教皆是可學可用而可以互通的，雖然如此，人們還是有選擇一教的態度，面對這個態度，還是可以進行若干討論。對於這個問題的討論可以有兩個層面，其一為就現實人生需要的考量，其二為就純粹理論研究的考量。

首先，就現實人生的需要而言，真正應做的事情是就著儒釋道三學中的某一系統進行真實實踐的工夫活動，從而充實且豐富自己的人生意境，如果能在生活經驗中實踐之、熟練之，從而逐步確斷之，那麼所獲得的將是自己生命境界的提升以及對於社會福祉的開創。道佛兩教及儒道兩家價值系統的適用場域雖然有同有異、有互相涵蓋性及彼此差異性，但是各就其所關切的經驗現實及所提供的知識建構而言，各家皆已十分充實完備，只要運用準確，不存成見，不在自己學派系統裡取此棄彼，則必能創造該學派型態的理想人生，即便或有不足，各系統內亦已供給了所需的智慧態度，因此實踐比選擇更為實在，因為三教皆值得實踐的投入。至於切實實踐了之後，則應轉入理論的學習，並以本文之領域適用性消解理論系統的表面衝突，則即能安住於自己學派的價值立場而又不致無謂地攻擊他教的系統。

至於欲以理論研究的目的而在三教間進行理論抉擇的課題，這實在是

一個難以成功的研究項目。首先，理論體系的真偽判斷這件事情是難以確斷的，因為在道教及佛教的知識世界中有許多內涵是超越一般現實經驗的，除非實踐者經歷過真實的實踐因而具備了超越性的身體能力，因而可以在他自己的經驗世界中對理論體系的命題意旨宣告為真或為假，否則道佛兩教的經驗性知識將永遠只是基於理論體系的推演而建立的哲學觀念而已，因此無法藉由未經鍛鍊的身體能力而對超越一般經驗的知識進行評價並從而抉擇。如果仍欲為此，即必然是以自己的理論系統的知識意義誤解他人系統的知識，在這個意義下的抉擇是談不上什麼理性的客觀抉擇的意義的。

其次，一切經驗以實踐者的觀念而出現意義，經驗無窮，理論體系永遠也只是緊追在後，殊不知因著人類智能的增進，時時都有可能創造更新的理論體系以應付最新的經驗現象，因此三教皆在歷史進程中各自不斷創新發展，既然各家仍在創造發展，那麼這個取一替三的理論研究工作將面臨的是舊學問重組未及而新學已然長成，因此重組與抉擇恐是多餘的動作，何不任由其展現各自的理想，讓多元價值皆為所用，豈非人類文明之福。

第三，就理論建構本身而言，三教各自已建構成一完整的知識體系，各自適用於不同層面的生活課題，前章的「理論適用性探究」就是為釐清差異、解決衝突，從而平等對待、各適其用之目的而作，因此無需在理論系統上統三為一。所謂的抉擇其實就是要以一替三，然而人類生活複雜、知能互異，三教所面對的問題都是人生真實的問題，人們不可能只面對某些問題而捨棄另一些問題，因此三教理論上的合一便是不必要的，反而是三教適用上的交流才是真正的重點，為適應人類眾多的生活問題，各讓儒釋道自擅勝場，豈不更為明智。

第四，純粹就理論的技術面而言，中國三教各自的術語系統以及表述形式差異甚大，就可交流部分，在兩千年來的傳承中早已互相交流，在不能交流的部分，則是有數不盡的差異，選擇一套系統並構築涵攝其它系統的新理論，在術語的轉譯及問題的連結上極不可能，事實上連各教究竟有哪些確定的理論材料這件事情都實質上不可能清查完畢，更遑論由它教來進行涵攝性轉譯的理論併構性工程。而若是要另造一新系統以包攝三個舊系統，則是更沒有成功的可能，因為材料量過於龐大，以致比以一替三更不可能。這就同時說明了中國三教是在現實人生的實踐需要中成長起來的知識體系，建構理

論的動力來自生命實踐的動能，並非僅是文字、概念、符號、命題、系統的抽象思辨工程而已，因此建造新系統這樣的想像更是多餘的。回歸中國實踐哲學在生命的需要中進行推展的實況，正確理解、準確運用、尊重三教、交流互用，不但是三教不需互相辯證，更且是在同一學派內亦不應再分彼此系統，愈有智慧的實踐者愈是認真投入一法門卻旁通統貫各法門，而不在法門間與人爭辯，辯也者有所不見也。

三、結論

關於中國哲學真理觀的討論，仍是中國哲學方法論的一環，也就是中國哲學的知識論課題。本文側重中國哲學知識特質的客觀性問題而展開討論，主要強調三教理論系統間的主觀性及客觀性意義，以及理論的經驗實現義及檢證義，藉由經驗世界及它在世界的世界觀區別而對上述真理觀的客觀性進行討論，而指出實踐哲學型態及涉及它在世界的特殊知識的真理觀特質。

就中國哲學的方法論研究及知識論的討論而言，更細節的討論應為進入哲學基本問題的彼此關係及以上述基本哲學問題的解釋架構，詮釋傳統文本的解釋工程，及由之而呈現出的三教差異及辯證的釐清，這是本書談倫理學及形上學兩部分的討論重點，至於各教內部各系統的衝突之解消等等議題，此則尚非本書所及。

就本章及前章之真理觀的客觀性討論言，中國哲學的真理觀不僅以理論系統的思考模型而呈現，更重要的是要以實踐的確實而實現，並且只有實現之才有檢證之的完成。就不同系統的純粹理論辯論而言，是從來不能有理性的客觀結論的。因為各學派系統都是在實踐的感知中才轉述為客觀的知識命題的，這也正是本文最重要的結論重點，那就是三教間在理論上不能統一，但可以交流，而交流就有賴於共同的哲學基本問題的解釋架構。在統一的架構中，三教各自論述自己的義理型態，並形成系統內的絕對體系，但卻必須接受不同系統間以世界觀及問題意識的差異而致有使用範域的差異，因此各個系統皆是互為主觀，也就是各自都是相對性的客觀體系。至於以實踐的實現而檢證為真，亦必須只在該系統的世界觀範圍之內才可能為真。並且這個檢證是只有在實踐之後才有可為，系統的理論建構則只能討論是否形成一致

性的哲學基本問題之間的推演關係，此時並無實證與否的問題，只有系統完成與否的問題。

以上種種關於中國哲學真理觀的討論，因著中國哲學的特質而呈現多層面的意義，相關的討論還可以繼續發展下去，本章之討論暫結於此。

國家圖書館出版品預行編目資料

哲學概論／杜保瑞，陳榮華著. -- 初
版. -- 臺北市：五南圖書出版股份有
限公司, 2008.02
　面；　公分 --（哲學系列；1BJ2）
　ISBN 978-957-11-5039-0（平裝）

1.哲學

100　　　　　　　　　　96022759

1BJ2　哲學系列

哲學概論

作　　者 ─ 杜保瑞（100）、陳榮華

發 行 人 ─ 楊榮川

總 經 理 ─ 楊士清

總 編 輯 ─ 楊秀麗

副總編輯 ─ 黃惠娟

責任編輯 ─ 陳巧慈

封面設計 ─ 童安安

出 版 者 ─ 五南圖書出版股份有限公司

地　　址：106台北市大安區和平東路二段339號4樓

電　　話：(02)2705-5066　　傳　真：(02)2706-6100

網　　址：https://www.wunan.com.tw

電子郵件：wunan@wunan.com.tw

劃撥帳號：01068953

戶　　名：五南圖書出版股份有限公司

法律顧問　林勝安律師

出版日期　2008年 2 月初版一刷
　　　　　2023年 3 月初版十刷

定　　價　新臺幣350元

經典永恆・名著常在

五十週年的獻禮——經典名著文庫

五南，五十年了，半個世紀，人生旅程的一大半，走過來了。

思索著，邁向百年的未來歷程，能為知識界、文化學術界作些什麼？

在速食文化的生態下，有什麼值得讓人雋永品味的？

歷代經典・當今名著，經過時間的洗禮，千錘百鍊，流傳至今，光芒耀人；

不僅使我們能領悟前人的智慧，同時也增深加廣我們思考的深度與視野。

我們決心投入巨資，有計畫的系統梳選，成立「經典名著文庫」，

希望收入古今中外思想性的、充滿睿智與獨見的經典、名著。

這是一項理想性的、永續性的巨大出版工程。

不在意讀者的眾寡，只考慮它的學術價值，力求完整展現先哲思想的軌跡；

為知識界開啟一片智慧之窗，營造一座百花綻放的世界文明公園，

任君遨遊、取菁吸蜜、嘉惠學子！